Till Baumann

Von der
Politisierung des Theaters
zur
Theatralisierung der Politik

**Theater der Unterdrückten
im Rio de Janeiro
der 90er Jahre**

D1728658

Coverillustration:

Nadia Turle
(Übersetzung: Mut, glücklich zu sein)

Till Baumann

VON DER POLITISIERUNG DES THEATERS ZUR THEATRALISIERUNG DER POLITIK

**Theater der Unterdrückten
im Rio de Janeiro
der 90er Jahre**

ibidem-Verlag
Stuttgart

Die Deutsche Bibliothek - CIP-Einheitsaufnahme:

Ein Titeldatensatz für diese Publikation ist bei
Der Deutschen Bibliothek erhältlich

∞

Gedruckt auf alterungsbeständigem, säurefreien Papier
Printed on acid-free paper

ISBN: 3-89821-144-4

© *ibidem*-Verlag
Stuttgart 2001
Alle Rechte vorbehalten

Printed in Germany

„Theatre is political and politics is theatre [...] My proposition consists in this union, rich for the theatre and for politics: I propose a democratic theatre where the spectator transforms himself into the protagonist, discovers and experiments with possible solutions – on the stage, theatrically: and this is a political activity! The spectator is transformed into Protagonist and acts; the elector becomes a legislator and proposes the law [...]. In the '60s theatre politicized itself; today in the '90s the moment has arrived to theatricalize politics."[*]

Augusto Boal

---

[*] Aus einem Flugblatt des Wahlkampfs 1992, zit. in: Heritage 1994, S. 25f.

Vorbemerkung

Ich möchte allen danken, die mich bei der Erarbeitung dieses Buches unterstützt haben, insbesondere:

- in Rio de Janeiro den Gruppen *Marias do Brasil* (**Jane Oliveira, Leida Lima, Maria Aparecida, Maria Conceição, Maria de Fátima, Maria José Cardoso, Maria José Góis, Maria Vilma, Marlene Costa, Vanderleia Ferreira, Vânia Santos**) und *Panela de Opressão* (**Ana Paula Alcântara, Carla Morgana, Edson Rodrigues, Elisângela Teixeira, Jonata Maciel, Lígia Martins, Marilene Ribeiro, Paulo Souza, Rodrigo Rocha, Sérgio Soares**), den *curingas* des CTO-Rio (**Bárbara Santos, Helen Sarapeck, Olivar Bendelak, Claudete Felix, Geo Britto**) und den anderen Gruppen und Mitarbeitenden des CTO-Rio, sowie **Augusto Boal, Flávio Sanctum, Júlio Felipe, Luiz Mário Behnken, Eliana Ribeiro, Liko Turle, Roni Valk, Luiz Vaz, Monique Rodrigues, Arninda Libâno de Jesus, Odete Maria da Conceição, Alexandre Correia de Oliveira, Ana Paula Grether M. Carvalho**, den **vier anonymisierten GesprächspartnerInnen** in der *comunidade* Canal do Anil und den Mitarbeiterinnen des *Centro de Saúde* der *comunidade*; sowie in Santo André **Pedro Pontual, Osvaldo Cleber Cecheti, Gilmar Santana** und der Gruppe *Ondas da Rua / Grupo de Teatro do Oprimido*.

- in Berlin **Svenja Helling, Carmen Samir Pereira de Souza, Mateus Medeiros, Carla Sihler, Karin Reindlmeier, Eva Rux, Thea Severin, Monika Bricke, Martin Dürmuth, Simone Tosana, Barbara Kastner, Harald Hahn**, meiner **WG** und den *Caipiranhas* (**brasil beats berlin**); sowie **Doris Kempchen** (Hannover), **Fritz Letsch** (München) und **Helmut Wiegand** (Gießen).

- dem **ASA-Programm der Carl-Duisberg Gesellschaft**.

- und **Ilse Schimpf-Herken** und **Jürgen Zimmer**, den GutachterInnen meiner Diplomarbeit.

Till Baumann, im Frühjahr 2001

Inhalt

1. *Einleitung* *1*

2. *Legislatives Theater in der Mandatszeit* *33*

   2.1 Ästhetisierte Straßen und ein theatralisierter Wahlkampf 33

   2.2 Das *Mandato Político-Teatral* 36

   2.3 Politisch-theatrale Aktionsformen – Beispiele aus der Praxis Legislativen Theaters 40

   2.4 Zwei Welten 46

   2.5 Verloren 50

3. *Legislatives Theater ohne Mandat* *57*

   3.1 Ende und Neuanfang 57

   3.2 Neue Gruppen 58

   3.3 Neue Strategien 62

4. *Marias do Brasil* *65*

   4.1 „...im wesentlichen unsichtbar" – Der Kontext 65

   4.2 *Maria Maria* – Die Gruppe 71

   4.3 „Alles im Stück ist Realität" – Theater und Lebensrealität 75

   4.4 „In dem Stück imitiere ich dich" – Lebensrealität und Theater 92

   4.5 „Du mußt die Ketten zerreißen, um dich zu befreien" – Interventionen ... 95

   4.6 „...ein Gesetz, das den *patrão* dazu zwingt, alle Rechte zu garantieren..." –
Gesetzesvorschläge 99

5. *Panela de Opressão* *101*

   5.1 *Remoção* und *urbanização* – Der Kontext 101

   5.2 „Jeder brachte seine Ideen ein" – Die Gruppe 108

   5.3 „Alles kam vom Konkreten, alles kam vom Realen" – Theater und Lebensrealität 111

   5.4 „Als sei das nicht ihr Problem" – Lebensrealität und Theater 131

   5.5 „Sie machen aus dem Theater eine Realität" – Interventionen 134

   5.6 „...die Erfüllung der sozialen Funktion des Bodens..." – Gesetzesideen ... 141

6. *Ein Exkurs: Santo André* *143*

7. *Diskussion* *149*

8. *Materialien* *161*

9. *Anhang* *179*

1. Einleitung

Anfang der 60er Jahre, irgendwo in einem kleinen Dorf im weiten, ausgetrockneten Landesinnern des brasilianischen Nordostens, dem *Sertão*. Hier ist die Armut am größten, die Landverteilung am ungerechtesten, die Trockenheit am brutalsten. Eine Theatergruppe aus der fernen Metropole São Paulo war zu Besuch: das *Teatro de Arena* auf einer seiner Reisen durch Brasilien. In der Großstadt als einer der innovativsten Orte brasilianischen Gegenwartstheaters gefeiert und in seinen gesellschaftskritischen Ansätzen und linken Inhalten von der politischen Elite mißtrauisch beäugt, machte sich das Ensemble regelmäßig auf den Weg zu den Ärmsten der Armen und führte den revolutionären Stoff auf Lastwagen und Dorfplätzen auf, manchmal zwei bis drei Tagesreisen von São Paulo entfernt. Kunst als Aufruf zur Rebellion gegen die herrschenden Zustände.[1]

> We wrote and staged plays, spirited, violent pieces, aggressive in their anger against injustice. We were heroic in our writing of them, sublime in our performance: almost always these plays would end with anthems of exhortation, sung in chorus by the actors, with verses which urged: Let us spill our blood for freedom! Let us spill our blood for our land! Let us spill our blood, let us spill our blood! It seemed right for us, indeed a matter of great urgency, to exhort the oppressed to struggle against oppression. Which oppressed? All of them. The oppressed in a general sense. Too general a sense. And we made use of our art to tell Truths, to bring Solutions. We taught the peasants how to fight for their lands – we, who lived in the big cities. We taught the blacks how to combat racial prejudice – we, who were almost all very, very white. We taught women how to struggle against their oppressors. Which oppressors? Why, us, since we were feminists to a man – and virtually all of us were men. Nevertheless, the intention was good.

Zurück in das Dorf im *Sertão*. Es war um die Mittagszeit. Das Stück war gerade mit einem jener heroischen musikalischen Aufrufe zum gemeinsamen Blutvergießen zu Ende gegangen und das aus LandarbeiterInnen bestehende Publikum tief beeindruckt von soviel revolutionärer Energie auf der Bühne, als folgendes geschah:

> At the end of the show a huge peasant, a great big strapping colossus of a man, came up to us, on the verge ot tears:

---

[1] Der folgende Text wird zitiert aus: Boal 1995, S. 1ff.

1

'Here's a fine thing – people like you, young people, town people, who think exactly like us. We're right with you, we also think we must give our blood for our land.'
We were proud. Mission accomplished. Our message had been received loud and clear. But Virgílio – I will never forget his name, his face, his silent tears – Virgílio went on:
'Since you think exactly like us, this is what we're going to do: we'll have lunch, and afterwards we'll all go together, you with your guns, we with ours, and send the colonel's bullyboys packing – they've taken over a comrade's land, set fire to his house and threatened to kill his family – But first, let's eat...'
We had lost our appetite. Trying to match our thoughts with our words, we did our best to clear up the misunderstanding. Honesty seemed the best policy: our guns were theatrical props, they were not real weapons.
'Guns, which don't fire?' Virgílio asked, in astonishment. 'Then, what are they for?'
'They are for doing plays, they can't actually be fired. We are serious artists, we believe in what we preach, we are quite genuine, but the guns are...fakes.'
'OK, since the guns are fakes, let's chuck them. But you people aren't fakes, you're genuine, I saw you singing about how blood must be spilt, I was there. You are genuine, so come with us, we have guns enough for everyone.'
Our fear turned to panic. Because it was difficult to explain – both to Virgílio and ourselves – how we could be sincere and genuine and true even though our guns wouldn't fire and we didn't know how to shoot. We explained ourselves as good as we could. If we agreed to go with them, we would be more of a hindrance than of a help.
'So, when you *true artists* talk of the blood that must be spilt, this blood you think about spilling – it's our blood you mean, not yours, isn't that so?'
'We are true to the cause, absolutely, but we are true artists, not true peasants! Virgílio, come back, let's talk about it...Come back.'
I never saw him again.

In Brechts Todesjahr 1956 hatte Augusto Boal mit 26 Jahren die Leitung des *Teatro de Arena* übernommen, eines kleinen Theaters mit 180 Plätzen im Zentrum São Paulos. Während seiner Intendanz wurde das zwei Jahre zuvor gegründete Haus zum ersten professionellen Theater Brasiliens mit einem festen Ensemble und zum ersten kollektiv geleiteten und verwalteten Theater des Landes. Dem Namen des Theaters entsprechend, fanden die Aufführungen in der Mitte des Raumes statt, und das Publikum konnte wie in einer Zirkusarena das Geschehen von allen Seiten verfolgen. Boal, der Brecht und den brasilianischen Zirkus als seine wichtigsten Einflüsse bezeichnet[2], setzte als Regisseur und Autor gemeinsam mit dem Zwölferkollektiv des *Teatro de Arena* neue Akzente in der brasilianischen Theaterlandschaft. Angesichts eines elitären brasilianischen Mainstream-Theaters, das sich an europäischen Vorbildern orientierte und dessen Inhalte und Formen wenig mit den Lebensrealitäten des größten Teils der brasilianischen Bevölkerung gemein hatten, setzte das *Teatro de Arena* auf brasilianische Stoffe, politische Themen und den emanzipatorischen Ansatz eines *teatro popular*. Dieses bildete einen Teil einer zu Beginn der 60er Jahre rapide wachsenden Bewegung für *cultura popular*, die von Basisorganisationen wie der *União Nacional de Estudantes* und der katholischen *Ação Popular* getragen wurde. An vielen Orten des Landes wurden *Centros Populares de Cultura* (CPCs) gegründet, das erste in Recife im Nordosten, in dem Paulo Freire ein groß angelegtes Alphabetisierungsprogramm organisierte. Ziel dieser Bewegung war die *conscientização*[3] der brasilianischen Bevölkerung, und die AutorInnen, RegisseurInnen und SchauspielerInnen des *Teatro de Arena* in São Paulo leisteten ihren eigenen Beitrag: man trat in Zirkuszelten und vor „*favela*"-BewohnerInnen[4] am Stadtrand auf, spielte vor LandarbeiterInnen und FischerInnen, machte Straßen- und Agitproptheater, schrieb über Nacht Stücke zu politischen Tagesereignissen und führte sie am nächsten Tag auf öffentlichen Plätzen auf, inszenierte Brecht, Boal und kollektiv im *Seminário de Dramaturgia* erarbeitete Stücke, organisierte Theatergruppen (*núcleos*) im Landesinnern und im Nordosten, wo SchauspielerInnen, Studierende und AktivistInnen der CPCs Stücke aufführten und andere gemeinsam mit der lokalen Bevölkerung schrieben und inszenierten – bis zum Jahr 1964, als die populistische Regierung des Präsidenten Goulart von rechten Militärs weggeputscht wurde. Eine

---

[2] Vgl. die Interviews mit Henry Thorau (Thorau – Boal 1989, S. 158) und Edgar Quiles (Quiles – Boal 1984, S. 112).

[3] „Der Begriff *conscientização* bedeutet den Lernvorgang, der nötig ist, um soziale, politische und wirtschaftliche Widersprüche zu begreifen und um Maßnahmen gegen die unterdrückerischen Verhältnisse der Wirklichkeit zu ergreifen" (Freire 1993, S. 25, Fußnote 1). Auch im folgenden wird Freire-KennerInnen die terminologische und programmatische Nähe Boalscher und Freirescher Ausführungen ins Auge stechen. Das beginnt schon bei der Namensgebung: „Ich nannte mein Buch 'Theater der Unterdrückten', weil mir die 'Pädagogik der Unterdrückten' gefiel", so Boal im Gespräch (Boal I 029). Freire bezeichnete das Theater der Unterdrückten einmal als die glücklichste Umsetzung seiner Ideen (nach Angaben des Theaterpädagogen Fritz Letsch während einer Veranstaltung in München im Juli 1994). Ich belasse es bei diesen Bemerkungen und verzichte im Interesse einer Eingrenzung des Themas darauf, an den entsprechenden Stellen jeweils gesondert auf Querverbindungen hinzuweisen.

[4] Der Begriff „*favela*" hat in Rio de Janeiro tendenziell abwertenden Charakter und wird von vielen BewohnerInnen unterprivilegierter Stadtteile abgelehnt. Sie ziehen es vor, von *comunidade* zu sprechen – ein Begriff, der neutraler ist, sich aber meist auf kleinere Einheiten bezieht. So existieren in einer „*favela*" häufig mehrere *comunidades*. Ich werde im folgenden beide Begriffe verwenden, wobei „*favela*" grundsätzlich in Anführungszeichen gesetzt sein wird.

der ersten Amtshandlungen der neuen Machthaber war das Verbot der CPCs. Bedrängt von einer immer schärfer werdenden Zensur konzentrierte sich das *Teatro de Arena* nun zunehmend auf die Inszenierung von Klassikern wie Molière, Macchiavelli und Lope de Vega, die auch weiterhin vor einem Studierenden- und Intellektuellenpublikum im Zentrum São Paulos und vor LandarbeiterInnen, FischerInnen und *„favela"*-BewohnerInnen außerhalb der Metropole aufgeführt wurden. Die politische Brisanz der Werke stand der mancher Stücke brasilianischer GegenwartsautorInnen in nichts nach, die Texte jedoch boten weniger Angriffsfläche für die Zensurbehörden. Das Spiel mit dem subversiven Gehalt klassischer Stücke wurde bald ergänzt durch die Entwicklung eines neuen Genres, des *musical brasileiro*. In diese revueartigen Collagen aus Text und Musik wurden auf der Straße gesammeltes Material, Politikerreden und Zeitungstexte eingearbeitet und großer Wert auf eine aktive Einbeziehung des Publikums gelegt. Mit dem „Putsch im Putsch" des Jahres 1968 verschärfte sich die staatliche Repression. Ab 1970 erarbeiteten Boal und die *núcleos* des *Teatro de Arena* die Methode des Zeitungstheaters, des *Teatro-Jornal*, die später als eine der ersten Formen des Theaters der Unterdrückten gelten sollte. Über 40 *núcleos* reisten durch das Land, um die Methode bekannt zu machen. Am 17. März 1971 wurde Boal in São Paulo von der Geheimpolizei auf offener Straße verhaftet, gefoltert und erst aufgrund internationaler Proteste wieder auf freien Fuß gesetzt – mit der kaum verhüllten Drohung, seine nächste Inhaftierung werde er nicht überleben. Er entschloß sich, Brasilien zu verlassen.[5]

Die Begegnung mit dem Landarbeiter Virgílio ein Jahrzehnt zuvor war nicht ohne Wirkung geblieben. Sie erzeugte Scham über die eigene Kunst. Und sie sähte Zweifel über die Legitimität des eigenen Aktivismus.

> Around that time, Che Guevara wrote a very beautiful phrase: *solidarity means running the same risks.* This helped us understand our error. Agit-prop is fine; what was not fine was that we were incapable of following our own advice. We white men from the big city, there was very little we could teach black women of the country....Since that first encounter – an encounter with a real peasant, in flesh and blood, rather than an abstract 'peasantry' – an encounter which traumatised but enlightened, I have never again written plays that give advice, nor have I ever sent 'messages' again. Except on ocasions when I was running the same risks as everyone else.

---

[5] Vgl. zur Geschichte des *Teatro de Arena* Thorau 1982, S. 5ff., Thorau 1989, S. 10ff. und Adler 1982, S. 133ff.

4

Das Gespräch mit Virgílio bildet einen der Ausgangspunkte einer Entwicklung, die am *Teatro de Arena* beginnt und zum Theater der Unterdrückten führt. Dessen Grundprinzipien formuliert Boal im Jahr 1998 folgendermaßen:

„a) die Transformation des Zuschauers in den Protagonisten der theatralen Handlung
b) der Versuch, durch diese Transformation die Gesellschaft zu verändern, nicht nur zu interpretieren."[6]

Theater der Unterdrückten baut weder auf einer in sich geschlossenen Ideologie auf noch ist es ein fertiges System praktischer Arbeitsanleitungen, sondern ein immer in Bewegung und ständig in Entwicklung begriffenes *work-in-progress* par excellence, das inzwischen in mehr als 50 Ländern praktiziert wird.[7] Im Laufe der Jahrzehnte bewegte sich der Ansatz an der Schnittstelle von Theater, Pädagogik, Politik und Psychologie und hing somit zwischen allen Stühlen – was auf der einen Seite in allen genannten Bereichen teilweise erhebliche Akzeptanzprobleme mit sich brachte. Auf der anderen Seite übte der Ansatz gerade wegen seiner disziplinübergreifenden Herangehensweise und der Absage an SpezialistInnentum und Schubladendenken auf viele Menschen eine große Faszination aus. Obwohl Theater der Unterdrückten in den unterschiedlichsten kulturellen Kontexten prakti-ziert und ständig an neue Gegebenheiten adaptiert wird (und dabei zum Teil verblüffend unterschiedliche Praxen entstehen[8]), ist festzustellen, daß die wesent-lichen Impulse für seine methodische Weiterentwicklung immer wieder von Augusto Boal selbst kamen und eng mit seiner Biographie verknüpft sind.

Von einer Entstehung des Theaters der Unterdrückten zu erzählen und hierfür Ort und Zeitpunkt festzulegen, gestaltet sich als schwierig – zumal Boal selbst betont, daß Theater der Unterdrückten schon immer existierte.[9] Die Bedeutung seiner Arbeit sieht er eher in der breiten Systematisierung aller Formen, mit Hilfe derer sich Unterdrückte theatral ausdrücken können. Nach eigener Auskunft begann er im Jahr 1970 in São Paulo mit der Entwicklung des Zeitungstheaters, Theater der Unter-

---

[6] Boal 1998a, S. 319 (Übersetzung d.A.).
[7] Vgl. *Centro de Teatro do Oprimido* (ohne Datum)a. In einem Artikel der Zeitung *O Estado de São Paulo* wird anerkennend vermerkt, daß auf einem der Internationalen Festivals des Theaters der Unterdrückten sogar eine Gruppe von Eskimos – in Brasilien wohl der Inbegriff von Exotik – aufgetreten sei. Vgl. Artikel von Beth Néspoli in *O Estado de São Paulo* vom 23. April 2000.
[8] Vgl. z.B. Heritage 1995, Paterson 1994, Scharlowski 1993 und Boal 1993.
[9] Vgl. Boal 1980, S. 23. Er berichtet beispielsweise von Formen Unsichtbaren Theaters bei Indigenen in Yucatán, im *teatro da vida* von Evreinoff und im politischen Aktivismus der Weimarer Republik.

5

drückten zu machen.[10] Nach seiner erzwungenen Ausreise aus Brasilien lebte Boal zunächst fünf Jahre lang im argentinischen Exil, wo er die Bücher „*Teatro do Oprimido e outras poéticas políticas*", „*Técnicas Latino-Americanas de Teatro Popular*" und „*200 Exercícios e Jogos para atores e não-atores com ganas de dizer algo através do teatro*" veröffentlichte.[11] Nach dem Militärputsch des Jahres 1976 mußte er auch Argentinien verlassen und zog nach Europa, wo er zunächst zwei Jahre lang in Lissabon lebte und sich schließlich in Paris niederließ. Hier erschien mit „*Stop: C'est magique*" eine weitere Systematisierung des Theaters der Unterdrückten, in die auch die europäischen Erfahrungen der ersten Jahre einflossen. Viel mehr noch ist das Mitte der 80er Jahre erschienene Buch „*O arco-íris do desejo*" Ergebnis und Reflexion von Boals Zeit in Europa, während das jüngste Werk zum Theater der Unterdrückten, „*Teatro Legislativo*"[12], von den Ereignissen nach seiner Rückkehr nach Brasilien Ende der 80er Jahre berichtet.[13]

Einige zentrale Ideen des Theaters der Unterdrückten, die für das Verständnis der in diesem Buch entwickelten Darstellung grundlegend sind, sollen im folgenden vorgestellt werden.

Monolog und Dialog

Dialog findet zwischen Subjekten statt. Zwischen mindestens zwei. Sie senden und empfangen Botschaften: verbale, mimische, gestische. Sie wechseln sich ab im Senden und Empfangen, abwechselnd übernimmt eine Person die Rolle der / des ZuschauerIn und die andere die Rolle der / des SchauspielerIn bzw. AkteurIn.[14] In diesem Fall ist Zuschauen notwendiger Bestandteil einer dialogischen Situation.

---

[10] Vgl. Augusto Boal (Boal I 028).

[11] Das in Deutschland Ende der 70er Jahre erschienene „Theater der Unterdrückten" ist keine deutschsprachige Ausgabe von „*Teatro do Oprimido*", sondern vereint Texte aus allen drei Werken.

[12] Dem *work-in-progress*-Charakter Legislativen Theaters entsprechend, bezeichnet Boal dieses Buch als „*Beta Version*" und fügt erklärend hinzu: „*When a new computer software program is released while still in an experimental stage, it is known as a Beta version. The objective is to collect opinions, information and suggestions from experienced practicioners with a view to preparing a first definitive edition of the same program. Since at the time of writing we are still in the middle of the Legislative Theatre experiment, in the thick of it, everything presented or posited here remains at a stage of development and is open to correction. Collaborate with us!*".

[13] In diesem Kapitel beziehe ich mich (so vorhanden) auf die englisch- bzw. deutschsprachigen Übersetzungen der Werke. Portugiesischsprachige Texte habe ich selbst übersetzt und dies entsprechend gekennzeichnet. Vgl. zum Thema Sprache und Übersetzung auch die Anmerkungen am Ende dieses Kapitels.

[14] Im brasilianischen Portugiesisch sowie im Englischen bezeichnen die Begriffe *ator* bzw. *actor* sowohl SchauspielerInnen als auch Handelnde / AkteurInnen im allgemeineren Sinne.

6

Wenn sich jedoch eine Person auf das Sprechen und die andere auf das Zuhören spezialisiert, eine auf das Senden von Botschaften und die andere auf das Empfangen oder Ausführen derselben, wenn der Dialog zum Monolog wird, wird Zuschauen für Boal obszön.[15] Diesen Zustand kritisiert er im Kontext einer Auseinandersetzung mit jenen Ansätzen, die sich als *teatro proletário* oder *teatro camponês* vom konventionellen Theater abgrenzen, mit den folgenden Worten (die wohl nicht zufällig an die folgenreiche Begegnung mit Virgílio erinnern):

> „Bei der Entwicklung neuer theatraler Sprachen wurde die Situation der Proletarier und Landarbeiter [...] gewürdigt – von den Künstlern, den *Produzenten der Kunstwerke*. Landarbeiter und Proletarier blieben *Konsumenten der Kunstwerke*, obwohl sie sie inzwischen *inspirierten*. Das heißt, die Beziehung blieb *intransitiv*: der Künstler produziert, der Zuschauer konsumiert; der Künstler spricht, der Zuschauer hört zu. In diesem sehr speziellen Dialog blieb einer der Teilnehmer stumm. Es war kein Dialog. Es war Monolog, und jeder Monolog ist unterdrückerisch."[16]

Diese antidialogische Beziehung ist keine zwischen Subjekten, sondern zwischen aktiven Subjekten und passiven Objekten. Sie kommt in den unterschiedlichsten zwischenmenschlichen Beziehungen vor: zwischen LehrerInnen und SchülerInnen, Eltern und Kindern, in Partnerschaften, institutionalisiert in den Befehlsstrukturen einer Armee – und für Boal ganz besonders ausgeprägt und in gewisser Weise ritualisiert in der Beziehung zwischen SchauspielerIn und ZuschauerIn in seinem eigenen Wirkungsbereich, dem Theater. Die Auseinandersetzung mit einer neuen Gestaltung dieser Beziehung ist somit zugleich auch eine Auseinandersetzung mit der eigenen Vergangenheit.

> „Ich weiß, ich war, wie alle anderen, ein Künstler in der Klausur seiner Theaterrituale, Vorurteile und üblichen Lügen. Und ich begann die alte Beziehung Zuschauer-Schauspieler zu verachten, genauso wie jedes andere Subjekt-Objekt-Verhältnis, das einen Menschen dazu verurteilt, Zuschauer des anderen zu sein."[17]

Zuschauen bedeutet für Boal vom Handeln ausgeschlossen zu sein, im Theater wie in der Gesellschaft. Für ihn sind die Begriffe ZuschauerIn und UnterdrückteR

---

[15] Wörtlich bedeutet *obscena* nichts anderes als *fora de cena* (außerhalb der Szene), vgl. Peixoto 1980, S. 15.
[16] Boal 1980, S. 22 (Übersetzung d.A.).
[17] Boal 1989, S. 7f.

fast gleichbedeutend. Umgekehrt sieht er dort, wo in der Gesellschaft Unterdrückung existiert, unweigerlich die gleiche Beziehung AkteurIn–ZuschauerIn wirken, die in konventionellen Theaterformen beheimatet ist[18] – das Gegenteil von Partizipation.

espect-atores –
spect-actors – „ZuschauspielerInnen"

Im Theater der Unterdrückten gibt es kein passives Zuschauen. Die ZuschauerInnen sollen sich aus ihrer Rolle befreien und zu AkteurInnen werden, zu Handelnden, zu ProtagonistInnen der dramatischen Handlung und ihres eigenen Lebens, auf der Bühne wie in der Gesellschaft. Sie sollen intervenieren und partizipieren. Sie sollen von Objekten zu Subjekten werden, von KonsumentInnen zu ProduzentInnen. Boal zweifelt nicht daran, daß jeder Mensch das Potential zu dieser Emanzipation besitzt.

„Zu allem, wozu ein Mensch fähig ist, sind alle Menschen fähig. Alle Menschen können Briefe austragen, sogar Briefträger. Alle Menschen können unterrichten, sogar Lehrer. Alle Menschen können eine Verletzte heilen, sogar Ärzte. Alle Menschen können ein Land regieren, sogar Politiker. Alle Menschen können Kriege führen, sogar Soldaten. Alle Menschen können schreiben, sogar Schriftsteller. Alle Menschen können reden, sogar Redner. Alle Menschen können Theater machen, sogar Schauspieler!"[19]

Boal behauptet nicht, daß alle Menschen alles gleich gut, gleich schnell oder mit der gleichen Eleganz oder Effizienz beherrschen. Es geht um grundsätzliche Fähigkeiten, die allen Menschen eigen sind. Darunter auch die Fähigkeit zum Regieren, zum Gesetze machen, zu dem, was normalerweise einer Elite überlassen und nur ihr zugetraut wird. Folglich stellt das Idealbild einer entspezialisierten Gesellschaft für diese (und andere Priveligierte) eine Gefahr dar, vor der sie sich zu schützen suchen – durch Spezialisierung und klar abgegrenzte Aufgabenbereiche. ArbeiterInnen produzieren materielle Güter, HändlerInnen verkaufen sie, PolitikerInnen regieren das Land und machen die Gesetze. Dieser Vorgang führt – in Boalscher Begrifflichkeit – auf der einen Seite zur Hypertrophie, der Überentwicklung der zur Erfüllung spezieller Aufgaben notwendigen Fähigkeiten, auf der

---

[18] Vgl. Boal 1980, S. 108.
[19] Boal 1980, S. 29 (Übersetzung d.A.).

8

anderen Seite zur Atrophie, der Verkümmerung der nicht unmittelbar benötigten. Zu Beginn der 80er Jahre konnte Boal an vielen Orten eine Tendenz zur Entspezialisierung feststellen, indem etwa nicht mehr nur ÄrztInnen oder PsychologInnen heilende Wirkung zugestanden oder das Theatermachen nicht mehr allein als Monopol professionalisierter Theaterleute angesehen wurde. Für ihn sind der Theaterberuf und die Berufung zum Theater zwei vollkommen unterschiedliche Dinge: jeder Mensch hat die *vocaçao teatral*, die Berufung zum Theatermachen, doch nur ein paar spezialisieren bzw. professionalisieren sich in diesem Bereich.[20]

Es ist die Aufgabe des Theaters der Unterdrückten, die verkümmerten Fähigkeiten ästhetisch-theatralen Ausdrucks (wieder) zu beleben. Das Theater der Unterdrückten macht bei der Trennung von ZuschauerInnen und SchauspielerInnen nicht mehr mit. Die imaginäre vierte Wand zwischen Bühne und Publikumsraum ist eingerissen. Es gibt keine *espectadores*, *spectators* oder ZuschauerInnen mehr, sondern nur noch *espect-atores*, *spect-actors* oder „ZuschauspielerInnen".

Katharsis, Dynamisierung und die Probe der Veränderung

Boals Fundamentalkritik an konventionellen Theaterformen manifestiert sich besonders deutlich in seinen Betrachtungen zur klassischen Form von Katharsis: der aristotelischen. Diese ist in Kontexten zuhause, in denen ein passives Publikum Denken und Handeln an die SchauspielerInnen delegiert und hat sich seiner Ansicht nach bis in die Gegenwart in Theater, Fernsehserien und Wildwestfilmen erfolgreich behauptet.[21]

„Die Poetik des Aristoteles ist eine *Poetik der Unterdrückung*: Die Welt wird als festgefügt vorausgesetzt, als vollkommen oder auf dem Weg zur Vollkommenheit begriffen, und ihre Leitwerte allein werden dem Zuschauer vorgestellt. Die Zuschauer ermächtigen durch ihre Passivität die Figuren, für sie zu denken und zu handeln. Dadurch werden sie von ihrer tragischen Schuld gereinigt – von der Fähigkeit, die Gesellschaft zu verändern. *Bewirkt wird die Katharsis vom revolutionären Verlangen. Die Handlung im Theater ist Ersatz für wirkliche Handlung.*"[22]

---

[20] Vgl. Boal 1980, S. 29f.
[21] Vgl. Boal 1989, S. 18.
[22] Boal 1989, S. 66.

Der aristotelischen Katharsis setzt Boal sein Konzept der Dynamisierung entgegen, das genau an jenem Punkt ansetzt, der seiner Ansicht nach im konventionellen Theater ignoriert, wenn nicht sogar systematisch deaktiviert wird: dem Wunsch nach Veränderung.

„Es geht darum, den gegensätzlichen Effekt zur aristotelischen *Katharsis* zu suchen: Gesucht wird die *Dynamisierung* des Zuschauers. Anstatt die *Harmatia* (das heißt, den subversiven, verändernden, revolutionären Charakter), die in jedem Unterdrückten existiert, auszuschalten, wird versucht, sie zu vergrößern, anzuregen, wachsen zu lassen."[23]

Brecht ging für Boal schon darin einen großen Schritt weiter, daß in seinem Theaterentwurf die ZuschauerInnen nicht mehr die SchauspielerInnen ermächtigten, stellvertretend für sie zu denken und zu handeln, sondern sich das Denken für sich selbst vorbehielten. Auch Brecht strebte die *conscientização* des Publikums an. Im Theater der Unterdrückten überlassen jedoch die ZuschauerInnen auch das Handeln nicht mehr den SchauspielerInnen, sondern handeln selbst. Sie nehmen nicht nur die Welt als veränderbar wahr und stellen ihren gegenwärtigen Zustand in Frage, sondern proben selbst die Veränderung. Oder, wie Boal in den stürmischeren 70er Jahren formulierte: „Deshalb meine ich, daß Theater zwar nicht in sich selbst revolutionär ist; mit Sicherheit jedoch ist es 'Probe' zur Revolution"[24]. Damit eine solche Probe jedoch stattfinden kann, ist es notwendig, daß sich die Unterdrückten einer neuen Sprache bedienen: der Sprache des Theaters.

Theatrale Sprache

1973 arbeitete Boal in der peruanischen Alphabetisierungskampagne ALFIN (*Operación de Alfabetización Integral*) mit, die auf den Ideen Freirescher Pädagogik basierte und unterschiedlichste Formen künstlerischer Praxis umfaßte, wie Fotographie, Film und Theater. In dieser Periode entwickelte sich ein wesentlicher Teil der Basistechniken des Theaters der Unterdrückten. Boals Bericht „*Uma experiência de teatro popular no Peru*" wurde zu einem Grundlagentext emanzipatorischer Theaterarbeit, der in viele Sprachen übersetzt wurde. Hierin schreibt Boal:

---

[23] Boal 1980, S. 83 (Übersetzung d.A.).
[24] Boal 1989, S. 43.

„Die Beherrschung einer neuen Sprache eröffnet eine neue Chance, Wirklichkeit zu erfahren und anderen diese Erfahrung mitzuteilen. Jede Sprache ist unersetzlich. Alle Sprachen ergänzen sich gegenseitig in der Erfahrung der Wirklichkeit [...] Wir gingen davon aus, daß Theater eine Sprache ist, die von jedem verwendet werden kann, unabhängig davon, ob er künstlerische Fähigkeiten besitzt oder nicht."[25]

Für Boal ist die theatrale Sprache nicht nur eine Sprache unter vielen, sondern die Summe aller möglichen Sprachen.[26] Die Verständigung in ihr setzt keine Schauspielausbildung voraus, noch nicht einmal einen Grundschulabschluß, sondern nur die Bereitschaft, sich einzulassen auf andere Formen von Kommunikation – ästhetische Formen, der Begriff Ästhetik verstanden in seiner ursprünglichen Bedeutung. Boal fordert die Entmystifizierung des Ästhetikbegriffes: „Der *Ästhet* ist – etymologisch gesehen – *derjenige, der fühlt.* Und wir alle fühlen, wir alle sind Ästheten."[27] Ästhetische Kommunikation (*comunicação estética*) ist demnach Sinneskommunikation (*comunicação sensorial*) – eine Form von Kommunikation, in der Inhalte weder schrift- noch vorwiegend wortlastig verhandelt werden. In der ein enges Verhältnis von Reflexion und Aktion zu entdecken ist. In der Handeln nicht erst herbeigeredet werden muß, sondern schon im Zentrum eines Diskurses steht, in dem Inhalte über Handeln transportiert werden. Und da alle Menschen die Berufung zum Theater haben und sich der theatralen Sprache bedienen können, werden in ihr häufig andere Inhalte kommuniziert als z.B. in den monopolisierten brasilianischen Massenmedien, deren Schaltzentralen nur wenigen zugänglich sind. Hier liegen die Kraft, die vielfältigen Anwendungsmöglichkeiten und das emanzipatorische Potential des Theaters der Unterdrückten: in der Schaffung eines ästhetischen Raumes (*espaço estético*)[28], der allen zugänglich ist, der an jedem Ort entstehen kann und in dem gesellschaftliche Zusammenhänge mit theatralen Mitteln kommuniziert und Veränderungsspielräume handelnd ausgetestet werden. „*In the Theatre of the Oppressed, the Oppressed are the subject – Theatre is their language*"[29], lautet der Schlußsatz des Buches „*The Rainbow of Desire*".

---

[25] Boal 1989, S. 42.
[26] Vgl. Boal 1983, S. 183. Zu diesen möglichen Sprachen zählen für ihn Idiom (wie Portugiesisch, Französisch, Chinesisch...), Musik, Malerei, Film und – als Summe aller – Theater.
[27] Boal 1980, S. 30 (Übersetzung d.A.).
[28] Vgl. Boal 1995, S. 18ff. Adrian Jackson übersetzt *espaço estético* mit „*aesthetic space*".
[29] Boal 1995, S. 188.

Wie andere Sprachen kann auch die theatrale Sprache systematisch gelernt und vermittelt werden, um bei Boals Sprachgebrauch zu bleiben: alphabetisiert werden. „Die theatrale Alphabetisierung ist notwendig, da sie eine sehr machtvolle und in den gesellschaftlichen Transformationen nützliche Kommunikationsform ist"[30], zitiert ihn Henry Thorau. Theatrale Alphabetisierung richtet sich an die Menschen, die sich intensiver mit der theatralen Sprache und ihren Möglichkeiten auseinandersetzen wollen. An ihrem Anfang stehen die Übungen und Spiele des Theaters der Unterdrückten, die Boal 1973 in Argentinien erstmals in einem Buch veröffentlichte. Weitere Auflagen und Übersetzungen folgten. Die vorerst umfangreichste ist die jüngste brasilianische Ausgabe, die 1998 in Rio de Janeiro erschien. In ihr nimmt Boal eine neue Systematisierung der von ursprünglich 200 auf inzwischen mehr als 400 angewachsenen Übungen und Spiele unterschiedlichster Herkunft vor. Diese zielen auf die Wiederbelebung der durch den weiter oben geschilderten Prozeß der Atrophie verkümmerten Sinne und folglich auf einen Prozeß der Entspezialisierung. Boal teilt das „Arsenal" des Theaters der Unterdrückten in die folgenden Kategorien ein:

I   Sentir tudo que se toca
II Escutar tudo que se ouve
III Ativando os vários sentidos
IV Ver tudo que se olha
V   A memória dos sentidos "[31]

An der Grenze...

...von Fiktion und Realität bewegen sich die Techniken des Theaters der Unterdrückten. Und hierin liegt ihre Sprengkraft. Sei es im *Teatro-Imagem*[32], in dem die unbefriedigende Realität in selbstgemachten Bildern sichtbar gemacht und reflektiert wird (Realbild) und über das veränderte Bild (Idealbild) nach dem Bild der Veränderung (Übergangsbild) gesucht wird. Sei es im Unsichtbaren Theater (*Teatro Invisível*), in dem die meisten AkteurInnen nicht wissen, daß sie sich gerade in einer

---

[30] Zit. in Thorau 1982, S. 81 (Übersetzung d.A.).
[31] Boal 1998a, S. 89ff. Die Kategorisierung ist nicht einfach zu übersetzen. Eine sinngemäße Annäherung könnte folgendermaßen aussehen: „I Alles fühlen, was man berührt / II Allem zuhören, was man hört / III Die unterschiedlichen Sinne aktivieren / IV Alles sehen, was man erblickt / V Die Erinnerung der Sinne".
[32] Hier im Original, da weder der im Deutschen lange gebräuchliche Begriff „Statuentheater" noch die in den letzten Jahren eingeführte Bezeichnung „Bildertheater" die Bedeutungsvielfalt von *Teatro-Imagem* bzw. *Image Theatre* wiederspiegeln. Häufig führt die vermeintlich wörtliche Übersetzung Boalscher Begrifflichkeiten ins Deutsche zur terminologischen Unschärfe.

Theaterhandlung mit offenem Ausgang bewegen, nein: daß sie sich *auch* in einer Theaterhandlung mit offenem Ausgang bewegen. Denn gleichzeitig handeln und verhalten sie sich in einer realen Situation, die zwar unter anderem Produkt einer theatralen Aktivität sein mag, aber in dieser oder ähnlicher Form schon oft geschehen ist und möglicherweise wieder geschehen wird. Oder sei es in den im europäischen Kontext entstandenen Techniken des Regenbogens der Wünsche (*O Arco-iris do Desejo*), die deutlich therapeutische Züge tragen[33] und vorläufiges Ergebnis der Konfrontation mit Berichten europäischer WorkshopteilnehmerInnen sind, die Boal so in Lateinamerika noch nie gehört hatte. In seinen eigenen Worten:

„Living first in Lisbon, then in Paris, I worked for some fifteen years in various European countries, with immigrants, teachers, men and women, workers born in these countries, people who suffered oppressions with which I was well acquainted in Latin America: racism, sexism, intolerable working conditions, insufficient wages, police abuses of power, and so on. But in these Theatre of the Oppressed workshops there also appeared oppressions which were new to me: 'loneliness', the 'impossibility of communicating with others', 'fear of emptiness'. For someone like me, fleeing explicit dictatorships of a cruel and brutal nature, it was natural that these themes should at first seem superficial and scarcely worthy of attention. It was as if I was always asking, mechanically: 'But where are the cops?' Because I was used to working with concrete, visible oppressions.

Little by little, I changed my opinion. I discovered, for instance, that the percentage of suicides was much higher in countries like Sweden or Finland – where the essential needs of the citizen in matters of housing, health, food and social security are met – than in countries like ours, Third World countries. In Latin America, the major killer is hunger; in Europe, it is drug overdose. But, whatever form it comes in, death is still death. And, thinking about the suffering of a person who chooses to take his or her own life in order to put an end to the fear of emptiness or the pangs of loneliness, I decided to work with these new oppressions and to consider them as such."[34]

Theater wird so zum Instrument der Reflexion nicht nur gesellschaftlicher Realitäten, sondern auch psychischer Prozesse, die für Boal immer auch gesellschaftliche Dimensionen besitzen. *„The cops are in our heads, but their headquarters*

---

[33] Von verschiedener Seite wird den Techniken eine Nähe zu Jacob Levy Morenos Psychodrama attestiert. Vgl. hierzu Feldhendler 1992 und Thorau 1991.
[34] Boal 1995, S. 7f. Boal behauptet nicht, daß die Formen von Unterdrückung, mit denen er in Europa zu arbeiten begann, in Lateinamerika nicht existieren. Vielmehr verhindert dort die verbreitete Negation unmittelbarer materieller Bedürfnisse und die politische Repression eine Auseinandersetzung mit tendenziell eher individualisierten Unterdrückungsformen.

and barracks must be on the outside"[35] – auf dieser Hypothese baute ein zweijähriger Workshop in Paris zu Beginn der 80er Jahre auf, in dem die neuen Techniken entwickelt wurden. „*The task was to discover how these 'cops' got into our heads, and to invent ways of dislodging them*"[36]. Im Theater (von Boal verstanden als „*the art of looking at ourselves*"[37]) wird die gleichzeitige Zugehörigkeit zu Realität und Fiktion möglich, die therapeutisches Potential enthält und von Boal Metaxis genannt wird: „*the state of belonging completely to two different, autonomous worlds: the image of reality and the reality of the image.*"[38]

An der Grenze zwischen Fiktion und Realität bewegt sich insbesondere auch das Forumtheater (*Teatro-Fórum*), das den Kern Legislativen Theaters bildet und deswegen auf den folgenden Seiten ausführlicher vorgestellt wird.

„*A very clear conversation*"

Peru, im Jahr 1973. Die Alphabetisierungskampagne ALFIN war in vollem Gange und die Suche nach anderen Formen ästhetisch-theatraler Kommunikation noch ganz am Anfang. An diesem Anfang stand die Simultane Dramaturgie (*Dramaturgia Simultânea*), in der der Fortgang der Stückhandlung nicht mehr von AutorIn, RegisseurIn oder Ensemble bestimmt wurde, sondern von den ZuschauerInnen selbst. Eine Methode, die sich binnen kurzem großer Popularität erfreute.[39]

> Simultaneous dramaturgy consisted of this: We would present a play that chronicled a problem to which we wanted to find a solution. The play would run its course up to the moment of crisis – the crucial point at which the protagonist had to make a decision. At this point, we would stop performing and ask the audience what the pro tagonist should do. Everyone would make their own suggestions. And on stage the performers would improvise each of these suggestions, till all had been exhausted.

---

[35] Boal 1995, S. 8.
[36] Boal 1995, S. 8
[37] Zit. in Ruping 1993, S. 5f.
[38] Boal 1995, S. 43. Bisher waren die Techniken des Regenbogens der Wünsche vor allem im europäischen Kontext von Bedeutung und wurden in Brasilien noch kaum eingesetzt. Da sich dieses Buch mit Theater der Unterdrückten im brasilianischen Kontext befaßt, werden sie hier nur am Rande behandelt. Boal plant jedoch eine Anwendung dieser Techniken auch im Projekt Legislatives Theater in Rio de Janeiro, vgl. Augusto Boal (Boal I 017).
[39] Der folgende Text wird zitiert aus Boal 1995, S. 3ff.

Kein Theater der gutgemeinten Ratschläge mehr und der Aufrufe zur Revolution. Während der Aufführung wurde die AutorInnenrolle von den ZuschauerInnen übernommen. Zur Aufgabe der SchauspielerInnen wurde es, die Vorschläge aus dem Publikum szenisch umzusetzen. Damit behielten sie sich jedoch das Monopol auf die Interpretation der Handlungsvorschläge vor. Eines Tages suchte eine Frau Boal auf und erzählte ihm ihre Geschichte.

Every month, sometimes several times a month, her husband used to ask her for money to pay the monthly instalments on the house, which – he said – he was having built for them. The husband, who only did odd jobs here and there, earned very little. Anyway, she used to hand over her savings to him. From time to time he would give her 'receipts' in exchange for the monthly payments, receipts which were handwritten and scented. When she asked to see the house, he would reply: 'Later'. But she never got to see anything. And she began to have doubts. One day, they had an argument. So she decided to call her neighbour – who could read – and ask her to read the perfumed receipts. They were not receipts; they were love letters, sent by the husband's lover and carefully stored in the mattress by his illiterate wife.
'My husband has gone away – he said he was working all week in Chaclacayo as a mason. But now it's obvious where he's really gone. He comes back tomorrow. What am I to do?'
'I don't know, Madam. Let us ask the people.'

Noch am selben Abend wurde die dringend nach einer Entscheidung verlangende Situation auf der Bühne zur Diskussion gestellt. Die Bühnenhandlung folgte der Erzählung der Frau und endete abrupt mit der (am folgenden Tag anstehenden) Rückkehr des Ehemanns und seinem Klingeln an der Tür. Wie sollte sich die Frau ihm gegenüber verhalten? Der erste Vorschlag aus dem Publikum: Sie sollte ihrem Mann die Tür öffnen und ihm erzählen, daß sie die Wahrheit erfahren habe und dann zwanzig Minuten lang heftig weinen. Die SchauspielerInnen setzten den Vorschlag szenisch um. Reue und Vergebung auf der Bühne, große Unzufriedenheit im Publikum. Eine Zuschauerin forderte lautstark die Aussperrung des Ehemanns aus der eigenen Wohnung. Die Darstellerin der Frau improvisierte den Lösungsvorschlag – zur Freude des Ehemanns, der ihr durch die geschlossene Tür ankündigte, seinen Lohn (es war Zahltag) abzuholen und fortan mit seiner Geliebten zu leben. Eine dritte Zuschauerin schlug vor, die Frau sollte ihren Mann verlassen und aus der gemeinsamen Wohnung ausziehen. Woraufhin der Ehemann seine Geliebte einlud, mit ihm im selben Haus zu leben. Und so weiter. Bis Boal eine Frau im Publikum wahrnahm, der die Unzufriedenheit deutlich anzumerken war.

Suddenly I became aware of a very large, powerful woman, built like one of those Japanese 'sumo' fighters – seated in the third row, shaking her head vigorously and almost bursting with rage. I was afraid, because she seemed to be glaring at me with a look of absolute hatred. As gently as possible, I said:
'Madam, I get the feeling that you might have an idea. Tell us and we'll improvise it.'
'This is what she should do: let the husband in, have a clear conversation with him and then, only then, forgive him'.

Verblüfft und etwas irritiert ob der scheinbaren Harmlosigkeit des Vorschlags der so offensichtlich vor Wut kochenden Frau bat Boal die SchauspielerInnen, die Szene zu improvisieren. Ohne große Begeisterung spielten sie die eheinterne Auseinandersetzung mit anschließender Versöhnung und beendeten ihre Interpretation damit, daß die Frau der Bitte ihres Mannes nach einem Abendessen nachkam und in der Küche verschwand.

I looked at the big woman; she was huffing and puffing more than ever and her fulminating glare was even more furious and murderous than before.
'Madam, I am terribly sorry, but we have done what you suggested: the woman had a clear talk with her husband and afterwards she forgave him. And it looks like from now on they can be happy.'
'But that's not what I said. I said that she should explain things to him clearly, very clearly, and that afterwards – and only afterwards – she could forgive him.'
'To my mind this is exactly, what we have just improvised, but, if you like, we can do it again.'
'I do like. Do it!'

Der zweite Versuch: die Darstellerin der Ehefrau, die – stark überzeichnet – ihrem Ehemann ganz besonders deutlich die Meinung sagte. Und der Ehemann, der dann – nachdem klare Verhältnisse geschaffen waren – seine Frau liebevoll darum bat, ihm in der Küche sein Abendessen zuzubereiten.

They were on the point of going off to live together happily everafter, when I spotted the big woman, more furious, more threatening and more dangerous than ever. Somewhat nervous and, I'll admit, not a little frightened – I said to her:
'Madam, we are doing our best to try your suggestion, but you are never satisfied....'
'No, you are not! Because you are a man you don't want to try something a woman is telling you to do!'

'Madam, we are doing our best to understand what you want, we are trying to make the explanations as clear as we possibly can. If you are still not satisfied, why don't you come on stage yourself and show what you mean by „a very clear conversation" – what is that?'
Illuminated, transfigured, the big woman took a deep breath, swelled once again to her full size and, eyes flashing, asked:
'May I?'
'You may!'
She came up on stage, grabbed the poor defenceless actor-husband (who was a real actor, but not a real husband, and moreover was skinny and weak) and laid into him with a broom-handle with all her strength, simultaneously delivering a lecture to him on her complete views on the relations between husband and wife. We attempted to rescue our endangered comrade, but the big woman was much stronger than us. Finally, she stopped of her own accord and, satisfied, planted her victim on a seat at the table and said:
'Now that we have had this very clear and very sincere conversation, you can go to the kitchen and fetch my dinner, because after all this I am tired out!'

An jenem Tag in Peru wurde das Forumtheater geboren – eine Form von Theater, die keine fertigen Antworten und eindeutigen Botschaften, sondern Zweifel und Unklarheit über das weitere Vorgehen transportiert.[40] Und die nicht dort stehen bleibt, wo wie in Brechts gutem Menschen von Sezuan das Stück mit geschlossenem Vorhang und offenen Fragen endet. Vielmehr stellt im Forumtheater der erste Teil der Aufführung (die Forumtheater-Szenen) selbst eine Frage an das Publikum dar, auf die im sich anschließenden Forum gemeinsam nach Antworten gesucht wird. Und zwar nicht (wie in der Simultanen Dramaturgie) von den SchauspielerInnen, die die Handlungsvorschläge aus dem Publikum improvisieren, sondern von den ZuschauerInnen, nein: den *espect-atores* selbst, die sich aus ihrer passiven Rolle befreien und handelnd in das Geschehen eingreifen.

Die Chinesische Krise

Eine Forumtheater-Szene[41] hat kein Happy-End. Sie ist die theatralisierte Chronik des Scheiterns der ProtagonistInnen (der Unterdrückten), ihre Wünsche zu verwirklichen, ihre grundlegenden Rechte in Anspruch zu nehmen, sich gegen Benachteiligung und Unterdrückung zu wehren. Sie scheitern an den AntagonistInnen (den UnterdrückerInnen). Häufig durch eine gegenläufige, scheinbar

---

[40] Vgl. Boal 1998a, S. 333.
[41] Im folgenden wird nicht von Forumtheater-Stücken, sondern meist von Forumtheater-Szenen die Rede sein. Ein Forumtheater-Stück kann sich aus einer oder mehreren Forumtheater-Szenen zusammensetzen.

positive Entwicklung (in der Boalschen Dramaturgie die *contra-preparação*) vorbereitet und dadurch umso eindrücklicher, steuert die Handlung auf einen Konflikt zu, der sich zum Nachteil der ProtagonistInnen entwickelt. Ein Moment der Krise, der Chinesischen Krise. In einigen chinesischen Sprachen (wie auch in der koreanischen) gibt es nicht nur ein Schriftzeichen für das Wort „Krise", sondern zwei: das eine läßt sich mit „Gefahr" übersetzen, das andere mit „Gelegenheit", „Chance" oder „Möglichkeit".[42] Es ist diese Ambiguität, die die *espect-atores* einer Forumtheater-Aufführung zur Intervention motiviert. Sie greifen in die Stückhandlung ein, um dieser in der Rolle der ProtagonistInnen einen anderen Ausgang zu geben. Sie betreten den ästhetischen Raum (die Bühne oder die auf dem Boden ausgebreitete Plane) und stellen die dort theatralisierte Realität in Frage – durch die Theatralisierung ihrer eigenen Handlungsvorschläge. Sie proben die Veränderung gesellschaftlicher Realitäten durch ihre Intervention in deren theatralisiertes Abbild.

Zwischen Publikum und Bühne bewegt sich der oder die *curinga* (Joker), der MC des Theaters der Unterdrückten,[43] eine Figur, mit der Boal schon in den 60er Jahren im *Teatro de Arena* experimentierte.[44] Die derzeit fünf *curingas* des Zentrums des Theaters der Unterdrückten (*Centro de Teatro do Oprimido* – CTO-Rio) – Bárbara Santos, Claudete Felix, Geo Britto, Helen Sarapeck und Olivar Bendelak – organisieren und koordinieren die Arbeit mit den Theatergruppen und die Entwicklung der Szenen. Sie eröffnen Forumtheater-Aufführungen, erklären die „Spielregeln", führen Aufwärmübungen mit dem Publikum durch, stellen die Theatergruppe vor und moderieren das Forum. Für den Ablauf des Forums gibt es zwei Möglichkeiten: Entweder spielen die DarstellerInnen die Szenen noch einmal und die *espect-atores* unterbrechen die Handlung, um die ProtagonistInnen zu ersetzen, oder das Publikum bestimmt nach Ende der Forumtheater-Szenen, an welchen Stellen die Handlung wiederaufgenommen werden soll, diesmal aber gleich mit *espect-atores* in den Rollen der ProtagonistInnen (so die gängige Praxis in Rio de Janeiro). Die *curingas* sind OrganisatorInnen von Dialog und *conscientização*. Während der Moderation des Forums halten sie sich mit der Äußerung eigener Meinungen zurück.

---

[42] Vgl. Boal 1998b, S. 56.

[43] Tatsächlich bezeichnet Boal den / die *curinga* an einer Stelle als „Zeremonienmeister [*mestre-de-ceremônia*] der Forumtheater-Aufführung" (Boal 1998a, S. 330, Übersetzung d.A.).

[44] Die Figur des *curinga* tauchte zum ersten Mal in der Produktion „*Arena conta Zumbi*" (Premiere: 1. Mai 1965) auf, vgl. Thorau 1982, S. 25f. Vgl. hierzu auch das Kapitel „*O sistema coringa*" in Boal 1983. Irgendwann änderte Boal die Schreibweise von *coringa* zu *curinga*, der heute gängigen Version im Theater der Unterdrückten.

Ihre Aufgabe ist vielmehr, die *espect-atores* zur Diskussion, zur Intervention, zur Transformation anzuregen. Sie entscheiden nichts alleine, sondern nur unter Einbeziehung des Publikums. Sie formulieren Fragen an das Publikum und stellen dessen Interventionen und Handlungsvorschläge nur dann in Frage, wenn diese die Grenzen der theatralisierten Realität überschreiten: die magischen Lösungen (*soluções mágicas*).[45] Eine solche liegt beispielsweise bei einer Intervention vor, in der ein *espect-ator* in der Rolle einer unbewaffneten Person plötzlich eine Waffe aus der Tasche zaubert.

Wie schon an der Namensgebung zu erkennen, soll Theater der Unterdrückten (in diesem Fall Forumtheater) von den Unterdrückten selbst gemacht werden: von Personen, die die gemeinsam entwickelten Szenen selbst oder zumindest aus der Nähe erlebt haben und ihre eigenen Lebensrealitäten theatralisieren. Im Idealfall werden die Forumtheater-Szenen auch vor *espect-atores* aufgeführt, die die auf die Bühne gebrachten Situationen aus eigener Erfahrung kennen, einem homogenen Publikum.[46] „Die besten Ergebnisse eines Forumtheaters können beobachtet werden, wenn die Zuschauer-Schauspieler die gleiche Unterdrückung erleiden, die in der Szene dargestellt wird, und gemeinsam nach den besten Formen suchen, um sie zu beenden.",[47], führt Boal in seinem Buch „*Stop: C'est magique!*" aus, in dem eine umfangreiche Systematisierung des Forumtheaters zu finden ist.[48] Damit Theater der Unterdrückten Theater der Unterdrückten sein kann, muß für Boal eine Verbindung zwischen den Lebensrealitäten des Publikums und den theatralisierten Lebensrealitäten der DarstellerInnen auf der Bühne bestehen.[49] Eine Forumtheater-Szene geht von theatralisierten individuellen Erfahrungen aus, die im Moment der Aufführung jedoch über die individuelle Dimension hinauswachsen, sich (in Boalschen Worten) multiplizieren und ein „Theater in der ersten Person plural"[50] ermöglichen.

---

[45] Vgl. Boal 1998a, S. 330.
[46] Hierzu schreibt Boal: „Eine Forumtheater-Szene soll notwendigerweise alle Teilnehmer miteinbeziehen, die sich durch die gleiche Unterdrückung alle gleich unterdrückt fühlen sollten. Deshalb ist ein gehobener Grad an Homogenität des Publikums nötig." (Boal 1980, S. 128, Übersetzung d.A.).
[47] Boal 1980, S. 128 (Übersetzung d.A.). Auch hier tauchen im portugiesischsprachigen Original ältere, heute nicht mehr verwendete Begrifflichkeiten auf: *teatro-foro* statt *teatro-fórum* und *espectadores-atores* statt *espect-atores*.
[48] Diese liegt nach meinen Recherchen in Deutschland nur in einer unvollständigen Übersetzung aus dem Englischen vor, vgl. Arbeitsstelle Weltbilder 1993, S. 36-45. Eine aktualisierte Fassung des Textes „*Teatro-Fórum: dúvidas e certezas*" (der größte Teil des Kapitels zum Forumtheater aus „*Stop: C'est magique!*") findet sich in Boal 1998a, S. 317ff.
[49] Vgl. Augusto Boal (Boal IIa 020).
[50] Boal 1980, S. 128 (Übersetzung d.A.).

Für Boal kann dieser Prozeß der Multiplikation (*multiplicação*) über zwei Wege geschehen: über Identifikation (*identificação*) oder über Analogie (*analogia*). Die Chancen für eine direkte Identifikation stehen beispielsweise dann besonders gut, wenn eine Theatergruppe von Hausangestellten (*trabalhadoras domésticas*) im Haus der Gewerkschaft der *domésticas* vor einem Publikum aufführt, das nur oder fast nur aus *domésticas* besteht, die die dargestellten Situationen aus eigener Erfahrung kennen. Als Beispiel für Analogie berichtet Boal von einer Forumtheater-Aufführung in einem Vorort von Paris, in der es um die Schwierigkeiten und Beleidigungen ging, derer sich eine übergewichtige 15Jährige wegen ihrer körperlichen Erscheinung ausgesetzt sah. Zunächst skeptisch ob der Zusammensetzung des Publikums (lauter Dünne...), mußte der *curinga* Boal bald feststellen, daß die Interventionen der *espectatores* nicht enden wollten und die Multiplikation ganz hervorragend funktionierte – nicht durch Identifikation mit den zehn Kilo Übergewicht der Protagonistin, sondern durch Analogie. Alle hatten irgendein Problem mit ihrer körperlichen Erscheinung: „Alle sagten 'ich bin dick', obwohl jeder an die eigene Nase, die eigenen Ohren oder den eigenen Mund dachte."[51]

Eine dritte Form der Multiplikation ist die über Solidarität (*solidariedade*), gemeint ist die Solidarität von Personen, die wenig oder gar nichts mit den theatralisierten Lebensrealitäten der DarstellerInnen zu tun haben. Für Boal stellt eine *multiplicação por solidariedade* nicht mehr wirklich Theater der Unterdrückten dar, wohingegen einige *curingas* des CTO-Rio dieser Form aufgeschlossener gegenüber stehen.[52]

Wenn die Forumtheater-Szene eine an die *espect-atores* gerichtete Frage ist, ist die möglichst klare und interessante Formulierung dieser Frage die Voraussetzung für eine aktive Partizipation des Publikums, soll heißen: es geht um möglichst packendes Theater, ästhetisch wie dramaturgisch überzeugend. Entscheidend für den Verlauf des Forums ist, daß der vorausgehende Konflikt zwischen ProtagonistInnen und AntagonistInnen klar definiert ist und Raum für die Entwicklung von Handlungsalternativen läßt. Nur wo Veränderungsspielräume vorhanden sind, läßt

---

[51] Boal 1980, S. 129 (Übersetzung d.A.).
[52] Vgl. Augusto Boal (Boal IIa 019ff.) und Bárbara Santos (*Curingas* III 058ff.). Aufgabe des / der *curinga* ist bei solchen Interventionen, das Publikum auf das aufmerksam zu machen, was vor sich geht: daß z.B. ein Mann in der Rolle einer schwangeren Frau interveniert – in einer Situation, die er so nie erlebt hat und aller Voraussicht nach auch nicht erleben wird. Manche Frauen aus dem Publikum mögen sich hierdurch zum eigenen Eingreifen motiviert fühlen. Deutlich soll werden, was hier eigentlich gespielt wird: „die Vision, die ein Mann von einer Frau hat" (Bárbara Santos in *Curingas* III 061).

sich Veränderung proben. Die Exekution eines Gefesselten, die Vergewaltigung einer Frau durch mehrere Männer in einer menschenleeren U-Bahn, die Festnahme durch ein ganzes Sondereinsatzkommando in einer verlassenen Seitenstraße sind Situationen im extremen Stadium von Unterdrückung (von Boal Aggression genannt), die kaum Handlungsmöglichkeiten offenlassen, außer vielleicht im Einzelfall den massiven Einsatz körperlicher Gewalt.[53] Solche Situationen eignen sich nicht nur nicht für eine Forumtheater-Szene, sondern verhalten sich kontraproduktiv zur Intention des Theaters der Unterdrückten, da sie in ihrer Ausweglosigkeit geradezu zwangsläufig zur Resignation führen und nicht dynamisierend, sondern demobilisierend wirken. Interessant im Sinne des Forumtheaters wäre die Vorgeschichte: Wie hätte eine Situation verhindert werden können, in der alles zu spät ist?

Ausgetauscht werden im Forum nur die ProtagonistInnen, die Unterdrückten, denn: „Ziel des Forums ist, von der Seite des Unterdrückten aus zu sehen: was sind die Taktiken, die Strategien, die Alternativen, die Methoden, die er nutzen kann, was sind die Waffen, die er hat, um die Unterdrückung zu brechen"[54], so Boal im Gespräch. Die DarstellerInnen der AntagonistInnen, die eine Reaktion auf die Intervention der *espect-atores* improvisieren, haben die schwierige Aufgabe, nicht zu hart zu reagieren und diesen eine Chance zur Veränderung zu lassen, ohne in ihrer Rolle als UnterdrückerInnen unglaubwürdig zu werden. Denn einE zu nachgiebigeR UnterdrückerIn vermittelt einen verzerrten Eindruck der Realität. In diesem Fall – und nur in diesem – können auch die AntagonistInnen ausgetauscht werden. So geschehen in Frankreich, als Boal mit einer Gruppe arbeitete, die sich mehrheitlich aus arabischen MigrantInnen zusammensetzte. In einer Szene wurde ein festgenommener Migrant dem diensthabenden Polizisten auf dem Polizeirevier vorgeführt, der ihn erniedrigte und beleidigte. Der Polizist wurde von einem Schauspieler ohne Migrationshintergrund dargestellt, der sich im Forum mehrmals hintereinander rasch von der Problematik seines Verhaltens überzeugen ließ – was den Protest der arabischstämmigen Mitglieder des Publikums hervorrief. Einer von ihnen ersetzte den Polizeibeamten und zeigte Unterdrückungsmechanismen auf, die den anwesenden nichtmigrierten Personen unbekannt oder unbewußt waren.[55]

Neben der Multiplikation ist die Extrapolation (*extrapolação*) ein weiterer Schlüsselbegriff des Forumtheaters. „Ziel des ganzen Theaters der Unterdrückten ist

---

[53] Vgl. Augusto Boal (Boal I 025).
[54] Augusto Boal (Boal I 023).
[55] Vgl. Augusto Boal (Boal I 023).

die Aktion, die Transformation der Realität"[56], sagt Boal. Extrapolation bezeichnet genau diesen Schritt: von der theatralisierten Realität der Bühnensituation in die Realität des eigenen Lebens, von der handelnden Reflexion im Forum hin zur praktischen Umsetzung verändernder Aktion im gesellschaftlichen Kontext. Dieser Vorgang kann mehr oder weniger unmittelbar erfolgen. In Lateinamerika erlebte Boal vor seiner Zeit im europäischen Exil zahlreiche Forumtheater-Aufführungen, die einem für die folgende Woche geplanten Streik oder dem für den nächsten Tag angesetzten Besuch beim Bürgermeister wegen des Wassermangels im eigenen, unterpriveligierten Stadtteil gewidmet waren. Ziel war die Entwicklung konkreter Handlungsstrategien für unmittelbar bevorstehende Ereignisse. Häufig jedoch steht die Reflexion von Handlungsmöglichkeiten und Widerstand z.B. gegen rassistische oder sexistische Diskriminierung im Vordergrund. Hier geht es um die theatrale Diskussion über Wege der Transformation von Situationen, die nicht zeitlich oder örtlich festzumachen sind, aber immer wieder vorkommen und als persönliche Erfahrung eines oder mehrerer Gruppenmitglieder die Basis der Bühnenhandlung bilden. Von einer eher symbolischen Form von Forumtheater berichtet Boal aus Frankreich, wo größere politische Zusammenhänge wie der Falklandkrieg und die vorausgehenden französischen Waffenlieferungen an Argentinien anhand der Geschichte einer Märchengestalt (*l'ogre méchant*) auf die Bühne gebracht wurden.[57]

Forumtheater ist ein Theater der Grenzüberschreitung. In den Forumtheater-Szenen kommen die ProtagonistInnen an ihre Grenzen. Die *espect-atores* wollen sie unterstützen, müssen hierzu jedoch zuerst ihre eigenen Grenzen überwinden, um aktiv zu werden, die theatralisierte Realität in Frage zu stellen und den ästhetischen Raum zu betreten. „Jede Befreiung setzt eine Grenzüberschreitung voraus"[58], sagt Boal im Gespräch. Eine Grenzüberschreitung neuen Charakters ist das Legislative Theater, dem die letzten inhaltlichen Überlegungen dieser Einleitung gewidmet sein sollen.

---

[56] Augusto Boal (Boal I 013).
[57] Vgl. Augusto Boal (Boal I 012ff.).
[58] Augusto Boal (Boal IIa 030).

Legislatives Theater...

...ist mehr als die Probe der Veränderung. Es beschränkt sich nicht auf die handelnde Reflexion von Veränderungsmöglichkeiten, sondern strebt die Transformation der politisch-strukturellen Rahmenbedingungen an. So wie die ZuschauerInnen sich im Theater der Unterdrückten aus ihrer Passivität befreien und zu AkteurInnen werden, hören BürgerInnen im Legislativen Theater auf, bloße ZuschauerInnen herrschender Politik zu sein. Es geht um neue Formen von Politik, in denen Theater eine zentrale Rolle spielt und neue Partizipationsmöglichkeiten eröffnet. Ausgangspunkt verändernder Aktion ist weiterhin die theatralisierte Realität einer Forumtheater-Szene, aber: „Im Fall des Legislativen Theaters ist das Forum nicht nur für die Reflexion wichtig, nicht nur für die Aktion, sondern für die Vorbereitung eines Gesetzes, das den Unterdrückten als Instrument zu ihrer Verteidigung dient."[59] Ziel ist nicht mehr nur die Intervention in theatralisierte Realitäten und ihre Extrapolation in die Realität gesellschaftlicher Zusammenhänge, sondern die direkte Intervention in politische Strukturen. In Boals eigenen Worten:

„In the Legislative Theatre the aim is to bring the theatre back to the heart of the city, to produce not catharsis, but dynamisation. Its objective is not to pacify its audiences, to tranquillise them, to return them to a state of equilibrium and acceptance of society as it is, but, again contrarily, to develop their desire for change. The Theatre of the Oppressed seeks not only to develop this desire, but to create a space in which it can be stimulated and experienced, and where future actions arising from it can be rehearsed. The Legislative Theatre seeks to go further and transform that desire into law"[60]

Legislatives Theater geht damit weiter als alle bisherigen Formen des Theaters der Unterdrückten. Es stellt den vorläufigen Höhepunkt einer fast drei Jahrzehnte währenden Entwicklung Boalscher Theatertheorie und -praxis dar – von der Politisierung des Theaters zur Theatralisierung der Politik.

---

[59] Augusto Boal (Boal I 006).
[60] Boal 1998b, S. 20.

...und noch einige Anmerkungen zu diesem Buch

Dieses Buch beschreibt die hierzulande nur wenig bekannten jüngsten Entwicklungen des Theaters der Unterdrückten in Rio de Janeiro (mit einem kurzen Exkurs über die Praxis in der Stadt Santo André). Es befaßt sich mit der (brasilianischen) Praxis Legislativen Theaters und somit mit dem Versuch der Umsetzung einer radikal neuen Perspektive der Verbindung von Theater und Politik. Es ist Ergebnis meines dreimonatigen Forschungsaufenthalts im *Centro de Teatro do Oprimido* (CTO-Rio) in Rio de Janeiro Mitte des Jahres 1999 und basiert auf einer Diplomarbeit, die ich im September 2000 am Fachbereich Erziehungswissenschaften und Psychologie der Freien Universität Berlin eingereicht habe.

Nach einigen methodischen Anmerkungen werde ich zunächst die Entstehung und Entwicklung Legislativen Theaters vor und während Augusto Boals Zeit als Abgeordneter im Stadtparlament Rio de Janeiros (im folgenden „Mandatszeit" genannt) darstellen (Kapitel 2). Der Fortsetzung der politisch-theatralen Praxis nach der Zäsur des Wahlverlusts im Jahr 1996 ist Kapitel 3 gewidmet, das zugleich die Situation beschreibt, die ich Mitte des Jahres 1999 in Rio de Janeiro vorfand. Damit steckt dieses den Rahmen für die folgenden beiden Kapitel ab, die Legislatives Theater am konkreten Beispiel der Praxis zweier Theatergruppen des CTO-Rio darstellen: *Marias do Brasil* (Kapitel 4) und *Panela de Opressão* (Kapitel 5). Beide Kapitel folgen einer ähnlichen Dramaturgie, die mit einer Darstellung des thematischen Kontexts und der Gruppengeschichte und -situation beginnt, gefolgt von einer Beschreibung der Theatralisierung von Lebensrealitäten. Hierzu wird – sozusagen auf zwei unterschiedlichen Textebenen – der Handlungsablauf der kollektiv erarbeiteten Forumtheater-Stücke (optisch hervorgehoben durch einen anderen Schrifttyp) den selbstgeschilderten Lebensrealitäten sowohl der Gruppenmitglieder als auch von Personen aus deren Stadtteil gegenübergestellt. Mit den Rückwirkungen der Theaterarbeit auf die Lebensrealitäten der Gruppenmitglieder beschäftigt sich ein weiterer Abschnitt, bevor beide Kapitel mit der Vorstellung ausgewählter Publikumsinterventionen bei Forumtheater-Aufführungen sowie aus dem Publikum eingereichter Gesetzesideen enden. Nach einem kurzen Exkurs zur Anwendung des Theaters der Unterdrückten in Santo André folgt in Kapitel 7 die Diskussion Legislativen Theaters im brasilianischen Kontext.

Mein Forschungsaufenthalt im CTO-Rio fand vom 21. Juli bis zum 15. Oktober 1999 statt und wurde durch ein Stipendium des ASA-Programms der Carl-Duisberg-Gesellschaft gefördert. Zeitgleich waren mit Doris Kempchen (Hannover) und Barbara Kastner (Berlin) zwei weitere ASA-Stipendiatinnen im CTO-Rio, die ebenfalls Forschungsprojekte zum Theater der Unterdrückten durchführten.

Der Aufenthalt bedeutete für mich gewissermaßen einen Sprung ins kalte Wasser. Zwar hatte ich mich schon zuvor theoretisch und praktisch mit den Methoden und Techniken des Theaters der Unterdrückten befaßt, doch stellte aus Mangel an anderen Informationsquellen die Lektüre der englischen Ausgabe des Boal-Buches über Legislatives Theater meine einzige inhaltliche Vorbereitung auf meinen Forschungsgegenstand, die aktuelle brasilianische Praxis des Theaters der Unterdrückten, dar. Entsprechend schwierig gestaltete sich eine gezielte methodische Vorbereitung meiner Forschungstätigkeit in Rio de Janeiro. Trotz ausgedehnter Lektüre insbesondere von Texten zur teilnehmenden Beobachtung, zu ethno-graphischen Forschungsansätzen und qualitativen Interviews[61] wurde meine (vielleicht überhöhte) Erwartung an mich selbst, zumindest mit einem groben Konzept meiner ersten methodischen Schritte im Rucksack ins Flugzeug zu steigen, nicht erfüllt. Vor Ort durfte ich dann feststellen, daß – zumindest in meinem Fall – situationsadäquate Methoden tatsächlich nur in der Situation selbst entwickelt werden konnten. In dieser Zeit erwies sich meine breite methodische Vorbereitung als wertvolle Basis für die Entwicklung eigener Vorgehensweisen vor Ort.

Nach einigem Überlegen entschied ich mich während der ersten Wochen für einen deskriptiven Ansatz und für ein methodenplurales Vorgehen, das einige Ähnlichkeiten mit einem methodischen Ansatz aufweist, dessen drei Elemente Christel Hopf im Jahr 1979 folgendermaßen charakterisierte:

„- die unstrukturierte oder wenig strukturierte Beobachtung, die über einen sehr kurzen oder sehr langen Zeitraum erfolgen kann und die mit unterschiedlichen Graden und Arten der Teilnahme des Forschers verbunden sein kann;
- das qualitative Interview, das ebenso wie die qualitative Beobachtung von unterschiedlicher Intensität und Dauer sein kann und das zudem durch unterschiedliche Arten des Involvements von Seiten des Forschers gekennzeichnet sein kann.

---

[61] Vgl. Atkinson / Hammersley 1994, Fetterman 1989, Flick 1995, Flick u.a. 1995, Girtler 1984, Hirschauer / Amann 1997, Kamp 1997, Lamnek 1995 und Geertz 1983.

- die Erhebung und Analyse von Dokumenten unterschiedlichster Natur (Biographien, formalen Regelungen in Bürokratien, Zeitungen, zeitgenössischen Berichten über bestimmte Ereignisse, Sitzungsprotokollen, Parteitagsprotokollen u.v.a.m.)"[62]

Meine eigene empirische Vorgehensweise baute hauptsächlich auf den beiden Elementen teilnehmende Beobachtung und qualitative Interviews auf, ergänzt durch die Einbeziehung von Originaldokumenten. Für teilnehmende Beobachtung stieß ich auf eine Definition von Schwartz und Schwartz aus den 50er Jahren, die meines Erachtens nichts an Aktualität verloren hat:

„Für unsere Zwecke definieren wir teilnehmende Beobachtung als einen Prozeß, in dem die Anwesenheit eines Beobachters in einer sozialen Situation zum Zwecke wissenschaftlicher Erhebung unterhalten wird. Der Beobachter steht in unmittelbarer persönlicher Beziehung zu den Beobachteten, und indem er mit ihnen an ihrem natürlichen Lebensbereich partizipiert, sammelt er Daten. So ist der Beobachter Teil des unter Beobachtung stehenden Kontexts, und er modifiziert nicht nur diesen Kontext, sondern wird auch durch ihn beeinflußt."[63]

Meine Teilnehmerrolle bestand in der eines Praktikanten. Als solcher war ich zu Beginn weniger und im Verlauf der drei Monate immer mehr in die Arbeitsabläufe des CTO-Rio integriert. Wie die anderen beiden ASA-Stipendiatinnen begleitete ich die *curingas* zu Proben mit den Theatergruppen des Zentrums (im ersten Monat des Aufenthalts besuchte ich Proben aller Gruppen, im zweiten und dritten begleitete und unterstützte ich dann schwerpunktmäßig die Arbeit der Gruppen *Marias do Brasil* und *Panela de Opressão*, zum Ende des Aufenthalts auch durch die Ko-Anleitung von Aufwärmübungen und teilweise durch musikalische Begleitung), beteiligte mich an der Organisation kleiner Festivals (von eher einfachen Tätigkeiten im Auf- und Abbau zu Beginn des Aufenthalts bis hin zu musikalischen Beiträgen beim *Festival de Teatro Legislativo* am Ende der drei Monate) und reiste mit den *curingas* zu einem Theaterfestival in Presidente Prudente und zweimal nach Santo André (beides im Bundesstaat São Paulo). Zu dritt dokumentierten wir zahlreiche Forumtheater-Aufführungen der Gruppen fotografisch und auf Mini-Disc und fingen Stimmen dazu aus dem Publikum ein. Auch wenn das Praktikum die Realisierung teilnehmender Beobachtung im CTO-Rio erst möglich machte, waren Praktikantenrolle und

---

[62] Hopf 1979, S. 18, zit. in Lamnek 1995, S. 240.
[63] Schwartz / Schwartz 1955, S. 344, zit. in Girtler 1984, S. 47.

Forscherrolle bzw. die aus den jeweiligen Rollen abgeleiteten Rollenerwartungen nicht immer leicht zu vereinbaren. Dennoch meine ich behaupten zu können, das „Dilemma von Identifikation und Distanz"[64] des teilnehmenden Beobachters einigermaßen gut bewältigt zu haben.

Schon bald wurde mir klar, daß der Ausschnitt aus der Realität, den ich auf diese Weise gewinnen konnte, nur sehr klein war. Zudem war ein Teil der Ereignisse, die ich beschreiben wollte, schon Vergangenheit und daher einer Beobachtung nicht mehr zugänglich. Um die Datenbasis zu erweitern und die subjektiven Einschätzungen, Perspektiven und Erinnerungen unterschiedlichster AkteurInnen bzw. ExpertInnen[65] miteinzubeziehen, führte ich im zweiten und dritten Monat des Aufenthalts eine Serie von qualitativen Leitfadeninterviews mit narrationsgenerierenden Ambitionen (um Hitzler und Honer zu paraphrasieren)[66], im folgenden „Gespräche" genannt. Diese Gespräche wurden sowohl mit einem Gesprächspartner bzw. einer Gesprächspartnerin geführt als auch mit Gruppen von GesprächspartnerInnen. Einen Teil der Gespräche führte ich allein, einen anderen Teil gemeinsam mit einer oder beiden anderen ASA-Stipendiatinnen. Einige wenige Gespräche mit Personen aus dem Publikum führte eineR von uns dreien im Auftrag aller drei und anhand eines gemeinsam entwickelten Leitfadens. Alle der als Teil der empirischen Basis dieser Forschungsarbeit verwendeten Gespräche wurden tondokumentiert (fast ausschließlich auf Mini-Disc, an einem Tag auf Kassette).

Eine Erweiterung der Datenbasis stellte auch die Verwendung von ausgewählten Originaldokumenten unterschiedlichster Art dar. Hierbei handelt es sich unter anderem um Stücktexte, Festivalprogramme, Zeitungsausschnitte, unveröffentlichte Berichte (z.B. an die Ford-Stiftung) und eine Vielzahl von Materialien der Mandatszeit aus dem Archiv des CTO-Rio, von Flugblättern und Selbstdarstellungen des Mandats über Protokolle von Forumtheater-Aufführungen und andere Texte aus der alltäglichen Mandatsarbeit bis hin zu Fotos von Aktionen und Aufführungen.

Die im folgenden entwickelte Darstellung basiert also auf eigenen Beobachtungen, Gesprächen mit AkteurInnen, Dokumenten und schon an anderer

---

[64] Lamnek 1995, S. 311.
[65] Betrachtet man AktivistInnen der Mandatszeit als ExpertInnen für die damaligen Aktivitäten und BewohnerInnen unterprivilegierter Stadtteile als ExpertInnen für ihre eigene Lebensrealität, so läßt sich auf die von mir geführten Gespräche durchaus der Ansatz der „Experten-Interviews" anwenden, dem Flick einige Ausführungen widmet (vgl. Flick 1995, S. 109ff.).
[66] Vgl. Hitzler / Honer 1995, S. 384.

Stelle veröffentlichter Literatur zum Theater der Unterdrückten. Im Interesse einer Eingrenzung des Themas bezieht sie das umfangreiche literarische Werk Augusto Boals nicht mit ein.[67] Auch ästhetische und dramaturgische Fragen der vorgestellten Inszenierungen werden nur am Rande behandelt. Meine Ausführungen beschränken sich zudem – wie schon im Titel deutlich wird – auf die aktuelle Praxis des Theaters der Unterdrückten in Rio de Janeiro (also hauptsächlich auf die Praxis Legislativen Theaters, mit einem Exkurs zur Situation in der Stadt Santo André) und beschäftigen sich nicht mit der Anwendbarkeit Legislativen Theaters im europäischen Kontext bzw. ersten europäischen Anwendungsversuchen.

Den tondokumentierten Gesprächen und Forumtheater-Aufführungen wird in diesem Text die gleiche Bedeutung zugeschrieben wie schriftlichen Quellen. Dies wirkt sich auch auf den Umgang mit diesen in den Fußnoten und Nachweisen aus: in der Auswertungsphase transkribierte ich deren Inhalt stichwortartig (nur die zitierten Stellen wurden vollständig verschriftlicht) und versah sie auf den jeweiligen Mini-Discs mit *tracks*, die zu meiner Orientierung dienten und im Text die Funktion von Seitenzahlen übernehmen. Mithilfe dieser *tracks* können die angegebenen Stellen in den lückenlos archivierten Mini-Discs schnell gefunden werden. Die von mir entwickelte und durchgängig verwendete Zitierweise beginnt (sofern es sich um ein Gespräch handelt) mit dem Namen der zitierten Person und setzt sich dann aus unterschiedlichen Elementen zusammen:

- der Begriff als Kennzeichnung von Anlaß, Person, Gruppe oder Ort des Gesprächs / der Aufführung.
- die römische Zahl, falls mehrere Gespräche / Aufführungen stattfanden.
- der Buchstabe, falls das Gespräch / die Aufführung auf mehr als einer Mini-Disc aufgezeichnet wurde.
- die arabische Zahl als Bezeichnung des *tracks* auf der Mini-Disc.

An drei Beispielen erklärt (vgl. die Angaben zu Gesprächen und Aufführungen in Kapitel 8):

---

[67] Vgl. hierzu Boal 1986a, ein von ihm selbst erstellter Überblick über seine literarische Tätigkeit bis Mitte der 80er Jahre.

28

- **Claudete Felix (Felix 023)** verweist auf *track* **023** des Gesprächs mit Claudete
  Felix am 13. Oktober 1999 in den Räumen des CTO-Rio im Zentrum / Rio de
  Janeiro
- **Paulo Souza (*Panela* IIa 045)** verweist auf eine Aussage von Paulo Souza in
  track **045** auf der ersten Mini-Disc (**a**) des zweiten Gesprächs (**II**) mit Mitgliedern
  der Gruppe *Panela de Opressão*, am 13. Oktober 1999 mit Carla Morgana, Edson
  Rodrigues und Paulo Souza im *Instituto Pró-Mulher de Educação e Saúde* in
  Jacarepaguá / Rio de Janeiro.
- *Mostra* **IIb 025** verweist auf *track* **025** der zweiten Mini-Disc (**a**) der
  Aufzeichnung der *II Mostra Carioca de Teatro Legislativo* am 25. Juli 1999 auf
  dem Aterro do Flamengo in Flamengo / Rio de Janeiro.

Die Gespräche mit Personen aus dem Publikum sind in Kapitel 8 nicht unter
der Überschrift „Gespräche" aufgeführt, sondern wurden am Rande von Forumtheater-Aufführungen geführt und befinden sich auf den Mini-Discs, die unter
„Aufführungen" aufgelistet werden. Eine Ausnahme bildet die einzige Kassette, die
ich mit der funktionalen Bezeichnung **Kassette** versehen habe. Die darauf
aufgezeichneten vier Gespräche mit Mitgliedern des Publikums wurden chrono-
logisch durchnumeriert.

Anders als die tondokumentierten Materialien haben die im Anhang
einzusehenden Fotos lediglich unterstützende Funktion. Sie sollen – zusätzlich zu den
Beschreibungen der Stückhandlungen in den Kapiteln über die *Marias do Brasil* und
Panela de Opressão – einen plastischeren Eindruck von der Arbeit der beiden
Gruppen vermitteln. Hierbei zeigen sie jedoch nur einige ausgewählte Situationen.
Als eine Art Bildergeschichte des Stückablaufs können sie nicht gelesen werden.

In der ursprünglich erstellten Diplomarbeit wurden alle Originalzitate und –
dokumente in der Originalsprache belassen, also meist im brasilianischen Portugiesisch. Für diese Buchveröffentlichung habe ich nun fast alle portugiesisch- und
spanischsprachigen Textstellen ins Deutsche übersetzt. Lediglich englischsprachige
Zitate sind durchgehend unübersetzt geblieben. Was das Zitieren portugiesisch-
sprachiger Literatur betrifft, so habe ich im Fall der Existenz einer deutschen oder
auch englischen Übersetzung diese verwendet.[68] Um Mißverständnisse zu vermeiden,

---

[68] Eine Ausnahme stellt die deutsche Übersetzung der englischen Übersetzung (!) des „*Arco-íris do desejo*"
dar, die ich für nicht sehr gelungen halte. Hier entschied ich mich für die wesentlich bessere Übersetzung ins
Englische von Adrian Jackson.

habe ich bei Zitaten aus Buchveröffentlichungen, Aufsätzen und schriftlichen Dokumenten, die nicht in deutscher oder englischer Übersetzung vorliegen, meine Übersetzung noch einmal explizit als solche gekennzeichnet (als „Übersetzung des Autors" bzw. „Übersetzung d.A").

Alle nichtdeutschsprachigen Textstellen sind kursiv geschrieben (mit Ausnahme von Eigennamen und Abkürzungen). Kurze, zum Verständnis notwendige Ergänzungen innerhalb der Zitate stehen in eckigen Klammern. Ferner wäre anzumerken, daß ich für die Darstellung der Mandatszeit und der Ereignisse vor der Mandatszeit durchgängig die Vergangenheitsform verwende, wohingegen die Zeit meines Aufenthalts und deren Vorlaufzeit (hier definiert als die Zeit seit dem Mandatsverlust des Jahres 1996) im Präsens beschrieben wird.[69] Erstellt und redigiert in einer Zeit, in der eine breite Diskussion über eine Revision der seit einiger Zeit gültigen (und ohnehin noch nicht verpflichtenden) Rechtschreibreform geführt wird, hält sich dieser Text an die „alten" Regeln.

Lange beschäftigt habe ich mich mit der Frage, ob ich die Namen der GesprächspartnerInnen und AkteurInnen anonymisieren sollte oder nicht. Hier trafen zwei Konzepte aufeinander: einerseits die eher „sozialwissenschaftliche" Praxis, alle Namen von Beteiligten unkenntlich zu machen (was konsequenterweise auch zur Anonymisierung des Namens Boal hätte führen müssen), auf der anderen Seite der Gedanke, Verantwortliche für künstlerische Aktivitäten zu ihrem Recht kommen zu lassen, indem ihre Produkte (die gemeinsam entwickelten Stücke der Gruppe, die Aktionen des CTO-Rio, letztlich auch die Gesetzesprojekte) und die von ihnen angestoßenen Prozesse nicht losgelöst von ihren Namen dargestellt werden bzw. indem sie aufgrund ihrer stark auf Außenwirkung bedachten Aktivitäten als Personen des öffentlichen Lebens begriffen werden. Hier wird deutlich, daß mit einem Ansatz, der schwer nur einem Bereich zugeordnet werden kann (Theater? Politik? Pädagogik? Therapie?), in einem wissenschaftlichen Kontext nicht einfach umzugehen ist. Letztlich habe ich mich für ein kombiniertes Vorgehen entschieden, das die Namen von mit dem CTO-Rio verbundenen Personen (wie den *curingas*, Boal, den Gruppenmitgliedern und den AktivistInnen der Mandatszeit) bzw. von Personen des öffentlichen Lebens (VertreterInnen der Gewerkschaft der *trabalhadoras domésticas* und der Menschenrechtsorganisation *Bento Rubião*) nennt,

---

[69] Diese Form der Darstellung hat zur Folge, daß Worte wie „heute" (z.B. in dem Satz „Heute ist Luís Paulo Conde Bürgermeister Rio de Janeiros") sich auf die Zeit des Forschungsaufenthalts (Mitte 1999) beziehen.

die Namen von an der konkreten Arbeit des CTO-Rio Unbeteiligten jedoch ändert (so bei BewohnerInnen der *comunidade* Canal do Anil) bzw. nicht nennt (so bei Mitgliedern des Publikums). Alle Personen, deren Namen genannt werden, haben mir ihre Zustimmung dazu gegeben.

Meine Ausführungen zur Praxis Legislativen Theaters in Rio de Janeiro beginnen nun im folgenden Kapitel mit der Beschreibung der Entstehung und Entwicklung Legislativen Theaters in den frühen 90er Jahren und während der Mandatszeit (1992-1996).

2. Legislatives Theater in der Mandatszeit

2.1 Ästhetisierte Straßen und ein theatralisierter Wahlkampf

Folgt man der Darstellung Augusto Boals in seinem Buch „*Legislative Theatre*", so ist er in das Stadtparlament (die *Câmara Municipal*) mehr oder weniger hineingestolpert.[70] 1986 vorübergehend mit der Unterstützung des damaligen Vizegouverneurs des Bundesstaats Rio de Janeiro, Darcy Ribeiro, in seine Geburtsstadt zurückgekehrt, machte er sich ehrgeizig daran, an der Rückkehr des Theaters der Unterdrückten zu seinen brasilianischen Wurzeln zu arbeiten. Den organisatorischen Rahmen boten die von Ribeiro flächendeckend ins Leben gerufenen *Centros Integrados de Educação Popular* (CIEPs), Schulen neuen Typs mit emanzipatorischen pädagogischen Ansätzen. Nach einer neunwöchigen *Fábrica de Teatro Popular* mit 35 MitarbeiterInnen der CIEPs, einer Art Crash-Kurs in Theater der Unterdrückten, wurden die Ganztagsschulen monatelang zum Schauplatz zahlloser Aufführungen der gemeinsam erarbeiteten Forumtheater-Szenen. Doch die politischen Rahmenbedingungen änderten sich, und die bei den nächsten Wahlen an die Macht gekommene Rechte bereitete den Aktivitäten ein Ende. Boal kehrte nach Paris zurück, war aber weiterhin regelmäßig in Rio anzutreffen. Dort arbeiteten einzelne mit den in der *Fábrica* gelernten Methoden weiter. Fünf ehemalige TeilnehmerInnen ergriffen schließlich im Jahr 1989 die Initiative und schlugen ihm die Gründung eines *Centro de Teatro do Oprimido* (CTO-Rio) in Rio de Janeiro vor. Boal sagte seine Unterstützung zu und kehrte nach Rio zurück. Die schwierige finanzielle Situation der ersten Jahre überstand das Zentrum mit Hilfe von Aktivitäten wie Workshops für die Gewerkschaft der Bankangestellten, Aufführungen bei der von Herbert „Betinho" de Souza organisierten Konferenz *Terra e Democracia* und der Zusammenarbeit mit von der linken *Partido dos Trabalhadores* (PT) regierten Kleinstädten in der Nähe Rios. Bis schließlich nichts mehr ging. Das CTO-Rio sollte zu Grabe getragen werden, aber weder in einer tränenreichen Veranstaltung noch durch einen stillen Abgang, sondern mit einem Paukenschlag: „*a flamboyant funeral with lots of rhythms and colours and people – and people in all colours, dancing in all rhythms*"[71]. Das

---

[70] Vgl. zum folgenden Boal 1998b, S. 11, sowie die Berichte der drei CTO-Gründungsmitglieder Claudete Felix, Liko Turle und Luiz Vaz (Felix 021ff., Turle 018ff., Vaz 002ff.).
[71] Boal 1998b, S. 11.

war im Jahr 1992, einem Wahljahr, und die Equipe des CTO entschloß sich, aktiv im Wahlkampf mitzumischen. Wahlkämpfe tragen in Brasilien karnevaleske Züge.

„We wanted to lay to rest the dream of the CTO by helping either a party or a coalition to realise a larger dream: to change the country. And we went to see the Workers Party, the PT, to offer our collaboration. We were given an attentive hearing. We wanted to take part in the campaign on the streets and in the squares, singing our songs, doing forum theatre on the events of the day, using masks, aesthetisising the streets. We wanted to theatricalise the campaign."[72]

Die *Partido dos Trabalhadores* war seit ihrer Gründung im Jahr 1980 zu einem Sammelbecken für die unterschiedlichsten linken und oppositionellen Kräfte des Landes geworden, eng verbunden mit Gewerkschaften, christlichen Basisgemeinden, Landlosen und anderen sozialen Bewegungen. Auf den Klappentexten von in Europa veröffentlichten Büchern wird die PT abwechselnd als „die bedeutendste Linkspartei in Lateinamerika"[73] und *„the world's largest left-wing party"*[74] gepriesen. Ihr Präsidentschaftskandidat Luiz „Lula" Inácio da Silva, ursprünglich ein Metallarbeiter aus der Ende der siebziger Jahre heftig streikbewegten ABCD-Region[75] in der Nähe São Paulos, kandidierte dreimal für das Amt des Staatspräsidenten und scheiterte zum Teil nur knapp. Im Dezember 1989 verlor Lula im zweiten Wahlgang mit 31 Millionen gegenüber 35 Millionen Stimmen für den später wegen Korruption abgesetzten Fernando Collor de Mello. Dieser wurde nach Ansicht vieler ChronistInnen nur aufgrund einer last-minute-Medienkampagne doch noch ins Amt gehievt.[76] Trotz ihres Namens und ihrer tiefen Verwurzelung in der ArbeiterInnenbewegung setzt die PT auch auf die Einbeziehung namhafter Intellektueller in ihre politische Arbeit. So arbeiteten im Kabinett Luiza Erundinas, PT-Bürgermeisterin in

---

[72] Boal 1998b, S. 12.
[73] Sader / Silverstein 1994, Klappentext.
[74] Branford / Kucinski 1995, Klappentext.
[75] Diese umfaßt die Städte Santo André, São Bernardo, São Caetano und Diadema.
[76] Als im zweiten Wahlgang alles auf einen Wahlsieg Lulas hindeutete, tat Collor eine Ex-Freundin Lulas und Mutter eines gemeinsamen Kindes auf, die vor laufenden Fernsehkameras (und Berichten zufolge für einen Betrag von US$ 23.000) behauptete, Lula habe sie 1973 vor Geburt des Kindes zu einer Abtreibung zwingen wollen – in einem Land mit starkem katholischen Bevölkerungsanteil und Abtreibungsverbot ein Vorwurf, von dem sich der PT-Politiker bis heute nicht erholen konnte. Zudem brachte der Monopolfernsehsender *Globo* pausenlos die stark gekürzte Version einer dreistündigen Fernsehdebatte der beiden Kandidaten, die die guten Stellen Collors mit den unsicheren Stellen Lulas kombinierte. Gemeinsam mit dem Fall eines sieben Tage vor der Wahl entführten Managers und dem von vielen Medien erweckten Eindruck, die PT sei in die Tat verwickelt, sorgten diese Vorgänge in letzter Minute für ein Umschwenken der WählerInnengunst. Vgl. hierzu Branford / Kucinski 1995, S. 61.

São Paulo von 1989 bis 1992, der Ökonom Paul Singer, die Philosophin Marilena Chauí und der Pädagoge Paulo Freire mit.[77]

Die Partei akzeptierte das Angebot zur Zusammenarbeit, legte dem CTO jedoch die Kandidatur eines seiner Mitglieder für die *Câmara Municipal* nahe, um die Effektivität der Wahlkampagne zu erhöhen. Die Entscheidung fiel auf Boal, der zunächst ablehnend reagierte und vor allem seine intensive Reisetätigkeit anführte, die ihm als abwesenden Kandidaten gegenüber seinen 1200 KonkurrentInnen aus 22 Parteien wenig Chancen ließe. Doch da ihm sowieso niemand ernsthafte Chancen für eine Wahl in das Stadtparlament einräumte, es vielmehr eher um ein würdiges Ende der Arbeit des CTO-Rio gehen sollte, ließ er sich schließlich überreden.[78] Die Wahlkampagne begann. Liko Turle, damals *curinga* im CTO-Rio und Koordinator der Aktionen, erinnert sich:

„Wir machten eine sehr schöne Wahlkampagne. Es war eine wirklich sehr interessante Kampagne. Die Idee war, anders zu sein: keine Kampagne zu machen, in der wir Dinge kauften, sondern eine Kampagne, in der wir Dinge schufen. Also machten wir Dinge selber, wie zum Beispiel Buttons aus Kronkorken. Unsere Farben waren Blau und Rosa, wir arbeiteten mit den Symbolen von Männlichkeit und Weiblichkeit[79], wir benutzten Boals Nase und Haare als Markenzeichen – und viel Theater, viel Theater, wirklich viel Theater."[80] (vgl. Abb. 1)

Wahlslogan der ungewöhnlichen Kampagne wurde der Spruch „*coragem de ser feliz*"[81] (Mut, glücklich zu sein) (vgl. Abb. 2). Aktiv und deutlich sichtbar beteiligte sich das Zentrum an den damals täglich stattfindenden Demonstrationen für die Absetzung des korrupten Staatspräsidenten Fernando Collor de Mello und unterstützte die Kampagne für den Bürgermeisterkandidaten der PT.[82] Aus der LehrerInnen- und der Bankangestelltengewerkschaft heraus gründeten sich die ersten kontinuierlich arbeitenden Theatergruppen. Immer mehr UnterstützerInnen kamen

---

[77] Vgl. Macauly 1996, sowie allgemein zur PT Harnecker 1994 und die schon erwähnten Darstellungen von Branford / Kucinski 1995 und Sader / Silverstein 1994.
[78] So seine eigene Darstellung in Boal 1998b, S. 12f.
[79] Claudete Felix erzählt, daß die Farben rosa und blau und die damit verbundenen Konventionen bewußt umgedreht wurden (rosa für Männer, blau für Frauen), um den Charakter des Mandats zu symbolisieren – „um zu zeigen, daß wir Grenzen überschreiten wollten." (Felix 039).
[80] Liko Turle (Turle 028).
[81] Hier handelt es sich um eine andere (positiver formulierte) Version des von Chico Buarque zum Lied vertonten Slogans „*Sem medo de ser feliz*" (keine Angst, glücklich zu sein) aus Lulas erstem Präsidentschaftswahlkampf 1989. Vgl. Claudete Felix (Felix 040).
[82] Vgl. Olivar Bendelak (Bendelak 006).

35

hinzu.[83] Die farbenfrohen Straßen- und Strandaktionen, reich an Musik und Kostümen, erregten bald das Aufsehen der Medien. Die Wahlkampagne wurde größer als viele erwartet hatten. Bis schließlich aus der Partei die ersten Warnsignale kamen: Boal riskiere, tatsächlich gewählt zu werden. Nach seiner eigenen Darstellung erschreckte ihn diese Aussicht so sehr, daß er sich zunächst von der Kandidatur zurückziehen wollte. Als er seinen MitstreiterInnen diese Absicht mitteilte, machte sich große Enttäuschung breit. Eine lange Diskussion schloß sich an, die seine Haltung änderte.[84] Neue Perspektiven tauchten auf: die Erweiterung der politischen Handlungsmöglichkeiten durch einen Sitz im Stadtparlament und eine längerfristigere materielle Grundlage für das finanziell arg gebeutelte CTO.

„I would be able to contract all the cultural animators of the CTO and realise our experiment: to go beyond Forum Theatre and invent Legislative Theatre! As the function of vereadors *is to create laws and ensure the proper enactment of those that already exist, the people's participation in the process could be achieved by means of theatre: transitive democracy.''*[85]

Mit neuer Energie warfen sie sich in die Kampagne, die erfolgreich weiterlief. Im Dezember 1992 zog Augusto Boal überraschend mit 5900 Stimmen als einer von 42 *vereadores* in die siebenköpfige PT-Fraktion der *Câmara Municipal* ein.[86] Das Experiment Legislatives Theater konnte beginnen.

2.2 Das *Mandato Político-Teatral*

Theaterleute oder FilmschauspielerInnen in politischen Positionen waren Anfang der 90er Jahre kein neues Phänomen. Ronald Reagan konnte sich im Amt des US-Präsidenten breitmachen. Vaclav Havel ließ sich zum Präsidenten desselben Staates wählen, der ihn zuvor wegen seiner Schriften verfolgt hatte. Doch auch in der Legislative waren sie anzutreffen, so z.B. die englische Schauspielerin und Parlamentsabgeordnete Glenda Jackson.[87] Ein neues Phänomen war jedoch der Einzug einer gesamten Theatergruppe in ein Parlament, und zwar nicht im Zuge einer

---

[83] Liko Turle nennt für den Wahltag die Zahl von 200 AktivistInnen, vgl. Turle 028.
[84] Vgl. Boal 1998b, S. 14f.
[85] Boal 1998b, S. 15.
[86] Vgl. Claudete Felix (Felix 041).
[87] Vgl. Boal 1998b, S. 15.

kollektiven beruflichen Neuorientierung, sondern mit dem Anspruch, die bisherige emanzipatorische und politische Arbeit auf eher etablierte politische Zusammenhänge auszuweiten. Die für dieses ambitionierte Vorhaben notwendigen Strukturen mußten erst noch erfunden werden.

Der im Anhang als Abb. 3 aufgeführte Aufbau des *Mandato Político-Teatral*[88] existierte nicht von Beginn an. Er war vielmehr, so der Eindruck aus Gesprächen mit mehreren Beteiligten[89], Ergebnis eines mehrjährigen, streckenweise mühsamen, immer aber diskussionsreichen Prozesses kollektiver Selbstorganisierung; eine mal frustreiche, mal lustvolle Suche nach arbeitsfähigen Strukturen. Was Legislatives Theater in der Praxis bedeutete, war unklar; darüber, was es bedeuten könnte, gab es unterschiedliche Auffassungen. Einige verließen im Zuge dieses anstrengenden *work-in-process* entnervt Mandat und CTO. Andere, im Wahlkampf neu hinzugestoßene, fanden durch den neuen Ansatz erst den Zugang zum Theater der Unterdrückten.

Basis der Arbeit war die Basisarbeit. Hier entwickelte das Mandat mit der Zeit ein Netzwerk von über die gesamte Stadt verteilten sogenannten *núcleos* und *elos*.[90] 19 *núcleos* – kontinuierlich arbeitende Theatergruppen aus unterprivilegierten *comunidades* oder anderen marginalisierten Bevölkerungsgruppen – waren in den letzten Monaten der Mandatszeit noch aktiv. Boal listet in der englischsprachigen Ausgabe seines Buches über Legislatives Theater weitere 23 ehemalige *núcleos* auf sowie neun Gruppen, mit denen die Arbeit begonnen wurde, die es jedoch nicht zur Kontinuität eines *núcleo* brachten.[91] Daneben existierten zahlreiche sogenannte *elos*, Gruppen, zu denen eher lockere Verbindungen bestanden und die von Zeit zu Zeit die Arbeit des Mandats unterstützten. Die *núcleos* wurden folgendermaßen kategorisiert:[92]

---

[88] Die Abbildung enstammt der brasilianischen Originalausgabe des *„Teatro Legislativo"*. In den folgenden Ausführungen werde ich die in Rio gebräuchlichen portugiesischsprachigen Originalbegriffe verwenden (also *Célula Metabolisadora* statt *Metabolising Cell*), ansonsten mich aber auf die in Europa leichter zugängliche und leicht aktualisierte englische Fassung *„Legislative Theatre"* beziehen.

[89] Ich habe Gespräche geführt mit den *curingas* Bárbara Santos, Claudete Felix, Geo Britto, Helen Sarapeck und Olivar Bendelak (die auch während der Mandatszeit aktiv waren), mit den ehemaligen Mandatsmitgliedern Liko Turle, Luiz Mário Behnken, Eliana Ribeiro, Roni Valk und Luiz Vaz, sowie mit Augusto Boal.

[90] Adrian Jackson übersetzt diese Begriffe in der englischen Fassung des *„Teatro Legislativo"* als *nuclei* und *links*.

[91] Vgl. Boal 1998b, S. 106ff.

[92] Vgl. hierzu Boal 1998b, S. 44.

- *núcleos comunitários*, deren Mitglieder in der gleichen *comunidade* lebten oder arbeiteten, z.b. in Morro do Chapéu Mangueira, Morro da Saudade, Morro do Borel, Brás de Pina oder Andaraí.
- *núcleos temáticos*, deren Mitglieder sich aufgrund einer ähnlichen Lebenssituation bzw. gemeinsamer Interessen oder Ziele zusammengeschlossen hatten, wie z.b. schwarze Studierende, Straßenkinder, Behinderte, *trabalhadoras domésticas*, politisch aktive Frauen, Homosexuelle oder AktivistInnen aus der Umweltbewegung.
- *núcleos comunitários e temáticos*, deren Mitglieder beide Charakteristika besaßen, z.b. PatientInnen und PsychologInnen der *Casa das Palmeiras*, Landlose, ältere Menschen aus einem *Clube da Terceira Idade* oder SchülerInnen und LehrerInnen zweier Schulen.

Strukturell setzte sich das *Mandato Político-Teatral* aus einem internen und einem externen Kabinett zusammen, das eine zuständig für die parlamentarische Alltagsorganisation und die politisch-legislative Arbeit, das andere für die Theaterarbeit in den Gruppen und mit dem Ensemble des CTO. Die Impulse und Ideen aus den *núcleos* und aus ihren öffentlichen Forumtheater-Aufführungen sollten über das externe in das interne Kabinett weitergeleitet und hier in Gesetzentwürfe und andere politische Projekte umgewandelt werden. Diese Rolle übernahm ab 1995 die von Boal mit dem Namen *Célula Metabolisadora*[93] versehene Gruppe, die anfangs vier, später drei feste Mitglieder aus beiden Bereichen hatte (plus jeweils einE *curinga* aus der Gruppe, deren Arbeit den Anstoß für die Gesetzesidee gegeben hatte).[94]

Als *vereador* hatte Boal die Möglichkeit, in seinem Mandat bis zu 20 von der Stadt bezahlte MitarbeiterInnen zu beschäftigen.[95] Ein Teil der hierfür vorgesehenen Gehälter wurde auf mehrere Personen umgelegt, so daß zu Beginn der Mandatszeit 30 bis 40 Personen im Mandat arbeiteten. Die meisten von ihnen waren im externen Kabinett allein oder zu zweit im Aufbau von Theatergruppen aktiv, als *curingas* oder AssistentInnen von *curingas*.[96] Nachdem Boal 1995 zum Präsidenten der Menschenrechtskommission des Stadtparlaments gewählt worden war, eröffneten

---

[93] „Der *metabolismo* ist der Prozeß, in dem die 'guten von den schlechten Körnern' getrennt werden, das, was dem menschlichen Körper nutzt, von dem, was ausgeschieden wird.", führt Boal in der brasilianischen Originalausgabe des „*Teatro Legislativo*" aus (Boal 1996b, S. 124, Übersetzung d.A.).
[94] Vgl. Bárbara Santos (Santos 006) und Luiz Mário Behnken (Behnken 005).
[95] Vgl. Eliana Ribeiro (Ribeiro 031).
[96] JedeR der zeitweise fünf *curingas* hatte fünf AssistentInnen, vgl. Liko Turle (Turle 052).

sich weitere Möglichkeiten politischer Einflußnahme und öffentlichkeitswirksamer Aktionen.

Zu einzelnen Projekten, aktuell für den Abgeordneten Augusto Boal anstehenden Entscheidungen oder Fragen, zu denen er als Präsident der Menschenrechtskommission ein Gutachten erstellen sollte, organisierte das Mandat parlamentsähnliche Versammlungen. In diesen *Câmaras na Praça* („das Parlament auf dem Platz") wurden die Themen unter Anwesenheit legislativer ExpertInnen von Betroffenen in den *comunidades*, in Schulen oder an anderen öffentlichen Orten diskutiert und gegebenenfalls abgestimmt. Die Versammlungen sollten das Parlament auf die Straße bringen und kontroverse Themen auch außerhalb der *Câmara Municipal* zur Diskussion stellen. Die Diskussionen und Abstimmungen wurden protokolliert. Boal konnte sich dann nach dem von außen hinzugezogenen Sachverstand richten und die geäußerten Meinungen in seine Begründungen miteinbeziehen.[97]

Ein ähnliches Ziel verfolgte die *Mala Direta Interativa* („interaktiver Verteiler"). Im Büro des Mandats befand sich eine ständig wachsende Kartei mit ungefähr 11.000 Namen und Adressen von Personen, die bei anstehenden Entscheidungen postalisch zu Rate gezogen wurden: PT-Mitglieder, Angehörige von Partnerorganisationen, ehemalige WorkshopteilnehmerInnen und vor allem Menschen, die sich bei den zahllosen öffentlichen Aufführungen und Veranstaltungen des Mandats in die bereitliegenden Listen eingetragen hatten, meist unter Angabe eines oder mehrerer Interessengebiete wie Gesundheit, Bildung, Wohnen etc. Entsprechend dieser Schwerpunkte wurden nicht zu jeder Entscheidung alle Personen angeschrieben, sondern die, die ein besonderes Interesse angegeben hatten bzw. denen eine besondere Kompetenz unterstellt wurde (z.B. Beschäftigten im Gesundheitsbereich zu gesundheitspolitischen Fragen). Nach Angaben von Boal veranstalteten manche wiederum eine eigene *Camara na Praça*, bevor sie auf die Anfrage antworteten.[98]

Im folgenden soll das Funktionieren dieser Strukturen anhand konkreter Beispiele veranschaulicht werden.

---

[97] Vgl. das Gespräch mit den *curingas* (*Curingas* II 002ff.) und Boal 1998b, S. 90ff.
[98] Vgl. das Gespräch mit den *curingas* (*Curingas* II 007ff.) und Boal 1998b, S. 93.

2.3 Politisch-theatrale Aktionsformen – Beispiele aus der Praxis Legislativen Theaters

Der *Clube da Terceira Idade Paraíso* im *Centro Psiquiátrico Pedro II* liegt in der suburbanen Zone Rio de Janeiros. Er wurde zur Zeit des Mandats jeden Dienstag Nachmittag von älteren Menschen frequentiert, die sich am Vormittag einer ambulanten Behandlung im Krankenhaus unterzogen hatten. Eine Sozialarbeiterin des Krankenhauses bot Beratung, Diskussionen und gemeinsame Unternehmungen an. Mit dem Angebot, in dem Club eine Theatergruppe aufbauen zu können, hatte sie sich an das CTO-Rio im Mandat des Abgeordneten Augusto Boal gewandt. Ab Februar 1995 traf sich hier eine 15köpfige Gruppe (darunter zwei Männer) im Alter zwischen 63 und 83 Jahren jeden Dienstag von zwei bis vier: der *Núcleo da Terceira Idade*, die Gruppe *Renascer*. In den folgenden Monaten thematisierten und improvisierten die Gruppenmitglieder mit Hilfe der Spiele, Übungen und Techniken des Theaters der Unterdrückten die Schwierigkeiten ihres Lebensalltags: Familien, in denen ältere Menschen wie zerbrechliche Kinder behandelt werden, Busfahrer, die zum kostenfreien Transport älterer und behinderter Menschen verpflichtet sind und daher oft nicht anhalten, städtische Krankenhäuser, die nur ungenügende medizinische Versorgung bereitstellen.[99]

Claudete Felix, damals *curinga* der Gruppe, erinnert sich:

> „Wir entwickelten das Stück ausgehend von den Geschichten der Menschen, und wir diskutierten einen der größten Mängel für sie: die Frage der Gesundheit [...] und daß es keine geriatrischen Fachärzte gab. Es gibt nur sehr wenige solcher Fachärzte in den städtischen Krankenhäusern Rio de Janeiros. [...] In der Gruppe waren Leute mit niedrigem Einkommen, Menschen, die nicht in der Lage waren, eine Krankenversicherung zu bezahlen oder sich in einem privaten Krankenhaus behandeln zu lassen. Also hatten sie dieses Bedürfnis, und im Stück brachten wir diese Frage unter: eine Person ist krank, sie möchte in einem städtischen Krankenhaus behandelt werden, und dort gibt es einen Hautarzt [...], sie braucht aber einen geriatrischen Facharzt – was macht man in einem solchen Moment?"[100]

Noch vor der Premiere des Stücks „*Coisas do nosso cotidiano*" im August 1995 war das erste Gesetzesprojekt auf den Weg gebracht. Die Mitglieder der *Célula*

---

[99] Vgl. Claudete Felix (*Curingas* II 015ff).
[100] Claudete Felix (*Curingas* II 017).

Metabolisadora hatten die von *curinga* Claudete Felix angefertigten Protokolle über die Improvisationen und Diskussionen in der Gruppe sowie den Stückentwurf gelesen und daraufhin ein Gesetzesprojekt formuliert, das vom Abgeordneten Augusto Boal zur Abstimmung in die *Câmara Municipal* eingebracht wurde. Der vorgeschlagene Gesetzentwurf verpflichtete alle städtischen Krankenhäuser zur Einstellung geriatrischer Fachärzte (vgl. Abb. 4). Am 16. Mai 1995, dem Tag der Vorstellung des Projekts, war die Gruppe im Parlament präsent. Auch im folgenden begleiteten die älteren Menschen den Prozeß intensiv. Am Tag der ersten Lesung waren sie dabei, führten Gespräche, notierten die Namen der BefürworterInnen und GegnerInnen ihres Projekts und machten Lobbyarbeit. Der Gesetzentwurf wurde in erster und zweiter Lesung angenommen und an den Bürgermeister Cesar Maia weitergereicht, dessen Unterschrift für die endgültige Verabschiedung benötigt wurde. Maia legte jedoch ein Veto ein. Dieses konnte nur durch eine Zweidrittelmehrheit des Parlaments ausgesetzt werden. Am Tag der Abstimmung waren sie wieder alle dabei: fingen die *vereadores* am Eingang des Saales ab; überreichten ihnen einen bewegenden Brief, der die Situation aus ihrer Sicht schilderte, ihr Projekt noch einmal begründete und zur Unterstützung dafür aufrief (vgl. Abb. 5); waren bereit, Szenen aus ihrem Stück oder den selbst komponierten *Rap do idoso* aufzuführen. Die *vereadores* wiesen das Veto des Bürgermeisters mit Zweidrittelmehrheit zurück und verabschiedeten das Gesetz 2384/95 am 22. November 1995 nach einer neunmonatigen Tour durch die Kommissionen endgültig – das erste Gesetz des Legislativen Theaters.[101]

Währenddessen war schon ein weiterer Gesetzentwurf auf den Weg durch die Gremien geschickt worden, der während der Aufführungen aus dem Publikum angeregt worden war: alle städtischen Krankenhäuser sollten dazu verpflichtet werden, durch die Bereitstellung entsprechender Räumlichkeiten die permanente Begleitung von PatientInnen über 65 Jahren durch Verwandte oder Bekannte zu ermöglichen. Auch dieser Gesetzentwurf wurde schließlich verabschiedet.[102]

Bindeglied zwischen der Theaterarbeit und dem parlamentarisch-legislativen Prozeß war die *Célula Metabolisadora*, deren Kern sich aus Bárbara Santos, dem Ökonomen Luiz Mário Behnken von der PT und einer Anwältin zusammensetzte. Die *Célula* erhielt die von den *curingas* verfaßten Berichte über die Theaterarbeit in

---

[101] Vgl. Claudete Felix (*Curingas* II 018f.) und *Mandato Político-Teatral Vereador Augusto Boal* (ohne Datum), S. 3.
[102] Vgl. Claudete Felix (*Curingas* II 019) und *Mandato Político-Teatral Vereador Augusto Boal* (ohne Datum), S. 3.

den Gruppen und die protokollierten Publikumsinterventionen von Forumtheater-Aufführungen in den *comunidades*, auf der Straße, in Schulen und Kulturzentren. Anhand dieser sogenannten *súmulas* prüfte die *Célula* die Möglichkeiten, Gesetzes-ideen in Gesetzentwürfe zu verwandeln und kümmerte sich um eine angemessene Formulierung. Während seiner vierjährigen Existenz startete das *Mandato Político-Teatral* auf diese Weise 50 Gesetzesinitiativen und erreichte die Verabschiedung von 13 Gesetzen durch die *Câmara Municipal*.[103] Eine Liste dieser Gesetze ist als Abb. 6 im Anhang aufgeführt (darunter auch das Gesetz zum ZeugInnenschutz, das Boal als das wichtigste Gesetz der Mandatszeit bezeichnet). Drei weitere Beispiele zu unterschiedlichen Themen seien an schon an dieser Stelle erwähnt.

- Repressive Behandlungsmethoden gegenüber psychisch beeinträchtigten Menschen: zwei der permanent arbeitenden Gruppen des Mandats setzten sich aus diesem Personenkreis zusammen. Die Gruppe *Casa das Palmeiras*, KlientInnen einer psychiatriekritischen Einrichtung gleichen Namens, entwickelte ein Stück über die Unterdrückung innerhalb des Pychiatriesystems, und die Gruppe *As Princesas de Dom Pedro II*, Klientinnen eines psychiatrischen Zentrums, thematisierte in ihrer Theaterarbeit die Unterdrückung von Frauen mit Psychosen. Aus dieser Arbeit entstanden mehrere Zusatzartikel für die Stadtverfassung Rio de Janeiros, in denen alle Behandlungsmethoden psychischer Krankheiten verboten werden, die irreversible Konsequenzen mit sich bringen, wie das Einsperren in Hochsicherheitszellen, Behandlungen mit Elektroschocks sowie jede Form von physischer oder psychischer Aggression.[104]
- *Orelhões*: Diese „Telefonzellen" Rio de Janeiros wölben sich etwa ab Hüfthöhe über die telefonierende Person (daher die Bezeichnung „große Ohren") und sind für Blinde nicht rechtzeitig zu erkennen, was regelmäßig zu Unfällen führt. Eine Theatergruppe von Behinderten gab den Anstoß für die Verabschiedung eines Gesetzes, das die Errichtung von kleinen, für Blindenstöcke wahrnehmbaren Betonpodesten unter den *orelhões* vorschreibt. Später erreichte das Mandat die Verabschiedung eines ähnlichen Gesetzes für die in den Vororten zum Schutz vor Hunden auf Schulterhöhe angebrachten Mülltonnen.[105]

---

[103] Vgl. zu diesen Zahlen Augusto Boal (Boal I 006).
[104] Vgl. Geo Britto (Britto 024ff.) und Boal 1998b, S. 102.
[105] Vgl. Olivar Bendelak (Bendelak 009ff.) und Boal 1998b, S. 95f. und S. 102f.

- *Motéis*: Gesellschaftlich akzeptierte Normalität in einer Stadt mit zum großen Teil sehr beengten Wohnverhältnissen und demzufolge einem Mangel an Privatsphäre sind Stundenhotels für Liebespaare. Hier dominiert das Ideal der heterosexuellen Liebe: in vielen dieser *Motéis* wurde schwulen Paaren ein Aufpreis von 50%, lesbischen gar von 100% abverlangt. In den Foren von Forumtheater-Aufführungen der im *movimento homosexual* verwurzelten Gruppe GHOTA (*Grupo Homosexual de Teatro Amador*) war die Idee entstanden, diesem Zustand gesetzlich Abhilfe zu verschaffen. Heute verpflichtet das Gesetz 1119/95 *Motéis* dazu, von allen Paaren unabhängig von ihrer sexuellen Orientierung den gleichen Preis zu verlangen.[106]

Doch nicht nur die Entwicklung und Verabschiedung von Gesetzen, auch andere Formen parlamentarischer und außerparlamentarischer Aktion bildeten einen konstitutiven Bestandteil der Aktivitäten des *Mandato Político-Teatral*. So konnte durch die Verabschiedung von Zusatzartikeln die Schwerpunktsetzung des Stadthaushalts zugunsten konkreter Maßnahmen beeinflußt werden, wie der behindertengerechten Einrichtung der U-Bahn.[107] Auch gelang es Boal in seiner Funktion als Vorsitzender der Menschenrechtskommission, gegen die Drohung des Bürgermeisters vorzugehen, ambulante StraßenhändlerInnen mit Gewalt aus der Innenstadt vertreiben zu lassen. Er zeigte sie als Verstoß gegen das im Strafgesetzbuch verankerte Verbot der Aufstachelung zu Gewalttaten an.[108]

Curinga Bárbara Santos verweist auf die Vielfalt der im Legislativen Theater der Mandatszeit angewandten politischen Aktionsformen, die mit der Legislative, der Exekutive und der Judikative alle drei Elemente der Gewaltenteilung betrafen:

„Es kann eine legislative Aktion sein, zum Beispiel ein Gesetzesprojekt. [...] Also entsteht aus der Idee der Gruppe plötzlich ein Gesetzesprojekt. Oft aber auch nicht. Manchmal kam die Bitte um ein Treffen mit dem Bürgermeister heraus – eine politische Aktion. Oder eine Anfrage: 'Ich fordere den Bürgermeister auf, mich darüber zu informieren'. Oder eine juristische Aktion – man mußte gegen eine bestimmte Sache vor Gericht ziehen. Die Aktion, die

---

[106] Vgl. die ehemaligen Mitglieder von GHOTA Flávio Sanctum und Júlio Felipe (*Artemanha* 004ff.) und Boal 1998b, S. 103.
[107] Vgl. Boal 1998b, S. 95.
[108] Vgl. Boal 1998b, S. 96.

durch das Legislative Theater zustande kommt, ist also nicht immer eine legislative Aktion."[109]

So sah der *núcleo* des CENUN (*Coletivo Estadual de Negros Universitários*) keine Notwendigkeit, angesichts einer existierenden und relativ weitgehenden Bundesgesetzgebung gegen rassistische Diskriminierung für weitere Gesetze auf kommunaler Ebene einzutreten. Die schwarzen Studierenden sahen ihre Aufgabe vielmehr darin, öffentlichkeitswirksam auf die Existenz dieser wenig beachteten und wenig bekannten Gesetze hinzuweisen und für ihre Einhaltung zu kämpfen.[110]

Ein weiteres Ziel der Mandatsarbeit war die Vernetzung der beteiligten Gruppen. Das über die gesamte Stadt verbreitete Netzwerk von *núcleos* (vgl. Abb. 7) ließ sich hervorragend dazu nutzen, Gruppen miteinander in Dialog zu bringen, die unter anderen Umständen kaum in Kontakt gekommen wären. In den *diálogos intercomunitários* zeigten unterschiedliche *núcleos* einander ihre Stücke und suchten in den Foren gemeinsam nach Lösungsmöglichkeiten und Handlungsalternativen. „*Favela*"-BewohnerInnen aus dem Süden der Stadt, der *zona sul*, begegneten „*favela*"-BewohnerInnen aus dem Norden, der *zona norte*. Die Gruppe aus dem *Clube da Terceira Idade Paraíso* führte ein Stück über Liebe und Sexualität im Alter vor den begeisterten Kindern der *Curumim da Júlio Otoni*-Gruppe auf.[111] Vollkommen unterschiedliche schwarze Lebenswelten trafen beim Besuch des *núcleo* der CENUN in der „*favela*" Chapéu Mangueira aufeinander. Thema war die Schwierigkeit für marginalisierte Stadtteile, an staatliche Gelder zu kommen, selbst wenn diese zur Verfügung stehen. In Rio de Janeiro darf staatliche Unterstützung nicht direkt beispielsweise an eine AnwohnerInnenorganisation (*Associação de Moradores*) gezahlt werden, sondern nur über eine *entidade filantrópica*, eine Art Wohltätigkeitsorganisation. Diese lassen sich aber wegen des notwendigen (unbezahlten) Arbeitsaufwands nur selten überzeugen. Genau diese Schwierigkeit theatralisierte die Gruppe *Beleza do Chapéu* in ihrem Stück. Nachdem im Forum mehrere AnwohnerInnen vergeblich versucht hatten, den Manager der Organisation zu überreden, betrat ein schwarzer Studierender der CENUN die Szene. Er brach die Verhandlungen mit der Organisation ab und schlug die Gründung einer selbst-organisierten *entidade filantrópica* für genau diesen Zweck vor, die mehrere

---

[109] Bárbara Santos (*Curingas* II 010f.).
[110] Vgl. Bárbara Santos (*Curingas* II 013).
[111] Vgl. Boal 1998b, S. 88.

comunidades vertreten sollte. Was dann auch mit der Unterstützung und dem rechtlichen Sachverstand einiger MitarbeiterInnen des Mandats versucht wurde.[112]

Am selben Ort, in Chapéu Mangueira, organisierte das Mandat auch eine *Câmara na Praça*, die sich mit der Frage befaßte, ob die Rekrutierung von Müllmännern aus der eigenen *comunidade* (*garis comunitários*) eine Lösung für das wachsende Müllproblem wäre. So gefährlich war das Betreten vieler „*favelas*" Rio de Janeiros geworden, daß die Stadtverwaltung die Müllabfuhr eingestellt hatte.[113] Wie in der *comunidade* Júlio Otoni wurde der Vorschlag abgelehnt: die Scham der jungen Männer, mit den orangefarbenen Uniformen in der eigenen *comunidade* gesehen zu werden, war zu groß.[114]

In der *Escola Levy Neves*, einer Schule, in deren Nähe regelmäßig Schießereien stattfanden, diskutierten in einer *Câmara na Praça* 100 Menschen die Absicht des Bürgermeisters, die städtischen Sicherheitsbeamten der *Guarda Municipal* zu bewaffnen. In mehreren Schulen und *comunidades* hatten schon Versammlungen zu diesem Thema stattgefunden, doch an diesem Tag waren sogar einige Sicherheitsbeamte gekommen. Sie wandten sich – zur Überraschung vieler – gegen den Vorschlag, da ihre Waffen immer denen ihrer GegnerInnen unterlegen sein würden und sie sich unbewaffnet sicherer fühlten. Gemeinsam mit den anwesenden Eltern, die im Falle einer Bewaffnung der *Guarda Municipal* eine Zunahme bewaffneter Konflikte in Schulnähe befürchteten, und mit der großen Mehrheit der Anwesenden, stimmten sie gegen die Initiative des Bürgermeisters. Diesem Votum entsprechend stimmte der Abgeordnete Augusto Boal in der *Câmara Municipal*.[115]

Einen wesentlichen Teil der alltäglichen Mandatsarbeit stellte schließlich der politisch-theatrale Aktivismus auf den Straßen und Plätzen dar, der sich schon im Wahlkampf und bei den Massenprotesten gegen die Präsidentschaft des korrupten Fernando Collor de Mello als so wirksam erwiesen hatte. Die Landlosengruppe *Sol da manhã* führte ihr Stück auf einer Demonstration der Landlosenbewegung in der Hauptstadt Brasília auf. Andere Gruppen oder das Ensemble des CTO spielten beispielsweise bei Protesten gegen ein Massaker an der indigenen Gruppe der Ianomami, bei Demonstrationen gegen Privatisierungen und Neoliberalismus, zur Unterstützung der Mütter der Cinelândia (die auf einem zentralen Platz der Stadt

---

[112] Vgl. Geo Britto (Britto 026) und Boal 1998b, S. 86.
[113] Vgl. Geo Britto (Britto 025).
[114] Vgl. Boal 1998b, S. 92.
[115] Vgl. Bárbara Santos (*Curingas* II 003) und Boal 1998b, S. 92.

regelmäßig an ihre entführten und „verschwundenen" Töchter erinnern) oder bei einer Aktion im Tívoli Parque, in dem ein neunjähriges Mädchen vergewaltigt worden war.[116] Mehrmals organisierte das Mandat Demonstrationen und theatrale Aktionen auf den Stufen der *Câmara Municipal* im Stadtzentrum. Zweimal wurden am selben Ort Sitzungen des Parlaments theatralisiert, in denen oppositionelle *vereadores* die – parallel stattfindende – Verabschiedung von Gesetzesvorhaben durch die rechte Mehrheit öffentlich denunzierten.[117]

Häufig stellten die Aktionen des Mandats sehr spontane Reaktionen auf aktuelle Ereignisse dar. Vielzitiert ist in diesem Zusammenhang die Geschichte eines 30jährigen Schwarzen, der 1994 in einem Geschäft im Stadtzentrum einige CDs und Kassetten im Wert von etwa 100 R$ mit einem Scheck bezahlt hatte.[118] Schon auf der Straße, wurde er von den Sicherheitsbeamten des Geschäfts festgehalten, wieder nach drinnen gebracht und dort durchsucht und mißhandelt. Sie unterstellten ihm, die Ware mit einem gestohlenen Scheck bezahlt zu haben. Dieser Vorwurf bestätigte sich jedoch nach Telefonaten mit seiner Mutter und der Bank nicht. Sie mußten ihn wieder gehen lassen. Von diesen Vorgängen in Kenntnis gesetzt, organisierten Mitglieder des Mandats Proteste: mit einem Lautsprecherwagen ausgerüstet zogen sie mit anderen DemonstrantInnen vor das Geschäft und machten lautstark auf die Vorgänge aufmerksam. Das Geschäft schloß früh an jenem Tag, und dem betroffenen Mann wurde nach einem einjährigen Gerichtsverfahren ein Schmerzensgeld von 200.000 R$ zugesprochen.[119]

2.4 Zwei Welten

Curinga Bárbara Santos berichtet:

„Am Anfang gab es eine recht schwierige Periode. [...] Es gab Kommunikationsprobleme zwischen diesen beiden Gruppen, es war wirklich schwierig: zwei unterschiedliche Sprachen, zwei unterschiedliche Welten. [...] Es gab Leute aus dem künstlerischen Teil des Mandats, die die Beziehung zur Politik nicht verstanden, und Leute im politischen Teil, die die Verbindung mit dem

---

[116] Vgl. Boal 1998b, S. 89.
[117] Vgl. Augusto Boal (Boal II 1 037).
[118] Der Kurs von 1 R$ belief sich während meines Forschungsaufenthalts auf etwas mehr als 1 DM (September 1999).
[119] Vgl. Helen Sarapeck (*Curingas* II 014) und Boal 1998b, S. 96f.

künstlerischen Teil weder verstanden noch positiv bewerteten. Es war schwierig, ein Team zu bilden."[120]

Sie hatte im politisch-theatralen Mandat die Rolle der *chefe de gabinete* übernommen und somit die Verantwortung für die Koordination der beiden Teile: des externen und des internen Kabinetts, des künstlerisch-theatralen und des politisch-legislativen Flügels, der Menschen an den Schreibtischen der *Câmara Municipal* auf der einen und der *curingas* und ihrer AssistentInnen draußen in den *comunidades* auf der anderen Seite. Keine einfache Aufgabe, da die Lebens- und Erfahrungswelten der beiden Gruppen beträchtlich auseinanderlagen und das gemeinsame Projekt Legislatives Theater zu diesem Zeitpunkt nur in Ansätzen existierte. „Wir hatten Probleme in den ersten sechs Monaten, [...] wir mochten sie nicht so recht und sie uns auch nicht"[121], erzählt Liko Turle, der während der ersten beiden Jahre als *curinga* im Mandat mitarbeitete. Der Anspruch, die Trennung von Politik und Theater im Legislativen Theater zu überwinden, rieb sich an der Realität personeller Gegebenheiten. Ein größerer Teil der MitarbeiterInnen im internen Kabinett war von einem anderen PT-Abgeordneten übernommen worden, der nicht wiedergewählt worden war.[122] Sie waren eher konventionelle politische Abläufe gewohnt und standen dem spontanen Aktivismus der Theaterleute und seinen Auswirkungen auf Arbeitszeit und -rhythmus eher skeptisch gegenüber.[123] Hinzu kam eine anfangs hohe Lohndifferenz, da die Entscheidung zur Umverteilung der Gehälter auf mehrere Personen zunächst nur eine Entscheidung des externen Kabinetts gewesen war.[124]

Mit der Zeit gewöhnte man sich aneinander. „Mit der Zeit spielte sich das ein, und was die unterschiedlichen Temperamente betraf, gab es eine Annäherung"[125], erinnert sich Luiz Mário Behnken, Ökonom und in der Mandatszeit PT-Mitarbeiter im internen Kabinett des Abgeordneten Boal. Am Ende des zweiten Jahres hatten mehrere Personen sowohl aus dem politischen als auch aus dem künstlerischen Teil das Mandat verlassen. Im Rahmen einer Neustrukturierung wurde die *Célula Metabolisadora* gegründet, in der sich politisch-legislative MitarbeiterInnen mit Personen aus dem künstlerisch-theatralen Teil zusammensetzten, um die Projekte des

---

[120] Bárbara Santos (Santos 005).
[121] Liko Turle (Turle 039).
[122] Vgl. Helen Sarapeck (Sarapeck 014).
[123] Vgl. Olivar Bendelak (Bendelak 019).
[124] Vgl. Liko Turle (Liko 039) und Eliana Ribeiro (Ribeiro 033).
[125] Luiz Mário Behnken (Behnken 009).

47

Mandats zu diskutieren. Für ständigen Diskussionsstoff im Mandat sorgte das Verhältnis zur *Partido dos Trabalhadores*. Die enge Zusammenarbeit mit der Partei hatte schon dazu geführt, daß sich Einzelpersonen nicht an der Wahlkampagne beteiligten, andere jedoch hinzustießen und die Aktivitäten des CTO unterstützten.[126] Doch auch während der Mandatszeit blieb die Ausgestaltung der Beziehungen zur *máquina partidária* der PT ein Dauerthema. Die fünf derzeitigen *curingas* legen Wert darauf, daß dem Mandat von Parteiseite niemals irgendetwas aufgezwungen wurde und sie in der Zusammenarbeit mit einer demokratischen Partei wie der PT nichts tun mußten, womit sie nicht vollständig einverstanden gewesen wären.[127]

Das CTO war vielgefragter Teilnehmer an Demonstrationen. Claudete Felix:

„Der PT Rio de Janeiros gefielen unsere Aufführungen sehr. Wenn es irgendein Ereignis gab, irgendeine Veranstaltung, wo einer der Politiker reden sollte, riefen sie Augusto Boal und seine Gruppe an und wir machten ein Stück. Wir hatten viele Stücke zu vielen unterschiedlichen Themen, also bereiteten wir unsere kleine Bühne vor, unseren Aufführungsort, und führten das Stück auf. Wir versammelten viele Leute, viele Leute, wir spielten unter verschiedenen Transparenten und Fahnen der PT, viele Leute sahen sich das Stück an, nahmen am Forum teil, und danach nutzten die Politker die Gelegenheit, um zu reden oder um über irgendein Thema zu diskutieren. Also wurden wir immer gerufen, wenn sie viele Leute versammeln wollten. Wenn Menschen mobilisiert werden sollten, kam man gerne auf uns zurück."[128]

Vielen in der Partei war schon im Wahlkampf klargeworden, welch enorm mobilisierendes und vor allem medienwirksames Potential im theatralen Aktivismus des CTO-Rio steckte. Medien lieben bunte Bilder, und die farbenfrohen Aktionen des CTO brachten die linke PT wieder mehr in die von konservativen und rechten Kräften dominierten Medien der Stadt.[129]

Wie nicht anders zu erwarten war, wurde der ungewöhnliche Ansatz von politischen GegnerInnen in seinem politischen Anspruch nicht ernstgenommen und als „Folklore" oder „Künstlersache" abgewertet.[130] Die allgemein verbreitete Skepsis gegenüber dem Legislativen Theater reichte jedoch bis in einige Kreise der PT hinein, denen Theater als Mobilisierungsinstrument zwar durchaus willkommen war,

---

[126] Vgl. Claudete Felix (Felix 037) und Boal 1998b, S. 13f.
[127] Vgl. das Gespräch mit den *curingas* (*Curingas* III 004ff.).
[128] Claudete Felix (*Curingas* II 039).
[129] Vgl. Olivar Bendelak (Bendelak 015).
[130] Luiz Mário Behnken (Behnken 010).

als innovativer politischer Ansatz hingegen eher suspekt erschien. Eliana Ribeiro, in den ersten beiden Jahren im Mandat aktiv, berichtet:

„Wenn es eine Frage war von 'Animation! Wir brauchen Animation! Wir brauchen eine Gruppe, um den Strand zu animieren, um Leute zusammenzurufen!', dann war es das Theater. Doch dann: 'Weg mit dem Theater, denn jetzt kommt eine ernste Diskussion'. Ich fand das sehr schwierig. In diesen ersten beiden Jahren haben wir viel Zeit gebraucht, um die Partei davon zu überzeugen, daß Kunst politisch ist. Und ich weiß nicht, ob die Partei schon überzeugt ist."[131]

Obwohl in der PT und den sozialen Bewegungen seit Jahren über neue Möglichkeiten der Kommunikation mit der Bevölkerung diskutiert wird und die *curingas* ihre Arbeit als einen wichtigen Beitrag zu dieser Debatte verstehen,[132] muß auch Bárbara Santos einräumen:

„Selbst bei der PT, der *Partido dos Trabalhadores*, einer progressiven Partei, hatten wir Probleme, unser Ziel zu kommunizieren, und sie hatten Probleme, unsere Arbeit zu verstehen. [...] Vielleicht war es ein Fehler unsererseits, daß wir nicht wußten, wie wir es kommunizieren sollten, oder vielleicht ein Vorurteil von ihrer Seite: zu denken, daß Kultur nicht politisch ist oder daß man mit Kultur keine Politik machen kann, daß das etwas geringeres war im Vergleich zu dem, was die anderen Mandate machten."[133]

Die Nähe zu einer politischen Partei blieb nicht ohne Konsequenzen für die Außenwirkung der Arbeit des CTO-Rio. „Es ist ziemlich schwierig, denn auf der einen Seite hilft es dir, auf der anderen Seite behindert es dich"[134], sagt Bárbara Santos heute zur Problematik der engen Bindung an die PT. Frühere Partner-organisationen aus der Gewerkschaftsbewegung (wie z.B. die LehrerInnen-gewerkschaft[135]) gingen nach der Wahl Boals in die PT-Fraktion auf Distanz zum CTO, da sie eine enge Zusammenarbeit mit dem Mandat einer Partei ablehnten. Einige GewerkschaftsaktivistInnen beteiligten sich weiter an den Akvitäten des CTO, jedoch auf individueller Basis. Andere Organisationen hatten weniger Schwierig-keiten mit der Situation, da sie eine andere Strategie verfolgten und mit unter

---

[131] Eliana Ribeiro (Ribeiro 018).
[132] Bárbara Santos (*Curingas* III 008ff.).
[133] Bárbara Santos (*Curingas* II 037).
[134] Bárbara Santos (*Curingas* II 034).
[135] Vgl. Claudete Felix (Felix 044).

49

schiedlichen Mandaten pragmatische Partnerschaften eingingen, so z.b. die Gruppe ATOBA aus dem *movimento homosexual*.[136] Die in manchen Gesprächen mit Personen aus dem künstlerischen Teil des Mandats anklingende Unzufriedenheit gründete sich jedoch nicht nur in einer kritischen Beurteilung der Nähe zur PT. Vielmehr ist die grundsätzliche Kritik zu hören, daß in der Hektik des politischen Alltagsgeschäft die künstlerisch-ästhetischen Aspekte der Theaterarbeit zu kurz kamen.[137]

Nichtsdestotrotz ist zu unterstreichen, daß das Experiment Legislatives Theater erst durch die Zusammenarbeit mit der PT möglich wurde. Und ein kurzer Blick auf die brasilianische Parteienlandschaft genügt um festzustellen, daß die PT die Partei ist, deren Geschichte, Inhalte und politische Praxis den Ideen und Intentionen des Theaters der Unterdrückten am ehesten entsprechen.

2.5 Verloren

Nach vier Jahren war alles vorbei. Nach dem kreativen und kräftezehrenden Prozeß kollektiver Selbstorganisierung und der Erfindung von bis dato unbekannten Arbeitsstrukturen für bis dato unbekannte politische Vorgänge trat die Katastrophe ein: der Verlust des Mandats in den Wahlen vom Oktober 1996. Nicht weniger Personen hatten für den *vereador* Augusto Boal gestimmt, die Stimmenzahl war im Vergleich zu 1992 sogar etwas angestiegen,[138] geändert hatten sich die politischen Kräfteverhältnisse. Mehr Stimmen wären diesmal nötig gewesen, um wieder in die kleiner gewordene PT-Fraktion gewählt zu werden.

Für viele kam die Wahlniederlage überraschend, auch für Augusto Boal. Auf die Frage nach den Gründen für den Verlust des Mandats antwortet er:

> „Ich habe aus zwei Gründen verloren: Ich glaube, der Hauptgrund ist das, was wir hier das 'schon gewonnen' nennen [...] Der schlimmste Feind des Kandidaten ist das 'schon gewonnen' [...] Es gab viele Menschen, die vorhatten, mich zu wählen, die es fest vorhatten, sogar Leute, die uns nahe standen, und die für andere Kandidaten gestimmt haben, da man davon ausging, daß ich sowieso wiedergewählt werden würde. [...] Innerhalb der Partei gab es Menschen von meiner Seite, Menschen, die mir nahe standen, die mich nicht wählten, um

---

[136] Vgl. Bárbara Santos (*Curingas* 037).
[137] Vgl. Liko Turle (Turle 044f.), Roni Valk (Valk 051ff.) und Luiz Vaz (028).
[138] Vgl. Luiz Vaz (Vaz 056).

einem anderen Kandidaten zu helfen. Das war der erste Grund. Der zweite Grund war die Kampagne gegen mich, die sehr heftig war."[139]

Boal hatte sich unbeliebt gemacht. Scharf hatte er am Rednerpult der *Câmara Municipal* den Bürgermeister und die konservative Mehrheit kritisiert, die gerade per Abstimmung den großen privaten Krankenversicherungsunternehmen Steuerschulden im Wert von 15 Millionen US$ erlassen hatten. Mit dem konstruierten Vorwurf, bei der Übernahme einiger Kosten im Vorfeld des *Festival Internacional do Teatro do Oprimido* 1993 durch das Kultursekretariat der Stadt habe es Unregelmäßigkeiten und illegale Vorgänge gegeben, gingen seine GegnerInnen in die Offensive. Es handelte sich um einen Betrag von 2500 US$, mit dem ein Teil der Produktionskosten von sieben kleinen Theaterfestivals beglichen worden war, für Transport, Beleuchtung und die Verpflegung der TeilnehmerInnen. Die Rechnungen waren direkt vom Kultursekretariat der Stadt bezahlt worden. Die große Boulevardzeitung *O Dia* veröffentlichte unmittelbar nach der Szene in der *Câmara Municipal* und drei Monate nach dem internationalen Festival sechs Wochen lang jeden Tag anklagende Artikel, die Boal zunächst Unehrlichkeit und Gesetzesbruch, später nur noch Gesetzesbruch vorwarfen – drei Wochen lang täglich auf der Titelseite, dann weitere drei Wochen täglich im Innern der Zeitung. Schlagzeilen auf Titelseiten haben in einem Land, in dem sich nur eine kleine Minderheit der Bevölkerung Zeitungen leisten kann und ihre Informationen statt dessen von den an den Kiosken ausgestellten Frontseiten der Blätter bezieht, eine ungleich höhere Bedeutung als in Europa (und selbstverständlich werden Dementis von Betroffenen nur im Innern der Zeitung erwähnt). *O dia* ging so weit, Boal sexuelle Beziehungen zur Kulturdezernentin der Stadt zu unterstellen, deren Amt für die Vereinbarung mit dem CTO verantwortlich war.

Daß die Vorwürfe haltlos waren, ist inzwischen gerichtlich geklärt. Boal hatte zwischenzeitlich neun Prozesse am Hals, von denen er zum Zeitpunkt unseres Gesprächs[140] sieben gewonnen hat, in zweien steht die Entscheidung noch aus. Nach eigener Auskunft hat er inzwischen mehr Geld für AnwältInnen ausgegeben als er in der gesamten Mandatszeit durch die Abgeordnetengehälter verdient hatte. Auch wenn

---

[139] Augusto Boal (Boal II 1 039).
[140] 18. August 1999.

die Vorwürfe erlogen waren, ist der Schaden, den die Medienkampagne für seinen Ruf als *vereador* und Künstler hatte, nicht zu überschätzen.[141]

Daß die Kampagne gegen Boal entscheidend zum Verlust seines Mandats beitrug hat, meint auch Luiz Mário Behnken. Er hält die monatelange Medienaktion für eine gezielte Strategie politischer GegnerInnen, die *Partido dos Trabalhadores* als Ganzes zu schädigen, mit Folgen für Boals Ruf nicht nur außerhalb, sondern auch – in geringerem Ausmaß – innerhalb der Partei:

> „Er war ein Instrument, er wurde benutzt. Um die PT zu treffen, nahmen sie sich ihn vor. [...] Moralische Fragen sind sehr wichtig für die PT. Während der 18, 19 Jahre ihrer Existenz war die PT immer eine Partei, die mit der Moral identifiziert wurde. Also greifen die Gegner die Moral an, da sie wissen, daß nur das die PT erschüttert. Wenn eine solche Meldung erscheint, ist selbst bei PT-Mitgliedern das erste Gefühl nicht das von Solidarität, sondern von 'Was? Wenn jemand davon abgewichen ist, muß er ausgeschlossen werden!'. Um das Bild einer moralischen Partei aufrechtzuerhalten, gab es kein Gefühl von großer Solidarität mit irgendeinem Mitglied der PT, das Anschuldigungen ausgesetzt war. Das erschütterte."[142]

Gefragt nach den Gründen für die Wahlniederlage, ist bei vielen AktivistInnen der Mandatszeit jedoch auch deutliche Selbstkritik zu vernehmen. Insbesondere die Positionierung im Kontext eingefahrener Muster kommunaler Politik in Rio de Janeiro und die Darstellung der eigenen Arbeit in der Öffentlichkeit werden im Rückblick kritisch beurteilt. Bárbara Santos:

> „Manchmal gedieh unsere Arbeit an einem Ort nicht, und wir verstanden nicht recht warum. Aber es gab auch das: daß wir in einer *comunidade* waren, in der auch ein anderer Politiker aktiv war. [..] Und manchmal waren wir sogar ein bißchen arglos. Denn manchmal machten wir eine Veranstaltung...wir wollten die Arbeit um der Arbeit willen machen und die Veranstaltung um der Veranstaltung willen. Und manchmal sah das Ganze so aus, als wäre es das Werk eines anderen Politikers. Wir haben uns nicht sehr um den politischen Nutzen gesorgt. Das war ein Fehler. Ich glaube, daß Boal deswegen nicht wiedergewählt wurde."[143]

---

[141] Vgl. zur Medienkampagne Augusto Boal (Boal I 035, Boal I 039ff.), Boal 1998b, S. 100 und den Brief an Richard Schechner (Boal 1994).
[142] Luiz Mário Behnken (Behnken 016).
[143] Bárbara Santos (*Curingas* II 035)

Als neue politische Kraft mit neuen politischen Ansätzen hatte es das Mandat schwer, jenseits der ausgetrampelten Pfade klientelistischer Politik neue Wege zu beschreiten. Boal schildert in seinem Buch „*Legislative Theatre*" eine Begebenheit aus dem ersten Wahlkampf:

> „*One day, a boy from Morro de Saudade asked me for a set of 11 shirts for his football team. I explained that my candidature was honest, that it had a project, that it was different from others he knew of, and he answered me: 'If you give nothing to the people, how do you expect people to vote for you? You must have something to give...'. It was difficult to explain that whenever the elector accepts a presentinho, a bribe from the candidate, s/he has to pay later.*"[144]

Trotz – oder wegen – seines anderen Stils wurde Boal nach dem ersten Wahlkampf 1992 in die *Câmara Municipal* gewählt. Im Wahlkampf des Jahres 1996 war die Situation anders: es ging nicht um den Einzug in die *Câmara Municipal* aus einer Außenseiterrolle heraus, sondern um die Wiederwahl und die Vermittlung einer vierjährigen politischen Praxis – gerade auch an den Orten des eigenen politischen Wirkens: unterpriveligierten Stadtteilen der Metropole. Regelmäßig mit den Mitgliedern einer *comunidade* zu arbeiten, um dann einen Haufen Zement für den Bau eines Hauses einer *Associação de Moradores* unter dem großen Transparent eines anderen Kandidaten vorzufinden, der sich auf diese Weise erfolgreich die Stimmen der BewohnerInnen sichert, ist eine frustrierende Erfahrung.[145] Nach diesem Muster verfahren die meisten PolitikerInnen der Metropole in der Vorwahlzeit, gerade wenn es um den Gewinn von Stimmen aus marginalisierten Stadtteilen geht.[146] Im Gegensatz zu seinen KollegInnen in der *Câmara Municipal* konnte Augusto Boal auf kein *gueto eleitoral* zählen, dessen Stimmen er sich durch Gefälligkeiten gesichert hätte.[147]

„Wir haben die Unterstützung nicht politisch an uns gebunden [...] Das war nicht unsere Sorge, unsere Sorge war, unsere Arbeit zu machen"[148], berichtet Bárbara Santos. Olivar Bendelak weist darauf hin, daß vielen aus dem künstlerisch-theatralen

---

[144] Boal 1998b, S. 16f.
[145] Vgl. Bárbara Santos (*Curingas* III 023) und Olivar Bendelak (Bendelak 017).
[146] Boal erwähnt PolitikerInnen, die den Blinden Glasaugen und den Amputierten Holzbeine versprechen, vor der Wahl den unteren und nach der (erfolgreichen) Wahl den oberen Teil von Gebissen in *comunidades* verteilen oder Blankoschecks ausgeben mit dem Versprechen, diese nach einer erfolgreichen Wahl zu unterzeichnen. Vgl. Boal 1998b, S. 17.
[147] Vgl. Olivar Bendelak (Bendelak 018).
[148] Bárbara Santos (*Curingas* III 022).

Teil des Mandats die parlamentarischen und parteipolitischen Vorerfahrungen fehlten:

„Wir waren nicht sehr tief in dieser Parteimaschinerie drin. Es gab Leute unter unseren Beratern, die sich da besser auskannten, aber wir konnten im Endeffekt nicht sehr gut mit dieser Sache umgehen."[149]

Boal selbst tat sich nicht leicht mit seiner Rolle als Politiker. Was ihn bei der ersten Wahl noch für viele attraktiv gemacht und wohltuend von den anderen KandidatInnen unterschieden hatte – seine Skepsis gegenüber jeglicher Form von medialer Selbstinszenierung[150] – entwickelte sich im Verlauf der Mandatszeit zum Problem für die Selbstdarstellung der Mandatspolitik. Seine Bereitschaft, als Politiker im Mittelpunkt zu stehen und sich vor laufenden Kameras offensiv in Szene zu setzen, war gering.[151] Auch seine häufige Abwesenheit aufgrund von Reisen in andere Teile der Welt, in denen Theater der Unterdrückten praktiziert wird, wirkte sich erschwerend auf die Mandatsarbeit aus und war nach außen schwer zu vermitteln.[152]

Zudem bestand die Zielgruppe der Mandatsarbeit aus Mitgliedern marginalisierter Bevölkerungsgruppen und damit keinen Personen, denen in der Öffentlichkeit viel Gehör geschenkt worden wäre.

„Diese Menschen, mit denen wir arbeiten – das sind keine einflußreichen Personen. Eine *empregada doméstica* ist keine einflußreiche Person. Ihre *patroa* ist eine einflußreiche Person [...] Wir arbeiteteten mit Personen ohne Einfluß: Leuten aus *comunidades*, arm und nicht-organisiert. [...] Diese Menschen sind nicht in der Lage, Stimmen zu multiplizieren. Eine *empregada doméstica* wird die *patroa* nicht davon überzeugen, wen sie bei der nächsten Wahl wählen wird."[153]

Erst spät setzten sich die Mandatsmitglieder mit dem Gedanken an eine Wiederwahl, den zu organisierenden Wahlkampf und eine konkrete Planung der zweiten Legislaturperiode auseinander. Boal selbst entschied sich erst Monate vor der

---

[149] Olivar Bendelak (Bendelak 019).
[150] Vgl. Boal 1998b, S. 16.
[151] Vgl. Bárbara Santos (*Curingas* II 040 und *Curingas* III 019) und Eliana Ribeiro (Ribeiro 023).
[152] Vgl. Luiz Mário Behnken (Behnken 018).
[153] Bárbara Santos (*Curingas* III 022).

Wahl endgültig für eine nochmalige Kandidatur, was eine längerfristige Planung zusätzlich erschwerte.[154]

Der Wahlverlust war ein schwerer Rückschlag für Augusto Boal. „Im Moment des Wahlverlusts war ich sehr traurig, sehr traurig. Heute bin ich sehr glücklich, da ich das nicht mehr ertragen könnte"[155], sagt er heute im Gespräch, zweieinhalb Jahre danach. Der immense Zeitaufwand, vor allem aber die gegen seine Person gerichtete Medienkampagne und die für ihn nur schwer zu ertragende Arbeitsatmosphäre in der *Câmara Municipal* sind ihm in schlechter Erinnerung geblieben. Dort mußte er in der Nähe eines *vereador* sitzen (und mit ihm regelmäßig Verhandlungen über Gesetzesprojekte führen), der sich damit brüstete, 32 Personen getötet zu haben. Korruption und Bestechung der Abgeordneten gehörten zum parlamentarischen Alltag. Boal und seine MitarbeiterInnen konnten *vereadores* beobachten, die sich in den Sitzungspausen auf den Toiletten des Hohen Hauses US-Dollar zuschoben.

„Machen Sie sich keine Sorgen – ich bin kein Kandidat mehr. Ich werde niemanden dazu aufrufen, mich zu wählen, im Gegenteil: wählen Sie mich um Gottes Willen nie mehr wieder"[156], verkündet er heute scherzhaft auf öffentlichen Veranstaltungen wie der *II Mostra Carioca de Teatro Legislativo*. Nicht jedoch, ohne gleich im Anschluß auf die große positive Erfahrung der Mandatszeit hinzuweisen: Legislatives Theater.

„[Die Zeit als *vereador*] war eine furchtbare Erfahrung. Aber sie hatte etwas sehr gutes: Während dieser Periode, in der ich *vereador* war, waren meine Berater Leute aus der Politik, Experten für Gesetzgebung, und auch Leute aus dem Theaterbereich. Während meiner vier Jahre dort haben wir viele Theatergruppen gegründet, und diese Gruppen baten das Publikum, sich in die Szenen einzumischen und zu versuchen, die dargestellten Probleme zu lösen. [...] Und eine sehr wichtige Sache ist, daß wir es während dieser vier Jahre geschafft haben, durch die Arbeit dieser Theatergruppen 13 Gesetze zu verabschieden."[157]

Das Experiment Legislatives Theater geht weiter, auch ohne Boals Sitz in der *Câmara Municipal*. Den jüngsten Entwicklungen und neuesten Formen Legislativen Theaters widmet sich das nachfolgende Kapitel.

---

[154] Vgl. Olivar Bendelak (Bendelak 017) und Bárbara Santos (*Curingas* III 020).
[155] Augusto Boal (Boal IIa 048).
[156] Augusto Boal (II *Mostra* I 001).
[157] Augusto Boal (II *Mostra* I 001).

3. Legislatives Theater ohne Mandat

3.1 Ende und Neuanfang

Der Verlust von Augusto Boals Sitz in den Wahlen vom Oktober 1996 läßt die Mandatsarbeit und die in vier Jahren mühsam aufgebauten Strukturen zusammenbrechen wie ein Kartenhaus. Die während der Mandatszeit mit Geldern der *Câmara Municipal* bezahlten MitarbeiterInnen erhalten keine Löhne mehr und müssen sich nach anderen Jobs umsehen, um ihr Überleben zu sichern. Ohne die regelmäßigen Besuche in den *comunidades* kann die Kontinuität der Arbeit mit den *núcleos* nicht mehr aufrechterhalten werden. Fast alle Theatergruppen stellen ihre Aktivitäten ein, nur zwei setzen ihre Arbeit selbständig fort: die aus einer Kirchengemeinde heraus gegründete Gruppe *Bras de Pina* und die in der Landlosenbewegung verwurzelte Gruppe *Sol da Manhã*. Die Enttäuschung ist riesig. Ein zutiefst frustrierter Augusto Boal trägt sich mit dem Gedanken, nach Paris zurückzukehren. In dieser Situation schlagen ihm die *curingas* Bárbara Santos, Claudete Felix, Geo Britto, Helen Sarapeck und Olivar Bendelak die gemeinsame Fortsetzung der Arbeit des *Centro de Teatro do Oprimido* und dessen Neugründung als Nicht-Regierungsorganisation vor. Augusto Boal erklärt sich bereit, in Rio zu bleiben, dem Zentrum als künstlerischer Leiter zur Verfügung zu stehen und die Arbeit der *curingas* zu supervidieren.

Im Verlauf des Jahres 1997 hält sich das CTO-Rio mit Workshops und Auftragsarbeiten des Ensembles mühsam über Wasser, z.B. mit der Entwicklung und Aufführung von Forumtheater-Szenen für die ÄrztInnengewerkschaft und für mehrere Fakultäten der UERJ, eine der Universitäten Rio de Janeiros.[158] Für die kontinuierliche Arbeit mit Theatergruppen fehlen allerdings Zeit und Geld. Noch Ende 1996 bietet sich die Möglichkeit, die Arbeit des Zentrums in der Hauptstadt Brasília einer Konferenz PT-regierter Munizipien zu präsentieren und ein Forumtheater-Stück aufzuführen. Aus dem dort hinterlassenen Eindruck und den neu gewonnenen Kontakten entwickeln sich Projekte mit der Präfektur in Juiz de Fora (Minas Gerais) und vor allem mit der Präfektur von Santo André (São Paulo).[159]

Auf der Suche nach finanzieller Unterstützung stößt das CTO-Rio schließlich durch die Vermittlung des rührigen englischen Theatermachers Paul Heritage auf die Ford-Stiftung. Diese erklärt sich bereit, ab April 1998 das Projekt Legislatives

---

[158] *Universidade do Estado do Rio de Janeiro.*
[159] Vgl. zur Periode nach dem Verlust des Mandats Geo Britto (Britto 036ff). Zur Kooperation mit der Präfektur der Stadt Santo André vgl. den Exkurs (Kapitel 6).

Theater für 18 Monate zu finanzieren. In diesem Zeitraum soll das CTO-Rio mindestens vier *grupos populares* organisieren, die zu den Themen Rassismus, Menschenrechte (speziell: Gewalt in der Familie), AIDS, Gesundheit der Frau und partizipativer Haushalt arbeiten sollen.[160] Als Gesamtziele des Projekts definiert das CTO:

> „Die politische Partizipation der *cidadania*[161] anregen, das *movimento comunitário* mit einer wirksamen Sprache zur Kommunikation ausrüsten und das Theater der Unterdrückten in Brasilien verbreiten."[162]

3.2 Neue Gruppen

Im April 1998 versuchen die *curingas* zunächst, Kontakt zu ehemaligen *núcleos* aus der Mandatszeit aufzunehmen, allerdings ohne großen Erfolg. In einem Zwischenbericht über die ersten drei Monate heißt es hierzu lakonisch:

> „Mit keiner dieser Gruppen hatten wir Erfolg. Hierfür sehen wir zwei Ursachen:
> - die mangelnde Verfügbarkeit der Gruppenmitglieder
> - Theater der Unterdrückten war keine Neuigkeit mehr für sie."[163]

Also machen sich die *curingas* daran, neue Gruppen aufzubauen. Das bedeutet, unbekanntes Terrain zu betreten, Zugang zu neuen *comunidades* oder Gruppen zu finden und ihnen das Anliegen des CTO zu vermitteln. Dies geschieht gelegentlich durch Forumtheater-Aufführungen des Ensembles, vor allem aber durch mehrtägige Einführungsworkshops, in denen den TeilnehmerInnen ein Eindruck von den Methoden und Techniken des Theaters der Unterdrückten vermittelt werden soll und die *curingas* die Situation vor Ort sondieren können. Häufig läuft der Anfangskontakt über schon existierende lokale Organisationen und Projekte.[164] Ob die Arbeit fortgesetzt und der Aufbau einer kontinuierlichen Gruppe mit wöchentlichen Treffen versucht werden soll, entscheidet das Team des CTO-Rio anhand folgender Kriterien:[165]

---

[160] Vgl. CTO-Rio 1998, S. 1. Vgl. zum partizipativen Haushalt (*Orçamento Participativo*) die Ausführungen in Kapitel 6.
[161] Vgl. zur *cidadania* dieAusführungen in Kapitel 7.
[162] *Centro de Teatro do Oprimido* (CTO-Rio) 1999a, S. 1 (Übersetzung d.A.).
[163] *Centro de Teatro do Oprimido* (CTO-Rio) 1998, S. 1 (Übersetzung d.A.).
[164] Vgl. *Centro de Teatro do Oprimido* (CTO-Rio) 1998, S. 1.
[165] Vgl. zum folgenden Bárbara Santos (*Curingas* III 050f.).

- Die Durchführbarkeit der Arbeit mit der Gruppe. Viele der marginalisierten Stadtteile Rio de Janeiros sind keine Orte, in denen sich Außenstehende bedenkenlos
bewegen können, besonders nicht nach Einbruch der Dunkelheit. So arbeitet
Olivar Bendelak monatelang mit einer Gruppe in der *comunidade* Chacrinha und
kann gegen Abend nach der Probe nur in Begleitung einer „*favela*"-bekannten
Nonne den Rückweg wagen. In seinem Buch „*Legislative Theatre*" zitiert Boal
einen Bericht, in dem eine *curinga* den Verlauf einer Probe in einer Kirche der
comunidade Borel schildert, die inmitten von Feuergefechten rivalisierender
Drogenbanden stattfand.[166]
- Die Aussicht auf eine stabile Gruppe. Während der Einführungsworkshops achten
die *curingas* darauf, ob jeden Tag die gleichen Menschen erscheinen oder ob die
personelle Fluktuation groß ist, um so Aufschluß über die Perspektiven einer
kontinuierlichen Gruppenarbeit zu erhalten. In der *comunidade* Chacrinha wan-
delte sich beispielsweise eine Frauengruppe im Laufe weniger Monate zur
Kindergruppe.
- Die Anzahl der Mitglieder. Finden sich beispielsweise nur vier oder fünf
interessierte Personen, wird eine Gruppe mit zehn oder elf Mitgliedern mehr
Aufmerksamkeit der *curingas* erhalten.
- Die Existenz einer interessanten lokalen Partnerorganisation. Häufig werden
hierdurch der Zugang zur *comunidade*, das Knüpfen von Kontakten und weitere
organisatorische Fragen wesentlich erleichtert. So ist die Partnerorganisation für
die Arbeit mit der Gruppe *Panela de Opressão* das *Instituto Pró-Mulher de
Educação e Saúde* in Jacarepaguá, die Aktivitäten der *Marias do Brasil* laufen in
enger Zusammenarbeit mit dem *Colégio Sta. Teresa de Jesus* in Tijuca, einer
Abendschule für *trabalhadoras domésticas*.
- Das von der Gruppe ausgewählte Thema. Zwar ist das Team des CTO für die
unterschiedlichsten Thematiken offen, doch ist für die künstlerische und
dramaturgische Koordination der Arbeit der Gruppe – die Aufgabe der *curingas* –
eine gewisse Verbindung zum Thema unerläßlich. Bárbara Santos erzählt vom
Fall einer Gruppe der Mandatszeit, die zu Tierrechtsfragen arbeiten wollte. Nun
dürfen in den mehrstöckigen Mittelschichtswohnblocks Rio de Janeiro Hunde
nicht den normalen Aufzug benutzen, sondern nur den Dienstaufzug, der für
HandwerkerInnen, *trabalhadoras domésticas* und den Transport von Waren

---

[166] Vgl. Boal 1998b, S. 34f.

bestimmt ist. Das erste Stück der Gruppe sollte sich ausgerechnet um das Recht des Hundes auf die Benutzung des normalen Aufzugs drehen und stieß mit dieser Schwerpunktsetzung auf wenig Interesse bei den *curingas*. Sie entschieden sich, ihre Energie in die Arbeit mit einer anderen Gruppe zu stecken.

Die erwähnten Themenvorgaben der Ford-Stiftung werden von den *curingas* nicht als beschränkend oder bevormundend wahrgenommen. Bárbara Santos, die die Gesamtkoordination des Projekts übernommen hat, bemerkt hierzu:

„Das sind unsere Themen [...], das sind die natürlichen Themen der Gruppen, mit denen wir arbeiten. Es gab keine Einflußnahme [der *Fundação Ford*], es war eine vollkommen freie Partnerschaft [...] In keinem Moment haben wir eine Gruppe wegen der *Fundação Ford* ausgewählt oder nicht ausgewählt. [...] Arbeiterrechte – das ist letztlich ein interessantes Thema. Aber es ist kein prioritäres Thema für die *Fundação Ford* – und doch arbeiten wir mit den *empregadas domésticas*. [...] Wir haben mit keiner Gruppe aufgehört zu arbeiten wegen *Ford*. Alle sieben, die wir jetzt haben – mit keiner haben wir die Arbeit beendet, nur weil ihre Themen nicht genau den Prioritäten der *Ford* entsprachen."[167]

Die Zahl der Anfangskontakte ist groß. So werden im Abschlußbericht vom Oktober 1999 für den achtzehnmonatigen Projektzeitraum 20 Einführungsworkshops und zehn Forumtheater-Aufführungen des CTO-Ensembles an den unterschiedlichsten Orten der Stadt erwähnt. Mit 15 Gruppen beginnen die *curingas* eine regelmäßige Arbeit.[168] Die folgenden sieben kontinuierlich arbeitenden *grupos comunitários* und *grupos temáticos* sind bis zum vorläufigen Projektabschluß im Oktober 1999 aufgebaut worden und im Zeitraum meines Forschungsaufenthalts aktiv (vgl. Abb. 8):[169]

grupos comunitários:

- *Maré Arte*: zwölf jugendliche BewohnerInnen der „*favela*" Maré in der *zona norte*, deren Stück „*A Maré da Vida*" Gewalt gegen Frauen und die Drogenproblematik im Stadtteil thematisiert. (*curinga*: Geo Britto)

---

[167] Bárbara Santos (*Curingas* III 048 und 053).
[168] Vgl. *Centro de Teatro do Oprimido* (CTO-Rio) 1999c, S. 1.
[169] Vgl. *Centro de Teatro do Oprimido* (CTO-Rio) 1999b, S. 2f. Die Kategorisierung der Gruppen wurde von mir vorgenommen.

- *Corpo em Cena*: elf Mitglieder der *comunidade* Pedreira in der *zona norte*, die in ihrem Stück „*Ser Doutor, João...não é mole não*" die Polizeigewalt und den für „*favela*"-BewohnerInnen erschwerten Hochschulzugang theatralisieren. (*curinga*: Olivar Bendelak)
- *Mudança de Atitude*: die jüngste Gruppe im Projekt, aus der *comunidade* Vila Pereira da Silva in Laranjeiras in der *zona sul*. Die 17 Mitglieder haben das Stück „*Que abacaxi!*" erarbeitet, das sich mit Schwangerschaft im Jugendalter befaßt. (*curingas*: Bárbara Santos und Helen Sarapeck)
- *Panela de Opressão*[170] (*curingas*: Bárbara Santos und Geo Britto)

grupos temáticos:
- *Artemanha*: Eine achtköpfige Gruppe, deren Stück „*Fruto Proibido*" sich mit Homosexualität, sexueller Diskriminierung und dem gesellschaftlichen Umgang mit AIDS auseinandersetzt. (*curinga*: Helen Sarapeck)
- *Participa-Ativa*: zehn AktivistInnen aus der Initiative *Fórum Popular do Orçamento*, deren Stück („*Orçamento é bom e eu gosto*") sich ebenso wie ihre politische Arbeit für die Demokratisierung der Haushaltspolitik einsetzt. (*curingas*: Bárbara Santos und Claudete Felix)
- *Marias do Brasil*[171] (*curingas*: Claudete Felix und Olivar Bendelak)

Zwei weitere Gruppen (deren Arbeit jedoch nicht im Rahmen des Projekts Legislatives Theater stattfindet) führen während des Forschungsaufenthalts ihre (Forumtheater-)Stücke auf: das Ensemble des CTO bringt das gemeinsam mit Augusto Boal entwickelte Stück „*O trabalhador*" auf die Bühne, das sich kritisch mit Globalisierung und Neoliberalismus auseinandersetzt. Und eine Gruppe von eher der Mittelschicht angehörenden IngenieurInnen der staatlichen Ölgesellschaft *Petrobrás* (organisiert in der *Associação dos Engenheiros da Petrobrás*) zeigt ihr Stück „*O dragão e a galinha dos ovos de ouro negro*", das in Zusammenarbeit mit dem CTO entwickelt wurde und die drohende Privatisierung des riesigen Unternehmens thematisiert.

---

[170] Vgl. Kapitel 5.
[171] Vgl. Kapitel 4.

3.3 Neue Strategien

Legislatives Theater findet sich am Ende der 90er Jahre in einer gänzlich neuen Situation wieder. Das, was jahrelang wie eine notwendige Bedingung der Entwicklung und Praxis Legislativen Theaters aussah und die Erfahrung der ersten vier Jahre erst ermöglicht zu haben schien, ist weggefallen: der Sitz Augusto Boals in der *Câmara Municipal* der Stadt Rio de Janeiro. Doch auch ohne diese vermeintliche Grundvoraussetzung macht sich das CTO-Rio an die Entwicklung einer neuen Praxis Legislativen Theaters: ohne Mandat, ohne *Câmara na Praça*, ohne *Mala Direta Interativa* und ohne städtische Gelder.

Eher wenige Auswirkungen haben die veränderten Bedingungen auf die theatrale Praxis. Wieder bauen die *curingas grupos comunitários* oder *grupos temáticos* auf, die unter Anwendung der Methoden und Techniken des Theaters der Unterdrückten ihre Lebensrealitäten theatralisieren, Forumtheater-Szenen entwickeln und diese in die Öffentlichkeit bringen. Dies geschieht im Rahmen von Aufführungen in den eigenen oder anderen *comunidades*, vor interessierten Gruppen oder Initiativen, auf Plätzen und Straßen, in Schulen und bei den drei im Projektzeitraum organisierten *Mostras Cariocas de Teatro Legislativo* auf dem Aterro do Flamengo bzw. zum vorläufigen Projektabschluß beim *Festival de Teatro Legislativo* im *Teatro Glória*.

Diesmal stellen jedoch nicht die protokollierten Publikumsinterventionen der Forumtheater-Aufführungen die wichtigste Basis des legislativen Prozesses dar, sondern schriftlich formulierte Gesetzesvorschläge, die nach der Stückaufführung und dem Forum vom Publikum auf von den *curingas* verteilten Zetteln notiert werden – die *propostas legislativas*.[172] Diese werden gesammelt und in gemeinsamen Sitzungen der *curingas* mit Augusto Boal ausgewertet.[173] Geprüft wird, ob der Gesetzesvorschlag

- sich nicht auf ein schon existierendes, möglicherweise aber nicht angewandtes Gesetz bezieht.

---

[172] So können sich auch Personen, die sich nicht öffentlich in Szene setzen wollen, am legislativen Prozeß beteiligen. Auf der anderen Seite wird jedoch bei den schriftlich formulierten *propostas legislativas* der Kreis eingeschränkt auf jene Mitglieder des Publikums, die schreiben können bzw. Zugang zu Personen haben, die dies für sie übernehmen.

[173] Eine dieser Sitzungen konnte ich am 27. August 1999 im CTO-Rio teilnehmend beobachten.

- nicht eher den Charakter eines Ratschlags oder Wunsches besitzt (allgemeine Forderungen wie „Mehr Respekt für das Volk!" oder „Abschaffung von Abtreibung und Rassismus!")

Ist beides nicht der Fall, so wird die *proposta legislativa* im Bündel mit anderen ausgewählten Vorschlägen an Luiz Mário Behnken weitergereicht, der heute nicht mehr nur im Mandat eines Abgeordneten (wie zu Zeiten des *Mandato Político-Teatral*), sondern als Referent für legislative Fragen für die gesamte PT-Fraktion in der *Câmara Municipal* arbeitet. „Den Ideen der *vereadores* gebe ich eine neue Form, um sie in Gesetze umzuwandeln"[174], beschreibt er seinen Job. Auch nach dem Verlust des Sitzes Augusto Boals hat er sich bereiterklärt, das Projekt Legislatives Theater weiter zu unterstützen, und zwar mit derselben Tätigkeit, die er für Mitglieder der PT-Fraktion ausübt und für die während der Mandatszeit die *Célula Metabolisadora* zuständig war: der Prüfung der Gesetzesvorschläge und deren Umwandlung in juristisch wasserdicht formulierte Gesetzesprojekte.

Anders als in der Mandatszeit werden diese nun jedoch nicht mehr von einem einzelnen Abgeordneten in das Plenum der *Câmara Municipal* eingebracht, sondern an alle 42 *vereadores* geschickt. „Die Idee ist, sie an alle *vereadores* weiterzuleiten", fährt Behnken fort. „Natürlich haben wir zu einigen Abgeodrneten eine engere Verbindung. Aber die Idee ist, sie allen zu schicken und zu sagen 'Bitte sehr, hier sind sie. Wer Autor sein will, soll es sein.'"[175]

In den nächsten beiden Kapiteln werde ich die aktuelle Praxis Legislativen Theaters in Rio de Janeiro am Beispiel der beiden Gruppen *Marias do Brasil* und *Panela de Opressão* (ein *grupo temático* und ein *grupo comunitário*) beschreiben. Wie schon in der Einleitung angekündigt, beginnen beide Kapitel mit der Darstellung des thematischen Kontexts, im Fall des nun folgenden Kapitels: der Situation von *trabalhadoras domésticas*.

---

[174] Luiz Mário Behnken (Behnken 002).
[175] Luiz Mário Behnken (Behnken 026).

4. Marias do Brasil

4.1 „...im wesentlichen unsichtbar" – Der Kontext

Ökonomisch betrachtet ist die Arbeit von *trabalhadoras domésticas* nicht in kapitalistischen Formen organisiert. Sie findet innerhalb des privaten Wohnumfelds der ArbeitgeberInnen (der *patrões*) statt.[176] Die Produkte dieser Arbeit – Güter wie zubereitetes Essen und Dienstleistungen wie die Reinigung von Kleidung oder Geschirr – werden direkt von der Familie konsumiert und zirkulieren nicht auf dem Markt. Kapital wird nicht in Bewegung gesetzt.[177] Dennoch stellt sie einen wesentlichen Beitrag zum Funktionieren kapitalistischer Wirtschaftssysteme in Lateinamerika dar.

Trabalhadoras domésticas repräsentieren seit Jahrzehnten mindestens 20% der weiblichen Erwerbsbevölkerung Lateinamerikas und der Karibik. In mehreren Staaten bewegt sich der Anteil zwischen einem Fünftel und einem Drittel aller Frauen in bezahlten Arbeitsverhältnissen.[178] Beim *serviço doméstico remunerado* handelt es sich im wesentlichen um einen Frauenberuf: Männer stellen kaum mehr als 5% der in diesem Berufszweig Tätigen.[179]

Die *trabalhadoras domésticas* Lateinamerikas und der Karibik verbinden folgende Kennzeichen:[180]

- sie widmen sich häuslichen Arbeiten, die keiner besonderen Qualifikation bedürfen, gesellschaftlich geringgeschätzt und traditionell als „Frauenarbeit" angesehen werden.

- sie entstammen in der Regel unterprivilegierten Bevölkerungsschichten mit minimalem Bildungsstand und sind auf der Suche nach einem besseren Leben aus

---

[176] Chaney / Castro definieren *empregadas domésticas* bzw. *trabalhadoras domésticas* als „Personen, die einem Individuum oder einer Familie innerhalb von deren Haus dienen" (vgl. Chaney / Castro 1993, S. 13, Übersetzung d.A.). Im folgenden wird hauptsächlich die (politischere) Bezeichnung *trabalhadora doméstica* verwendet (bzw. die allgemeine Kurzform *doméstica*).

[177] Vgl. Pereira de Melo 1998, S. 1f. und Saffioti 1979, S. 40f.

[178] Vgl. Chaney / Castro 1993, S. 13.

[179] Vgl. Pereira de Melo 1998, S. 1. Für die Bezeichung der im *serviço doméstico remunerado* Tätigen wird im folgenden grundsätzlich die feminine Form (z.B. *trabalhadora doméstica*) verwendet, sofern es sich nicht um die Selbstbezeichung z.B. einer Organisation wie dem *Sindicato dos Empregados Domésticos do Rio de Janeiro* handelt.

[180] Vgl. zum folgenden Chaney / Castro 1993, S. 13f.

der Provinz in die Städte und Dörfer migriert.[181] Häufig haben sie indigenen Hintergrund und werden deswegen von Angehörigen der dominanten Kultur(en) als minderwertig angesehen.

- sie arbeiten meist alleine oder höchstens zu zweit oder dritt, haben keinen gemeinsamen Arbeitsplatz, keine geteilte Freizeit und leben deswegen weitgehend isoliert voneinander,[182] laut Chaney / Castro: „Für einander und für die Gesellschaft sind sie im wesentlichen unsichtbar"[183]. Dementsprechend haben sie große Schwierigkeiten, gemeinsam für ihre Rechte zu kämpfen und bekommen zudem wenig Unterstützung von ihren KollegInnen aus den Gewerkschaftsbewegungen.

- die Selbstorganisation der *trabalhadoras domésticas* wird weiterhin dadurch erschwert, daß sie nicht unter dem Schutz jener Gesetzgebung stehen, die für andere ArbeitnehmerInnen gilt. Unter dem Vorwand eines fehlenden gemeinsamen Arbeitsplatzes sowie mit der Begründung, daß sie kein faßbares Produkt produzierten und teilweise mit Unterkunft und Verpflegung bezahlt würden, werden ihnen grundlegende Rechte verweigert, in vielen Ländern sogar das Recht zur Selbstorganisation.

- Vertreterinnen der *trabalhadoras domésticas* hegen ein tiefes Mißtrauen denen gegenüber, die ihre natürlichen Verbündeten sein sollten: Frauen in Berufsorganisationen und feministischen Gruppen. Die helfenden Versuche der ersteren wandelten sich in vielen Fällen in das Vorhaben, Frauen der Mittel- und Oberschicht effizientere Bedienstete zu verschaffen. Auch einigen Vertreterinnen der feministischen Bewegungen wird ambivalentes Verhalten vorgeworfen, da sie das Verhältnis *patroa-empregada* nicht in Frage stellten, um ihre eigene Freiheit und Aktivitäten nicht zu gefährden. Tatsächlich haben sich feministische Gruppen mit wenigen Ausnahmen der Sache der *domésticas* nicht angenommen.[184]

Nach Chaney / Castro befinden sich *trabalhadoras domésticas* in der Mehrheit der lateinamerikanischen Staaten „unter den am meisten unterdrückten und vernachlässigten Sektoren der Arbeiterklassen"[185].

---

[181] Vgl. hierzu auch Anazir „Zica" de Oliveira / da Conceição 1993, S. 313. Die Präsidentin des *Sindicato dos Empregados Domésticos do Rio de Janeiro*, Arinda Libâno de Jesus, berichtet im Gespräch, daß die Mehrheit der in Rio de Janeiro im *serviço doméstico remunerado* Tätigen aus dem Nordosten in die Metropole migriert ist (*Sindicato* I 012).

[182] Vgl. hierzu auch Anazir „Zica" de Oliveira / da Conceição 1993, S. 316f.

[183] Chaney / Castro 1993, S. 14 (Übersetzung d.A.). Nicht unproblematisch ist die Wortwahl, denn *domésticas* sind sicherlich nicht von Geburt an unsichtbar, sondern werden vielmehr unsichtbar gemacht.

[184] Vgl. hierzu auch Pereira de Melo 1993, S. 227ff.

[185] Chaney / Castro 1993. S. 14 (Übersetzung d.A.).

In Brasilien, dem größten Staat Lateinamerikas, arbeiten 19% aller in Lohnarbeitsverhältnissen beschäftigten Frauen als *trabalhadoras domésticas*. Der *serviço doméstico remunerado* stellt somit unter Frauen die zahlenmäßig bedeutendste Profession dar. Auch hier wird der Beruf im wesentlichen von Frauen ausgeübt. 1995 standen 4,8 Millionen *trabalhadoras domésticas* (93,16%) einer Zahl von 350.000 *trabalhadores domésticos* gegenüber (6,84%).[186] 55,69% der im *serviço doméstico remunerado* Beschäftigten werden als nichtweiß, 44,31% als weiß kategorisiert, wobei diese Verteilung regional stark variiert und im Norden und Nordosten etwa 80% der *domésticas* unter der Kategorie „*não-branco*" eingeordnet werden.[187]

Der Begriff *trabalhadora doméstica* täuscht eine Homogenität vor, die in der Realität so nicht gegeben ist. Die Profession ist in ihren Tätigkeitsbereichen und Arbeitsorganisationsformen vielmehr durchaus heterogen strukturiert. Grob unterschieden werden kann zwischen *mensalistas*, die an ihrem Arbeitsplatz leben (also in der Regel im Haus der Familie), monatlichen Lohn sowie Unterkunft und Verpflegung erhalten, und *diaristas*, die nicht am Arbeitsplatz wohnen, häufig in mehreren Häusern arbeiten und Tages-, Wochen- oder Monatslohn erhalten.[188] Die meisten im *serviço doméstico remunerado* Beschäftigten arbeiten in nur einem Haus (vgl. Abb. 9).

Bei der Betrachtung der Altersverteilung unter den als *trabalhadoras domésticas* arbeitenden Frauen fällt die hohe Zahl von Minderjährigen ins Auge. 16% sind unter 18 Jahren, 5% sogar unter 15 (vgl. Abb. 10). Der hohe Anteil von Mädchen und jungen Frauen veranlaßt Hildete Pereira de Melo zu der Vermutung, daß es sich bei der Profession um das „Eingangstor in den städtischen Arbeitsmarkt"[189] für junge Migrantinnen aus dem Landesinnern handelt. Dem *serviço doméstico remunerado* schreibt sie eine wichtige Rolle in der Asorption von jungen Frauen mit geringem Bildungsstand und ohne berufliche Erfahrungen in den städtischen Arbeitsmarkt zu. In der Tat setzt der Beruf keinerlei formale Qualifikationen voraus und weist im urbanen Kontext die höchste Analphabetismusrate aller Berufssparten auf (16,49% im Jahr 1995).[190] In Abb. 11 wird

---

[186] Vgl. Pereira de Melo 1998, S. 7f.
[187] Vgl. Pereira de Melo 1998, S. 9. Solche Kategorisierungen sind jedoch in Brasilien mit Vorsicht zu genießen, vgl. hierzu Hofbauer 1995, S. 7ff. und S. 99f.
[188] Vgl. Pereira de Melo 1998, S. 2.
[189] Pereira de Melo 1998, S. 13 (Übersetzung d.A.).
[190] Vgl. Pereira de Melo 1998, S. 17.

deutlich, daß im Jahr 1995 über 90% der Personen im *serviço doméstico remunerado* den *primeiro grau* nicht abgeschlossen hatten oder überhaupt nicht in der Schule gewesen waren.[191]

Die meisten brasilianischen *trabalhadoras domésticas* arbeiten unter prekären Arbeitsbedingungen. Wie Abb. 12 zeigt, waren im Jahr 1995 über 80% nicht im Besitz einer *carteira assinada*, die ArbeitnehmerInnen in Brasilien die Wahrnehmung zumindest einiger grundlegender Rechte ermöglicht. Zudem gehören sie zu den am schlechtesten bezahlten Berufsgruppen des Landes. Über 65% der im *serviço doméstico remunerado* tätigen Personen verdienen einen Mindestlohn oder weniger (vgl. Abb. 13).[192] Bemerkenswert ist, daß selbst innerhalb derart niedriger Lohngruppen Männer mehr verdienen als Frauen, sowohl im gleichen Berufsfeld (*trabalhadores domésticos*) als auch im Vergleich zu dem männlichen Pendant zum Beruf der *doméstica*, dem des Bauarbeiters, in dem auch hauptsächlich Migranten mit niedrigem Bildungsstand zu finden sind.[193] Die prekären Arbeitsbedingungen werden weiter deutlich durch den Blick auf die Arbeitszeiten: Wie in Abb. 14 deutlich wird, arbeitet die Mehrheit der im *serviço doméstico remunerado* Beschäftigten mehr als 40 Stunden pro Woche, ein großer Teil sogar mehr als 48 Stunden.

Zu Beginn der sechziger Jahre begannen sich einige brasilianische *trabalhadoras domésticas* selbst zu organisieren, nach dem Scheitern von Versuchen, gemeinsam mit ArbeitnehmerInnen anderer Berufsgruppen politisch für die Verbesserung ihrer Situation zu arbeiten. Die Mitbegründerin der *Associação Profissional dos Empregados Domésticos do Rio de Janeiro*, Odete Maria da Conceição, wird mit den folgenden Worten zitiert:

„Als sich die *domésticas* mit anderen Werktätigen zusammenschlossen, waren alle am diskutieren und vergaßen uns dabei. Wir begannen, uns nur unter *domésticas* zu treffen, um nach einer Form zu suchen, eine Vereinigung zu gründen."[194]

60 Frauen gründeten im Dezember 1961 die *Associação* und traten mit einem Manifest an die Öffentlichkeit.[195] Die Gründung war eine schwere Geburt, denn „die

---

[191] Die Schulzeit bis zum Abschluß des *primeiro grau* umfaßt in Brasilien acht Jahre.
[192] Ein Mindestlohn beträgt im September 1999 136 R$, ungefähr 145 DM. Die Lebenshaltungskosten sind bis auf wenige staatlich subventionierte Produkte mit denen der Bundesrepublik vergleichbar.
[193] Vgl. Pereira de Melo 1998, S. 19 und S. 21.
[194] Zit. in Anazir „Zica" de Oliveira / da Conceição 1993, S. 314 (Übersetzung d.A.).
[195] Vgl. zu den folgenden Ausführungen Anazir „Zica" de Oliveira / da Conceição 1993, S. 314ff.

domésticas waren es nicht gewohnt, mit anderen Frauen zusammenzuarbeiten und ihre Rechte einzufordern"[196]. 1963 kamen zum ersten Mal *trabalhadoras domésticas* aus dem gesamten Bundesstaat Rio de Janeiro zu einem Treffen zusammen und forderten vehement grundlegende soziale Rechte ein, wie feste Arbeitszeiten, einen freien Tag pro Woche, gerechten Lohn und Arbeitsverträge. Zum einem ersten *Encontro Nacional das Empregadas Domésticas* versammelten sich 1968 in São Paulo 100 Frauen aus acht Bundesstaaten.

Die politischen Aktivitäten blieben nicht ohne Folgen. War die Tätigkeit im *serviço doméstico remunerado* bis dato gesetzlich völlig ungeregelt, so verabschiedete das brasilianische Bundesparlament im Jahr 1972 ein Gesetz, das den in diesem Bereich Beschäftigten die Arbeit mit *carteira assinada* ermöglicht. Dies bedeutet: Bezahlung der geleisteten Dienste, 20 Tage Ferien pro Jahr und einige Sozialversicherungsleistungen, wenn die Beiträge regelmäßig bezahlt wurden. Die *Consolidação das Leis do Trabalho* (CLT), die anderen in Städten beschäftigten ArbeitnehmerInnen grundlegende Rechte garantiert, gilt nicht für *trabalhadoras domésticas*. Verzichten müssen sie zum Beispiel auf Arbeitslosenunterstützung, die 44-Stunden-Woche, bezahlte Überstunden, Fahrtkostenunterstützung, Nachtarbeitszuschuß und den *Fundo de Garantia por Tempo de Serviços*[197]. Sie leben und arbeiten vielmehr weiterhin in einer rechtlichen Ausnahmesituation, die durch Sondergesetze geregelt wird.

Für rechtliche Gleichstellung mit anderen ArbeitnehmerInnen, feste Arbeitszeiten und höhere Löhne und gegen jegliche Form von Sondergesetzgebung stritten *trabalhadoras domésticas* in weiteren Treffen und Kongressen während der folgenden Jahre. Der vierte *Congresso Nacional das Empregadas Domésticas* im Jahr 1978 denunzierte die Ausbeutung von Mädchen, die zum Teil in einem Alter von sieben oder acht Jahren aus dem Landesinnern in die großen Städte kommen, um im Haus einer Familie zu arbeiten. Eine erste politische Demonstration von *trabalhadoras domésticas* fand 1983 in Rio de Janeiro statt.

Mit der offiziellen Anerkennung der Profession in der neuen Staatsverfassung von 1988 wurde ein weiterer Erfolg erzielt. Daraufhin konnten sich die *Associações* gewerkschaftlich organisieren und gründeten sich im folgenden neu als *Sindicatos*

---

[196] Anazir „Zica" de Oliveira / da Conceição 1993, S. 314 (Übersetzung d.A.).
[197] FGTS: ein Konto, auf das ArbeitgeberInnen regelmäßig einen Betrag überweisen und auf das der / die ArbeitnehmerIn in bestimmten Fällen Zugriff bekommt (z.B. bei Entlassung oder Erwerbsunfähigkeit durch einen Arbeitsunfall). Vgl. zu dieser Aufzählung Pereira de Melo 1998, S. 24 (Fußnote 25).

dos Empregados Domésticos.[198] Diese fordern bis heute die rechtliche Gleichstellung ihrer Tätigkeit mit der anderer ArbeitnehmerInnen. Odete Maria da Conceição, die schon zitierte Mitbegründerin der *Associação* in Rio de Janeiro und ehemalige Präsidentin des *Sindicato*, weist auf die Erfolge der politischen Arbeit hin:

> „Ich glaube, daß sich vieles verbessert hat. Heute sehen wir, daß die *doméstica* viel mehr Freiheiten besitzt. Die Mehrheit arbeitet von Montag bis Samstag oder Montag bis Freitag, jeder Sonntag ist frei – früher war das nicht so, sie arbeitete die ganze Woche, konnte sonntags nach dem Mittagessen rausgehen, mußte manchmal gleich wieder zurückkehren. Die Gesellschaft sieht die *domésticas* heute mit anderen Augen."[199]

Äußerungen wie diese lassen nur erahnen, wieviel prekärer die Situation vor den ersten gesetzlichen Regelungsansätzen des Jahres 1973 gewesen sein muß.

Auch Odete Maria da Conceição bestätigt die Schwierigkeiten für *trabalhadoras domésticas*, sich selbst zu organisieren. Im selben Gespräch weist sie darauf hin, daß *domésticas* nur jeweils alleine in einem Haus arbeiten und zudem unter starkem Einfluß der *patrões* stehen.[200] Anazir „Zica" de Oliveira / da Conceição berichten von der Angst vieler Frauen, wegen des aktiven Eintretens für die eigenen Rechte ihre Arbeit zu verlieren, und beschreiben den Fall einer *trabalhadora doméstica*, die wegen ihrer Teilnahme am *IV Congresso Nacional* 1981 in Porto Alegre nach ihrer Rückkehr nach Paraíba von ihrer *patroa* entlassen wurde und keine andere Anstellung als *doméstica* mehr finden konnte.[201]

Durch die Involviertheit der *doméstica* in das häusliche und familiäre Leben am Arbeitsplatz ergeben sich Abhängigkeiten, durch die sich diese „soziale Beziehung von Dominanz und Unterordnung"[202] zwischen *empregada* und *patroa* deutlich von anderen Lohnarbeitsverhältnissen unterscheidet. In den Worten von Odete Maria da Conceição:

> „Es war ein sehr schwieriger Kampf. Die *empregada doméstica* [...] hat einen geringen Bildungsstand, es sind Menschen, die aus dem Landesinnern hierher, in eine große Stadt gekommen sind. Manchmal verliert sie alle ihre Wurzeln, manchmal ihre Identität. Eine Person, die in den Haushalt einer Familie verwickelt ist – sie verliert ihre ganze Identität, sie lebt nur noch in ihrer

---

[198] Vgl. Odete Maria da Conceição (*Sindicato* II 030).
[199] Odete Maria da Conceição (*Sindicato* II 033).
[200] Vgl. Odete Maria da Conceição (*Sindicato* II 027).
[201] Vgl. Anazir „Zica" de Oliveira / da Conceição 1993, S. 316.
[202] Farias 1983, S. 11 (Übersetzung d.A.).

Funktion für diese Familie. Sie vergißt manchmal, daß sie ein Mensch ist, daß sie Rechte hat, daß sie das Recht auf einen freien Tag hat, daß sie das Recht auf einen gerechten Lohn hat. Sie ist sich dessen nicht bewußt, die *patroa* hat ihr in den Kopf gesetzt, daß sie ein Teil der Familie ist: 'Du bist ein Teil der Familie' – und sie verwickelt sich."[203]

Trabalhadoras domésticas haben nicht nur mit niedrigem Lohn und schlechten Arbeitsbedingungen zu kämpfen. Als besonders belastend erweist sich für viele die gesellschaftliche Geringschätzung und Entwertung ihrer Tätigkeit. Als drastisches Beispiel hierfür verweisen Chaney / Castro auf eine peruanische Studie von 1974, in der die befragten Frauen nur zwei Beschäftigungen als für sich selbst noch weniger wünschenswert einordneten als den *serviço doméstico*: Prostitution und Bettelei.[204]

Angesichts rechtlicher Benachteiligung, verbreiteter Mißachtung der wenigen garantierten Rechte, gesellschaftlicher Marginalisierung und Isolation in den Häusern der *patrões* entschließen sich einige, mit Unterstützung des CTO-Rio aktiv zu werden und Theater zu machen. Und angesichts der von Chaney / Castro konstatierten Unsichtbarkeit für einander und für die Gesellschaft stellt diese Arbeit eine Möglichkeit dar, sowohl *für einander sichtbar* zu werden und in einer regelmäßig arbeitenden Gruppe im Dialog über die eigenen Lebensrealitäten und deren Theatralisierung zu sein, als auch *gesellschaftlich sichtbar* zu werden, sich selbst im öffentlichen Raum zu präsentieren und zu repräsentieren und einen Dialog sowohl mit anderen *trabalhadoras domésticas* als auch mit der gesamten Gesellschaft zu ermöglichen. *Conscientização.* „Wir machen diese Arbeit, um die Situation der *doméstica* zu verbessern."[205] Von dieser Arbeit handeln die folgenden Abschnitte.

4.2 *Maria Maria* – Die Gruppe

25. April 1999, 19 Uhr, im Stadtteil Rio Comprido, *zona norte* der Metropole: in dem kleinen Häuschen des *Sindicato dos Empregados Domésticos* wird der Tag der *empregada doméstica* gefeiert. Dieser Tag (eigentlich der 27. April) ist der Tag der Schutzpatronin der *domésticas*, der Tag, den die katholische Kirche Santa Zita gewidmet hat, die selbst als *doméstica* arbeitete.[206] Vor 90 *domésticas* führt eine

---

[203] Odete Maria da Conceição (*Sindicato* II 024).
[204] Vgl. Chaney / Castro 1993, S. 14.
[205] Maria José Góis (*Marias* IIIb 009).
[206] Vgl. Anazir „Zica" de Oliveira / da Conceição 1993, S. 317.

Theatergruppe mit dem Namen *Marias do Brasil* (die Marias von Brasilien) das Forumtheaterstück „*Quando o verde dos seus olhos se espalhar na plantação*"[207] auf. Der Name Maria hat in diesen Kreisen einen besonderen Klang. „*Maria Maria*" lautet der Titel der Gewerkschaftshymne der *domésticas*, die an diesem Abend gesungen wird, nach einem Lied des brasilianischen Sängers Milton Nascimento.[208] María Ramos heißt die Heldin der in den 70er Jahren in ganz Lateinamerika verbreiteten Soap „*Simplesmente María*" über das Leben einer *doméstica*.[209] Maria scheint nicht nur ein Klischee, sondern tatsächlich ein verbreiteter Name unter lateinamerikanischen *domésticas* zu sein.

Jane Oliveira, Leida Lima, Maria Aparecida, Maria Conceição, Maria de Fátima, Maria José Cardoso, Maria José Góis, Maria Vilma, Marlene Costa, Vanderleia Ferreira und Vânia Santos[210] sind *trabalhadoras domésticas* und machen seit Anfang 1998 Theater über die Lebensrealität von *trabalhadoras domésticas*. Unterstützt werden sie von zwei *curingas* des CTO-Rio, Claudete Felix und Olivar Bendelak.

Schon in der Mandatszeit arbeiteten die beiden mit einer Gruppe am *Colégio Santa Teresa de Jesus*, einer Abendschule für *domésticas*. Diese gab sich den Namen *Tá Limpo no Palco* und entwickelte das Stück „*É de forno e fogão? Fala Cidadão!*". Die Hauptdarstellerin war Analphabetin und lernte ihren Text mit Hilfe ihrer beiden acht- und zwölfjährigen Töchter.[211] *Tá Limpo no Palco* gehörte zu einer der permanent arbeitenden Gruppen der Mandatszeit und war bis zum Zusammenbruch der Mandatsarbeit nach den Wahlen des Jahres 1996 aktiv.

Im Rahmen der Wiederaufnahme des CTO-Projekts Legislatives Theater im Jahr 1998 beginnen Claudete Felix und Olivar Bendelak die Arbeit mit einer neuen Gruppe. Wie beim ersten Kontakt zu neuen Gruppen üblich bieten sie zunächst vier ganztägige Workshops mit den Methoden des Theaters der Unterdrückten an (im Fall der *Marias* freilich nicht an aufeinanderfolgenden Tagen). Nach dem vierten Tag werden die Teilnehmerinnen gefragt, ob sie weiterarbeiten und ein Stück entwickeln

---

[207] Wörtlich übersetzt: „Wenn sich das Grün deiner Augen auf dem Feld ausbreitet". Der Titel stammt aus der fünften Strophe des Lieds „*Asa branca*" von Luiz Gonzaga, dessen erste Strophe zu Beginn des Stücks gesungen wird („*Quando olhei a terra ardendo...*", vgl. 4.3).
[208] Vgl. Olivar Bendelak (Bendelak 004).
[209] Vgl. Smith 1993, S. 117.
[210] Stand: Oktober 1999.
[211] Vgl. Olivar Bendelak (Bendelak 003).

wollen. Sie wollen. Die meisten Teilnehmerinnen haben noch nie zuvor etwas mit Theater zu tun gehabt und sind demnach zu Beginn sehr skeptisch:

> „Dann tauchte Olivar auf und wollte mit uns sprechen. Ich dachte: Ich werde nicht hingehen, wir werden mit Theater arbeiten und ich weiß nicht mal, was Theater ist. Da sagte der Lehrer: 'Los, Aparecida, du kannst da ruhig hingehen, das ist eine gute Sache.' Ich sagte: 'Aber was soll ich denn dort, ich weiß gar nichts. Ich weiß nicht mal, was Theater ist.' 'Aber das ist etwas, das du lernen wirst, ich weiß es auch nicht, aber plötzlich bist du drin.' 'Gut, dann gehe ich hin, wenn es mir gefällt, dann bleibe ich.' Also bin ich hingegangen [...]. Jetzt bin ich begeistert, begeistert von meinem Stück, begeistert davon, euch immer wieder hier zu treffen. Wenn es nach mir ginge, könnten wir uns jeden Sonntag treffen, diskutieren und mein Stück machen. Ich bin begeistert von all dem."[212]

Auf die Frage, ob die Arbeit mit den *Marias* anders sei als mit anderen Gruppen, antwortet *curinga* Olivar Bendelak:

> „Jede Gruppe hat eigene Merkmale. Wenn zum Beispiel eine Gruppe aus einer *comunidade* kommt, hat sie bestimmte Merkmale. [...] Die Gruppe der *empregadas* ist anders als eine Gruppe aus einer *comunidade*. [...] Sie leben nicht in einer *comunidade*. Sie leben nicht im selben Haus, sie leben nicht mal im selben Stadtteil. Sie leben nicht bei ihrer Familie. Die Mehrheit lebt an ihrem Arbeitsplatz. [...] Einige aus der Gruppe haben sogar Kinder, doch die Kinder leben an ihrem Herkunftsort. Sie sind ohne ihre Kinder hier. Dies schafft Merkmale von starker Unterdrückung für diese Menschen, und das spiegelt sich auch in der Arbeit mit ihnen wieder. Wir nehmen es an ihren Körpern wahr. Sie haben verhärtete Körper. Wir müssen viele Übungen machen, um ihre Körper zu lockern."[213]

Einen wesentlichen Teil des Workshops und der folgenden Treffen bilden somit die in der Einleitung erwähnten Spiele und Körperübungen und unterschiedliche Entspannungstechniken. Und die Thematisierung und Theatralisierung der eigenen Lebensrealitäten: zunächst in Zweiergruppen erzählen sich die Frauen reale Geschichten von erfahrener Unterdrückung und Diskriminierung. Beide wählen gemeinsam eine dieser Geschichten aus, die dann zwei anderen erzählt wird, diese Vierergruppe sucht wiederum die Geschichte aus, die sie am meisten beeindruckt, bis schließlich der gesamten Gruppe vier Geschichten bleiben. Diese werden diskutiert und in der Regie der Person, die die jeweilige Situation erlebt hat, improvisiert,

---

[212] Maria Aparecida (*Marias* Ia 010).
[213] Olivar Bendelak (Bendelak 007).

zunächst ohne Worte, dann mit Worten.[214] Zum Vorschein kommen zahlreiche gemeinsame Elemente individueller Biographien, insbesondere der Migrationshintergrund der *Marias*. *Curinga* Claudete Felix berichtet:

„Die Mehrheit kam aus dem Nordosten, die Mehrheit kam wegen der Trockenheit. [...] Die Mehrheit verließ ihre Eltern, um hierher zu kommen, die Mehrheit kam nach Rio de Janeiro, weil sie dachten, daß Rio de Janeiro eine 'wundervolle Stadt' [*uma cidade maravilhosa*] sei, daß sie alles erreichen würden, daß sie glücklich sein würden, daß sie eine Arbeit finden würden, Geld, daß sie ihren Eltern im Nordosten Geld schicken oder ihre Familie hierher holen könnten. Denn trotz der schlechtesten Bedingungen, unter denen jede von ihnen hier lebt, leiden sie keinen Hunger. Im Nordosten leiden sie Hunger. Das ist ganz klar. Sie haben Angst zurückzukehren. Diese Angst vor der Rückkehr sorgt dafür, daß sie immer mehr unterdrückt werden und daß sie die Verhältnisse hier akzeptieren."[215]

Alle bis auf eine der acht Gesprächsteilnehmerinnen[216] leben an ihrem Arbeitsplatz, also im Haus der *patrões*. Eine eigene Unterkunft könnten sie sich nicht leisten. Viele arbeiten mindestens 12 Stunden am Tag, müssen häufig nach der Rückkehr von der Schule in der Nacht noch die Küche aufräumen. Keine von ihnen wurde in Rio de Janeiro geboren. Keine von ihnen ist verheiratet, und wenn sie Kinder haben, sind diese nicht in Rio (manche Entlassung einer *doméstica* wird mit deren Schwangerschaft begründet[217]). Sie sind eine altersmäßig heterogene Gruppe, zwischen 21 und 57 Jahren alt. Alle besuchen das *Colégio Santa Teresa de Jesus* und kennen sich gegenseitig und das CTO-Rio aus diesem Kontext. Ein Beispiel: Maria de Fátima.

„Ich wurde in São Miguel das Matas in Bahia geboren. Ich bin 33 Jahre alt. In Familienhaushalten arbeite ich schon seit 22 Jahren, höchstens 23. Ich habe kein eigenes Zuhause, ich arbeite und wohne am Arbeitsplatz, und es gibt keine festen Arbeitszeiten, keinen festen Arbeitsschluß. [...] Feiertage gibt es nicht. [...] Am Samstag gibt es auch viel Arbeit, nur am Sonntag kann ich mich manchmal ausruhen. Man kann also nicht sagen, daß wir angemessene Arbeitszeiten hätten, [...] normalerweise mehr als zwölf Stunden täglich. [...] Schon seit fünf oder sechs Jahren arbeite ich mit *carteira assinada* [...] Und sie

---

[214] Vgl. zu diesem Prozeß Claudete Felix (Felix 004ff.) und Olivar Bendelak (Bendelak 004ff.).
[215] Claudete Felix (Felix 004).
[216] Von den zur Zeit meines Forschungsaufenthalts elf Gruppenmitgliedern nehmen acht an den Gesprächen am 12. September, 26. September und 10. Oktober 1999 teil: Maria Aparecida, Maria Conceição, Maria de Fátima, Maria José Cardoso, Maria José Góis, Maria Vilma, Marlene Costa und Vanderleia Ferreira.
[217] Vgl. Maria José Góis (*Marias* IIIa 011).

[die *patrões*] bezahlen INPS[218] und diese Dinge, ich habe Urlaub, dreizehntes Monatsgehalt, bezahlten Urlaub, [...] ich reise [...]. Meine *patrões* zahlen 450. Das ist nicht viel, aber wir [*domésticas*] legen mal hier, mal dort etwas beiseite, irgendwie reicht es zum Leben. Ich habe eine Tochter, der ich jeden Monat Unterhaltsgeld schicke. [...] Sie ist zwölf Jahre alt und lebt mit meiner Mutter in Bahia. [...] Ich wohne hier [im Haus der *patrões*], weil es sehr teuer ist, ein Haus zu mieten. Wenn ich ein Haus mieten würde, könnte ich meine Tochter nicht versorgen und mich auch nicht. [...] Vorerst mache ich so weiter. Mein Traum ist, mein eigenes Plätzchen zu haben und mein Leben mit meiner Tochter zu leben, aber solange das nicht geschieht, werde ich so weitermachen. [...] Als ich hierher kam, war ich 28 Jahre alt. [...] Meine Familie lebt auf dem Land. Als ich meine Eltern verließ, war ich 12 Jahre alt. Ich ging nach [Salvador da] Bahia, um dort zu leben, und sie sind auf dem Land geblieben und leben noch heute dort."[219]

Gemeinsam werden Szenen ausgesucht. Diese werden nochmals improvisiert, nur diesmal notieren Claudete Felix und Olivar Bendelak den improvisierten Text der Darstellerinnen, der später zum Teil wörtlich in den Stücktext übernommen wird. Sie entwickeln – im kontinuierlichen Dialog mit der Gruppe – zunächst den *roteiro*, eine Art groben Entwurf von Handlung und Szenenfolge, und schließlich, etwa drei Monate nach Beginn der Arbeit mit der Gruppe und unter Beteiligung des künstlerischen Leiters Augusto Boal, den kompletten Text des Stücks „*Quando o verde dos teus olhos se espalhar na plantação*", ein Stück über „die Lebensrealität der Frau aus dem Nordosten, die in die große Stadt kommt auf der Suche nach Arbeit und Glück, was bei vielen nicht klappt."[220]

4.3 „Alles im Stück ist Realität" – Theater und Lebensrealität

Êia, êia, mulher macho sim senhor
Paraíba masculina mulher macho sim senhor[221]

---

[218] INPS: *Instituto Nacional de Previdência Social*, staatliche Pflichtversicherung für ArbeitnehmerInnen.
[219] Maria de Fátima (*Marias* Ia 004).
[220] Maria José Góis (*Marias* IIIa 023 / 024).
[221] Traditionelles Lied aus dem Nordosten, das die „männliche" Stärke der Frauen aus dem Staat Paraíba besingt.

Ganz in weiß gekleidet und mit Strohhüten stehen die *Marias do Brasil* vor einem an die graubraune Wand einer ärmlichen Lehmhütte erinnernden Tuch, bearbeiten den Boden mit großen Bambusstäben, säen, waschen Wäsche und singen, im Stil eines *Baião* aus dem Nordosten. Zwei Kinder sitzen im Vordergrund und spielen.[222] (vgl. Abb. 15)

Die *mulher macho* ist nicht nur die starke Frau, sondern vor allem auch die Frau, die hart arbeiten muß. Und das Mädchen. Wenige Mädchen aus den ländlichen Regionen des *Sertão* und dem Landesinnern der Bundesstaaten nordöstlich von Rio de Janeiro machen nicht schon früh die Erfahrung harter körperlicher Arbeit. Entbehrung, Hunger und Armut im Kindheits- und Jugendalter ziehen sich als Muster durch die Erzählungen der befragten *Marias*. Maria Vilma erinnert sich:

„Ich lebe, weil Gott es so wollte. Ich habe keinen Vater. Als ich geboren wurde, ist mein Vater nach Bahia gegangen, meine Mutter ist bei meiner Goßmutter geblieben. Mein Großvater wollte nicht, daß meine Mutter mit meinem Vater zusammenblieb, da sie Cousins waren. Zu dieser Zeit war es gefährlich, einen Cousin zu heiraten. Nun, ich wurde von meiner Mutter geboren und mein Großvater legte mich auf den Boden, damit ich sterbe, Jungfrau Maria!, es war ernst, aber ich überlebte, bis hierhin voller Verletzungen. Fast wäre ich gestorben. Meine Großmutter nahm mich mit auf die Felder als ich klein war, gab mir eine Zigarette, um mich betrunken zu machen, damit ich mich hinlege und schlafe, schlafe bis die Sonne unterging, betrunken von der Zigarette. Als ich klein war, mit fünf Jahren, habe ich schon geraucht, mit der Hacke gearbeitet. Als ich zehn Jahre alt war, schleppte ich Wasser im Karren, denn ich hatte einen Wagen mit einem Pferd bekommen. So habe ich Wasser in die Häuser gebracht und damit Geld verdient. Was ich erarbeitet hatte, ging alles an meinen Großvater. [...] Er hat uns nicht richtig zu essen gegeben, wirklich nicht, denn er hatte eine andere Frau, die er sehr gut behandelte. Die andere Frau hat er richtig gut behandelt, und für uns hat er nichts richtiges gekauft."[223]

Quando olhei a terra ardendo
Qual fogueira de São João
Eu perguntei a Deus do céu
Porque tamanha judiação[224]

Das zweite Lied beschreibt den Einbruch der Dürre, der *seca*, im Monat des São João, einem Monat der Feste, in dem es eigentlich regnen sollte. Das weitläufige

---

[222] Alle Stückzitate aus: *Marias do Brasil* 1999 (Übersetzung d.A.).
[223] Maria Vilma (*Marias* Ia 016).
[224] Erste Strophe des Lieds *Asa Branca*, das von der Dürre im Nordosten handelt.

Landesinnere der Regionen des brasilianischen Nordostens wird regelmäßig von Dürreperioden heimgesucht.

„Zu dieser Zeit der Trockenheit gab es fast kein Wasser. Es gab ein kleines bißchen Wasser im Fluß, das sich bewegte und zu diesem Schlamm wurde, mit dem man nicht waschen konnte, den man nicht trinken konnte, mit dem man gar nichts machen konnte."[225]

Die katastrophale Lage eines großen Teils der Bevölkerung des brasilianischen Nordostens ist jedoch bei weitem nicht nur durch eine klimatisch ungünstige Lage verursacht, sondern vor allem durch massive materielle und infrastrukturelle Benachteiligung und ungerechte Landverteilung.

„Es ist wirklich ein sehr schwieriges Leben. [...] Es ist sehr trocken, und die Regierung macht nichts für die Menschen aus dem Nordosten."[226]

„Das Volk aus dem Nordosten ist vergessen worden, das ist die Realität, es ist ein bißchen vergessen worden."[227]

Maria José Góis erzählt vom Bürgermeister ihrer Heimatstadt in Paraíba – einem reichen Großgrundbesitzer – der Frauen als Straßenkehrerinnen einstellt, die sich auf der Suche nach Arbeit und somit wenigstens geringen Verdienstmöglichkeiten an ihn gewandt haben. Sie erhalten jedoch nicht den versprochenen und sogar quittierten Mindestlohn pro Monat, sondern nur einen Betrag von 30 R$.[228] Einige weigern sich, weiter unter solchen Bedingungen zu leben. Die Alternative?

> Tante (wirft den Beutel mit Samen auf den Boden): Ich halte es nicht mehr aus!
> Maria: Was ist los, Tante?
> Tante: Dieser trockene Boden bringt nichts hervor. Ich gebe auf, ich gehe weg.
> Maria: Aber wohin?
> Tante: Deinem Onkel José hinterher, nach Rio de Janeiro.
> Maria: Und das Mädchen?

---

[225] Maria de Fátima (*Marias* Ia 015).
[226] Maria José Góis (*Marias* IIIa 012).
[227] Marlene Costa (*Marias* IIIa 012)
[228] Vgl. Maria José Góis (*Marias* IIIa 012)

Tante: Hier auf diesem verfluchten Land bleibt sie nicht. Laß uns gehen, meine Tochter, laß uns gehen (ruft die Tochter zu sich. Die beiden verlassen die Szene)

Der Anfang ist gemacht. Gleich darauf kündigt eine weitere Landarbeiterin an, die Heimat zu verlassen, und geht mit ihrer Tochter von der Bühne ab. Maria sucht ihren Vater auf.

Vater: Maria, meine Tochter, ich habe einen verdammten Hunger. Bring mir mein Mittagessen.
Maria: Es gibt kein Mittagessen, Vater, wir haben kein Geld mehr.
Vater: Gut, dann gib mir ein Stück *rapadura com farinha*[229].
Maria: Das letzte Stück hast du gestern abend gegessen, und *farinha* gibt es auch nicht mehr.
Vater: Gut, dann bring mir einen Kaffee.
Maria: Das Pulver ist ausgegangen. In diesem Haus gibt es nur noch etwas Wasser auf dem Boden des Topfes. Ich brauche Geld.
Vater: Geld haben wir nicht. Eine ganze Woche auf dem Feld hat das hier erbracht!

Der Vater gibt ihr ein Knäuel Zeitungspapier. Maria packt aus und findet nur einen Knochen, den sie mit enttäuschtem Gesicht dem Publikum zeigt. Danach bemerkt sie die Zeitungsseiten mit den vielfarbigen Bildern der Sonnenseite Rio de Janeiros: dem Zuckerhut, der Christusfigur. Das Lied *„Cidade Maravilhosa"*[230] erklingt aus dem Off, von den anderen Marias gesungen.

Maria: Ich gehe auch nach Rio de Janeiro. Deinen Segen, mein Vater! (zieht die Schürze aus. Gibt den Knochen dem Vater zurück)
Vater: Geh mit Gott, meine Tochter.

Maria José Góis ist die Darstellerin der *Maria* und zugleich das Gruppenmitglied, das den Dialog mit dem Vater in der Realität führte und sich an ihre Enttäuschung über seine teilnahmslose Haltung erinnert.[231] Sie beschreibt ihre Rolle als erste Frau in der Gemeinde, die sich zur Abwanderung entschloß und damit geradezu eine Kettenreaktion auslöste:

„Ich bin alleine nach Rio de Janeiro gekommen. Zu dieser Zeit war ich eine sehr mutige Frau. Als ich nach Rio de Janeiro kam, war ich 20 Jahre alt – ich kannte Rio de Janeiro nicht, kannte gar keine Großstadt, ich kam direkt vom Land. [...] Ich hatte noch niemals in meinem Leben einen Fernseher gesehen. [...] Ich kam nach Rio de Janeiro, um zu arbeiten, es war hart. Das Leben der *Maria* [des

---

[229] Traditionelle Mahlzeit aus dem Nordosten.
[230] Berühmter Samba über die „wunderschöne Stadt" Rio de Janeiro.
[231] Vgl. Maria José Góis (*Marias* IIIa 021).

Stückes] eben. [...] Ich bin weggegangen nach Rio de Janeiro, weil ich überhaupt kein Geld mehr hatte. Wir hatten wirklich nur ein bißchen Wasser im Topf, wie ich es [im Stück] gesagt habe. Und ich bin hierher gekommen, nach Rio, alleine. Damals war ich das erste Mädchen, das die *comunidade* verließ. [...] Und die Leute sagten: 'Du gehst nach Rio de Janeiro? Deine Mutter wird dich nach Rio de Janeiro gehen lassen?' Und ich sagte: 'Ich gehe. Ich werde arbeiten. Was soll ich denn hier machen?' Also bin ich nach Rio de Janeiro gekommen, [...] und nach mir kamen alle Mädchen nach Rio de Janeiro, alle Frauen. Ich eröffnete den Weg, in den 70er Jahren eröffnete ich den Weg für die anderen [...] Frauen."[232]

Die *Maria* des Stücks und die Maria José Góis der Realität taten also das, was auch für die anderen *Marias* der einzige Ausweg aus Hunger und Elend zu sein schien: aus Minas Gerais, aus Bahia, Alagoas, Maranhão, Sergipe und Paraíba[233] migrierten sie nach Rio de Janeiro, eine der beiden Metropolen des Südostens, häufig allein und noch sehr jung. Und tauchten ein in eine andere Welt.

Rio 40°, cidade maravilha
Purgatório da beleza e do cáos[234]

Ein neues Bühnenbild: das ärmliche Tuch wurde entfernt, dahinter kommt eine grell schwarzweiße Wand mit dem für den Asphalt der teuren Strandpromenaden Rios typischen Wellenmuster zum Vorschein. Verschiedene Gestalten bewegen sich *Rio 40°* von Fernanda Abreu rappend über die Bühne: eine in Lumpen gehüllte Bettlerin, eine *funqueira* mit Kopfhörern, eine rabiate Busfahrerin, eine Verkehrspolizistin (vgl. Abb. 16). Plötzlich sind Schüsse zu hören. Alle gehen aus Angst vor Querschlägern in Deckung, richten sich dann wie nach einem kleinen Regenschauer langsam wieder auf und machen weiter wie vorher: *business as usual.* Alltag in der Metropole. Und schließlich in blütenweißem Kostüm der *Cristo Redentor*, das Wahrzeichen Rios, der nach einem Pfiff der Verkehrspolizistin majestätisch die Bühne betritt, die Arme ausbreitet und nach einem weiteren Pfiff Samba zu tanzen beginnt. Maria wirkt mit ihrem Koffer ziemlich verloren, nähert sich der Christusfigur und kniet vor ihr nieder.

Die Ankunft in der Metropole muß für MigrantInnen aus den ländlichen Gebieten des Nordostens wie die Ankunft in einer neuen Welt sein, ein Kulturschock. Viele fühlen sich zunächst verloren in der plötzlichen Unübersichtlichkeit, dem

---

[232] Maria José Góis (*Marias* IIIa 008).
[233] So die Angaben der acht *Marias*, die an den Gesprächen teilnahmen.
[234] Rap von Fernanda Abreu über Rio bei 40 Grad Celsius, das „Fegefeuer der Schönheit und des Chaos".

scheinbar ziellosen Treiben der Menschenmassen und dem dichten Großstadtverkehr. Ein Gesprächsausschnitt

> Maria de Fátima: „Das mit Maria, die aus dem Nordosten hierher kommt, das ist die Realität. Wir alle machten die selben Schwierigkeiten durch, als wir von dort hierher kamen: Wir kamen in einer Großstadt an, fühlten uns verloren, als wir diese Menschenmassen sahen, diese Verzweiflung, diese Agonie. Alles stammt aus dem realen Leben."
> Maria Vilma: „Ich kam an von dort, aus dem Nordosten. Meine Tante hatte mir gesagt: 'Zieh dir ein rotes Kopftuch auf, damit ich dich erkenne, wenn du am Busbahnhof ankommst.' [...] Ich zog mir ein rotes Kopftuch auf, und als ich aus dem Bus stieg, sah ich die Menschen vorübergehen und dachte: 'Gott im Himmel, wo bin ich nur.' Und ich bin nicht ins Haus meiner Tante gegangen, sondern habe diese Frau [die *patroa*] getroffen und mochte sie nicht. Ich sagte: 'Heilige Maria, jetzt ist alles verloren, ich kann nicht mal zurückkehren, weil ich kein Geld habe.' [...] Du siehst, daß genau das im Stück vorkommt."
> Maria de Fátima: „Stimmt, alles im Stück ist Realität. Es wurde aus den Geschichten von jeder von uns entwickelt."
> Maria José Cardoso: „Das Stück basiert voll und ganz auf uns, es ist eine Realität aus unserem Leben, eine Realität aus dem Leben, das wir leben."[235]

Anstatt bei schon längere Zeit in Rio lebenden Verwandten zunächst einmal aufgenommen zu werden, landen viele der jungen Migrantinnen direkt an ihrem neuen Arbeitsplatz. Maria Vilma setzt ihre schon weiter oben begonnene Erzählung fort:

> „Und dann gab es dort [im Nordosten] einige Probleme mit mir, ich wurde von zuhause vertrieben, er [der Großvater] sagte, daß er mich töten werde. Da hat mein Cousin bei meiner Tante [in Rio de Janeiro] angerufen und um eine Arbeit für mich gebeten, und meine Tante sagte: 'Einverstanden, aber sie kommt an und geht direkt zu ihrem Arbeitsplatz, denn hier in meinem Haus arbeite ich, dort kann sie nicht bleiben.'"[236]

> Im Großstadttrubel trifft Maria die Tante, die mit ihrer Abwanderung aus der gemeinsamen Heimat den Anfang gemacht hat. Diese nimmt sie jedoch nicht bei sich zuhause auf, sondern bringt sie direkt zu einer ihr bekannten *patroa*, die gerade auf der Suche nach einer *doméstica* ist.

> Tante: Das hier ist meine Nichte. Im Haus kann sie alles. Sie ist eine hervorragende Köchin. Maria, das ist deine *patroa*, ein heiliges Wesen. Jetzt bist du in guten Händen.

---

[235] Maria de Fátima / Maria Vilma / Maria José Cardoso (*Marias* Ia 036).
[236] Maria Vilma (*Marias* Ia 016).

Vitória: Herzlich willkommen, meine Tochter. Ich möchte, daß du dich in diesem Haus wie in einer Familie fühlst.
(Die Tante verabschiedet sich von Maria)
Vitória: Ich werde dir jetzt das Haus zeigen: hier ist das Wohnzimmer, das Eßzimmer, die drei Suiten...und hier...
(Die grell schwarz-weiße Kulisse wird gedreht, zum Vorschein kommt eine Kücheninstallation)
...deine Küche. Alles ist neu und modern. Ein selbstreinigender Herd, ein Kühlschrank, eine Gefriertruhe, eine Mikrowelle...Kannst du damit umgehen? Das ist ganz einfach, du wirst dich bald daran gewöhnt haben. Du wirst hier das beste vom besten haben: das Waschmittel ist importiert, die Hundeseife ist antiallergisch, die Möbelpolitur riecht nach Lavendel. Und hier...dein Zimmer. Du kannst deine Sachen hier abstellen.

Die Deckenhöhe des Zimmerchens ist lediglich durch zwei auf Hüfthöhe angebrachte Leisten markiert.

Vitória: Und jetzt...deine Arbeitskleidung.

Sie hängt Maria eine Schürze mit zwei Ketten um, die an ihren Handgelenken befestigt werden.

Die stolze Präsentation des Hauses wirkt wie eine Parodie auf den Materialismus der in importierten Luxus vernarrten brasilianischen Mittel- und Oberschicht – und steht in starkem Kontrast zum winzigen, nur umrißartig angedeuteten Raum der *doméstica*, der zum festen Bestandteil der Innenarchitektur brasilianischer Stadtwohnungen und -häuser der Mittel- und Oberschicht geworden ist.

„Ich habe dort ein Zimmer, in dem kein Bett steht, nur ein hartes Sofa, von dem ich heftige Rückenschmerzen bekomme. Mein Zimmer hat keine Belüftung, kein Fenster. Es ist schrecklich heiß, diese Hitze, jeden Tag wache ich mit Kopfschmerzen auf. Die Tür ist offen, weil sonst kein Wind in mein Zimmer kommt.“[237]

Häufig migrieren ganze Familien aus dem Nordosten des Landes in die großen Städte des Südostens und versuchen, sich in einer der Hunderte von „*favelas*" niederzulassen, wo sie auf ein Leben in Armut hoffen, aber ohne den Hunger, den sie aus ihrer Heimat kennen. *Trabalhadoras domésticas* kommen häufig alleine und lernen aufgrund ihrer isolierten Wohnsituation nur wenige andere Menschen kennen.

---

[237] Maria Vilma (*Marias* Ia 022).

Aus vertrauter Umgebung und häufig relativ festen familiären Strukturen gerissen, machen viele zuerst die Erfahrung von Einsamkeit und Isolation.

„Als ich von dort kam, kam ich aus einer starken Notwendigkeit heraus. Ich mußte kommen, um zu arbeiten, und als ich hier in Rio de Janeiro ankam, hatte ich großes Heimweh. Nachts weinte ich, ich weinte viel, und meine *patroa* sagte zu mir: 'Hör auf zu weinen! Ich bin auch aus Italien gekommen, habe meine Eltern und alles dort gelassen. So geht es nicht. Willst du etwa die ganze Zeit so weiterheulen?' Und ich sagte: 'Ich habe große Sehnsucht nach meiner Mutter, meinem Vater, meinen kleinen Geschwistern'. Mein Bruder sagte: 'Willst du zurückgehen? Eine Person wird dorthin reisen und du kannst mitfahren'. Und ich sagte: 'Nein, dorthin gehe ich nicht zurück, denn dort habe ich nichts zu tun. Dort ist es sehr trocken, es gibt nichts zu essen, es gibt gar nichts. Ich muß hier bleiben'. Obwohl es sehr hart war, mußte ich in Rio de Janeiro bleiben, und die Leute verstanden es nicht. Und ich drehte mich um und sagte zu ihr: 'Sie sind aus Italien weggegangen, aber Sie sind in ein Haus von Verwandten gekommen. Ich bin in einem Haus von Fremden, [...] in einem Familienhaushalt, in dem ich von allen isoliert bin'."[238]

Gerade an ihre erste Anstellung haben viele *domésticas* besonders negative Erinnerungen. So zum Beispiel Maria de Fátima:

„Ich kam hier an und kannte überhaupt niemanden. Die Stadt ist sehr groß und alles war neu für mich. Ich landete bei einer sehr schlechten *patroa*. [...] Wir hatten nur Konflikte, stritten uns, eines Tages schlug sie mich ins Gesicht [...] Fast hätte es eine Schlägerei gegeben. Ich verließ das Haus, danach fand ich eine neue Arbeit in einem anderen Haus, aber diese Frau wollte nicht, daß ich mir etwas von ihrem Essen nahm. Alles war weggeschlossen. Ich ging wieder weg und wußte nicht wohin. Schließlich kam ich im Haus einer Freundin unter. Während der ersten Monate nach meiner Ankunft in Rio [...] litt ich viel, am liebsten hätte ich meine Sachen gepackt und wäre weggegangen."[239]

Die Unsicherheit und Unerfahrenheit der Neuangekommenen wird von vielen *patrões* ausgenutzt. Diese Erfahrung wird auch die *Maria* des Stücks machen.

Die *patroa* sagt Maria einen Mindestlohn pro Monat zu und kündigt stolz an, ihre *carteira* zu unterschreiben – sobald Maria ihren *CPF* und ihren *título de eleitor* vorlegt.[240] Außerdem sagt sie ihr zu, daß sie eine Abendschule besuchen kann. Die Arbeit beginnt.

---

[238] Maria José Góis (*Marias* IIIa 035).
[239] Maria de Fátima (*Marias* Ia 004).
[240] CPF: *Cadastro de Pessoa Física*, eine staatlich zugewiesene Nummer, die z.B. bei Steuerabrechnungen benötigt wird. *Título de eleitor*: ein Wahlausweis.

Vitória: Jetzt mußt du die drei Toiletten putzen...das Wohnzimmer bohnern, die Hunde baden...und das Mittagessen muß in einer halben Stunde fertig sein, weil sich dein *patrão* nicht verspäten darf. Du kannst anfangen!   (vgl. Abb. 17)

Nach getaner Arbeit serviert Maria das Essen – ein riesenhaftes truthahn-ähnliches Tier. Vitória ist voll des Lobes.

Vitória: Hmh, das schmeckt hervorragend! Maria ist toll. So sauber, so lieb und sie beschwert sich über nichts. Laß uns um sie kümmern, als wäre sie ein Teil der Familie. (ihr Ehemann antwortet mit zustimmendem Grunzen, mit vollem Mund. Maria lächelt schüchtern: sie ist ausgehungert)

Das angefangene Essen wird hinter einem großen Vorhängeschloß in den Ofen gesperrt. Maria bekommt einen unförmigen Sandwich in die Hand gedrückt und macht sich daran, ihn gebückt in ihrem kleinen Zimmer zu essen.

„Als ich hier in Rio de Janeiro ankam, arbeitete ich in einem Haus, in dem mir die Frau nur Eier zu essen gab – Eier, Eier, Eier, bis ich krank wurde. [...] Ich blieb so viele Jahre im Haus dieser Frau [einer anderen *patroa*], und sie sagte: 'Ah, mach den Reis erst kurz bevor du das Mittagessen servierst', denn sie mochte ihren Reise gerne heiß. Und dann sagte sie: 'Ah, da gibt es noch Reis von gestern im Kühlschrank, den kannst du essen. Es gibt noch dies oder das im Kühlschrank, das kannst du haben'. Ich gewöhnte mich daran. Ich aß als erste. Wenn wir [*domésticas*] vor dem *patrão* essen, kannst du niemals etwas für dich selber nehmen. Es gibt nur eine Schüssel, und die kannst du nicht anrühren, denn der *patrão* wird es merken."[241]

Maria José Góis berichtet von zwei Kolleginnen: Eine wurde von ihrer *patroa* entlassen, da sie einen Kuchen gebacken und sich ein Stück davon genommen hatte, bevor sie ihn der *patroa* servierte. Eine andere wurde mit der Begründung auf die Straße gesetzt, sie esse zuviele Äpfel.[242]

Vitória: (wild gestikulierend): Maria, hast du schon das Haus gefegt, das Geschirr gespült, die Treppen geputzt, den Rasen gemäht, die Wäsche gebügelt, Chlor in den Swimming Pool gestreut?
Maria: Ich gehe jetzt in die Schule. Heute habe ich eine Prüfung und ich kann nicht zu spät kommen.
Vitória: Jetzt schon? Du mußt zuerst noch einen Kaffee machen und diese Sandwiches, die nur du so gut zubereiten kannst...für zehn Freundinnen, die heute zu Besuch kommen...

[241] Maria José Góis (*Marias* IIIb 001 / 002).
[242] Vgl. Maria José Góis (*Marias* IIIb 002).

Maria: Aber *patroa*, ich komme immer zu spät wegen meiner vielen Arbeit, die Lehrerin hat mich schon ermahnt...
Vitória: Aber du machst das alles immer so schnell...das reicht noch, mach dir keine Sorgen.
Maria: Na gut, *patroa*.
Vitória: Ah, Maria! Bügle mir diesen Schal aus reiner Seide, den ich in Paris gekauft habe. Und lege ihn danach auf mein Bett.

Nachdem die *patroa* den Raum verlassen hat, legt sich Maria den Schal um die Schultern und tanzt verträumt durch den Raum, zu den Klängen des Bossa Nova-Lieds *Garota de Ipanema*[243] (vgl. Abb. 18). Die Szene wird jäh von der Schulglocke unterbrochen.

Lohnarbeit und Schule sind für viele *domésticas* nur schwer zu vereinbaren. Maria de Fátima berichtet:

„Diese Geschichte mit der Schule und dem Zuspätkommen: wir haben so viel zu tun, daß wir immer zu spät kommen. Du kannst nie pünktlich kommen."[244]

Szenenwechsel. Eine Schulsituation: Drei Schülerinnen, eine Lehrerin.

Lehrerin: Heute machen wir eine Stunde zum Goldenen Gesetz. (Sie dreht den Schülerinnen den Rücken zu, um an die Tafel schreiben zu können. Maria kommt überstürzt zur Tür herein und macht Lärm)
Lehrerin: Maria, schon wieder zu spät?! So wirst du noch durch die Prüfung fallen. Jetzt, wo du schon zu spät bist: erkläre mir das Goldene Gesetz.
Maria: Das Goldene Gesetz war das Gesetz, das alle Sklaven in Brasilien befreit hat.

Stehend spricht sie diesen Satz, und mit ausgebreiteten Armen, so daß ihre Ketten deutlich zu sehen sind. (vgl. Abb. 19)

Die Darstellerin der *Maria*, Maria José Góis, kommentiert:

„Die Ketten sind das Symbol des Sklaven, den es immer noch gibt. Viele Menschen sind immer noch Sklaven. Ich habe eine Kollegin, die einen Mindestlohn erhält. Sie macht keinen Urlaub, hat noch nie ein dreizehntes Monatsgehalt erhalten. [...] Seit 15 Jahren arbeitet sie schon dort, und sie hat im letzten Jahr zum ersten Mal Urlaub genommen. [...] Sie arbeitet und verdient nur einen Mindestlohn, in einem Haus mit drei Stockwerken."[245]

---

[243] In Europa vor allem in der Jazz-Version *Girl from Ipanema* bekannt.
[244] Maria de Fátima (*Marias* Ia 015).
[245] Maria José Góis (*Marias* IIIa 025).

Maria José Cardoso, mit 59 Jahren die Älteste in der Gruppe und schon seit 1964 in Rio de Janeiro, mußte sich noch ein Jahr zuvor für 300 R$ monatlich um ein vierstöckiges Apartment mit elf Katzen und vier Hunden kümmern.[246]

„Das Sklavenleben geht weiter, mit nur sehr kleinen Unterschieden, denn wenn einige Menschen Millionen verdienen und andere zwei Mindestlöhne – was sind zwei Mindestlöhne? Das ist nichts!"[247]

In einer kapitalistischen Gesellschaft wie der brasilianischen steht die Lohnhöhe in direktem Verhältnis zum Ausmaß der gesellschaftlichen Anerkennung – und *vice versa*: Marginalisierte können solange nicht auf eine angemessene Bezahlung ihrer Arbeit hoffen, solange sie marginalisiert sind. Doch tragen auch Vorurteile anderer Art zur allgemeinen gesellschaftlichen Geringschätzung des *serviço doméstico* bei:

„Die *empregada doméstica* wird weiter diskriminiert. Die Leute sagen: 'Ah, eine *doméstica*!' Wenn sie von *doméstica* sprechen, denken sie, daß diese Person keinen Schulabschluß hat, daß sie aus einer einfachen Familie kommt. Leute aus dem Nordosten werden auch sehr diskriminiert, [...] weil es ein sehr trockener Ort ist. Man glaubt, [...] daß der Nordosten ein rückständiger Ort ist, daß die Leute von dort auch rückständig sind. Wenn sie vom Nordosten sprechen, diskriminieren sie wirklich."[248]

Die gesellschaftliche Geringschätzung ihrer Tätigkeit und ihrer Person erfahren die *domésticas* häufig am deutlichsten am eigenen Arbeitsplatz, bei den Menschen, von denen sie einerseits materiell abhängig sind, die aber andererseits durch den permanenten Kontakt und die Enge des Zusammenlebens häufig zu einer Art Bezugspersonen geworden sind: den *patrões*.

„[Die *patroas*] wissen nicht, wie man sich bedankt. [...] Für sie besitzt unsere Arbeit keinen Wert, überhaupt keinen. An manchen Tagen lobt sie mich, an manchen Tagen sagt sie gar nichts. Manchmal erhalte ich monatelang kein Lob."[249]

„Sie haben keinen Respekt vor uns."[250]

---

[246] Vgl. Maria José Cardoso (*Marias* Ia 007 und Ia 009).
[247] Maria José Góis (*Marias* IIIb 022).
[248] Maria José Góis (*Marias* IIIa 034).
[249] Maria José Góis (*Marias* IIIb 023).
[250] Marlene Costa (*Marias* IIIa 033).

Viele *domésticas* müssen damit zurechtkommen, daß ihrer Person und Arbeit keinerlei Respekt entgegengebracht wird. Persönlicher Kontakt und Empathie der *patrões* („damit wir uns nicht nur als Objekte fühlen"[251]) fehlen häufig.

„Die Arbeit einer *doméstica* ist Sklavenarbeit, du bist niemals zufrieden mit deiner Arbeit. Nicht an allen Orten [...], aber es gibt Orte, die nur die Arbeitskraft der *empregadas* schätzen. Sie betrachten diese Menschen nicht als Freundinnen, nicht als Hausbewohnerinnen."[252]

Besonders problematisch ist eine solche Haltung auf Seiten der *patrões*, wenn gleichzeitig gegenüber der *doméstica* vorgegeben wird, sie sei in die Familie integriert: „Sie [die *patroa*], sagt, daß sie mich behandelt, als sei ich ein Teil der Familie"[253], sagt Maria Vilma, im Stück die Darstellerin der *patroa*. Diese Strategie schafft Dimensionen von Abhängigkeit, die über die materieller Art hinausgehen.

Doch so schwer zu ertragen die Lebenssituation vieler *domésticas* ist – Selbstorganisation ist, wie schon ausgeführt, aufgrund struktureller Hindernisse schwer zu realisieren, und Einigkeit über den einzuschlagenden Weg gibt es häufig nicht. „Am Ende akzeptieren wir es, obwohl wir wissen daß es falsch ist, aber wir sagen: ich gehe nicht von hier weg, weil ich nicht weiß, ob die nächste nicht schlimmer sein wird. Also bleibst du."[254]. Viele sehen keine Alternative und versuchen, sich in ihrer Situation einzurichten.

Im Verlauf des Unterrichts entwickelt sich eine Diskussion zwischen Maria und zwei anderen *domésticas*.

Schülerin 1: Du hättest fast die Prüfung verpaßt. Du arbeitest wie ein Esel. Verdienst du wenigstens gut?
Maria: So gut wie nichts. Ein Mindestlohn reicht für überhaupt nichts, und jeden Monat schicke ich fast alles an meinen Vater in Paraíba.
Schülerin 2: Hör auf, Maria zu verwirren. Wenigstens ist sie angestellt und nicht auf der Straße wie so viele Leute, hungernd...
Schülerin 1: Aber sie muß ihr ihre Rechte garantieren. Und deine *patroa*, hat sie deine *carteira* schon unterschrieben?
Maria: Noch nicht, aber ich hatte noch keine Zeit, den CPF und den *título* zu besorgen, die die *patroa* von mir wollte...

---

[251] Maria José Góis (*Marias* IIIa 041).
[252] Maria de Fátima (*Marias* Ia 030).
[253] Maria Vilma (*Marias* Ia 006).
[254] Maria José Góis (*Marias* IIIb 002).

Schülerin 1: Davon habe ich gar nichts gebraucht, und meine *patroa* hat meine *carteira* trotzdem unterschrieben. Wenn du willst, gehe ich mit dir zur Gewerkschaft der *empregadas domésticas*, um das zu klären...
Schülerin 2: Und danach verliert Maria ihre Arbeit, und das ist dann deine Schuld...es ist besser alles so zu lassen wie es ist...die *patroa* befiehlt und sie hat zu gehorchen.
Maria: Stimmt, ich habe Angst, daß sie sich über mich ärgert und mich entläßt. Ich weiß nicht, wohin ich dann gehen soll. Aber ich werde über all das nachdenken, was du mir gesagt hast.

Einigen *trabalhadoras domésticas* bleibt nur ein Teil ihres ohnehin geringen Lohns, da sie mit dem in der Metropole verdienten Geld ihre Familien in der Heimat unterstützen.

„Ich bin hierher gekommen [...], weil sich mein Vater von meiner Mutter getrennt hat, mit zehn Kindern. Also schickte ich, als ich angekommen war, alles Geld, meinen gesamten Lohn meiner Mutter.“[255]

Maria kommt nach Hause, wird schon von der *patroa* erwartet und mit neuen Arbeitsaufträgen überhäuft:

Vitória: Maria, morgen um sechs bringst du Júnior zum Karateunterricht, um sieben Priscila zum Schwimmen. Davor machst du den Kaffee fertig, mit diesen *Ararutra*-Keksen, die dein *patrão* so gerne mag. Du bist eine Küchenfee...wir sind sehr zufrieden mit dir...
Maria: Und was ist mit meiner *carteira*, meine Freundin hat gesagt, daß weder CPF noch *título* nötig sind, damit Sie sie unterschreiben.
Vitória: Ich halte es für eine Dummheit, deine *carteira* zu unterschreiben. Es ist besser, wenn du selbständig bist, denn wenn du einmal von hier weggehen und in einem anderen Haushalt arbeiten solltest, verlierst du deine Rechte nicht.
Maria: Ich würde es vorziehen, wenn Sie die *carteira* unterschreiben würden, so wie vereinbart.
Vitória: Meine Tochter, ich weiß was am besten für dich ist...Mein Mann ist Rechtsanwalt, er kennt sich da besser aus als du. Glaub mir, ich denke nur an dein Glück. Gut, wir sprechen später darüber, erst muß ich noch ein paar Sachen mit dir abmachen...(sie macht kommandierende Gesten und geht)

Maria macht sich an die Arbeit und wird von der *patroa* unterbrochen, die sie nach dem Verbleib ihres Seidenschals fragt. Maria versichert, sie habe ihn gebügelt und auf das Bett der *patroa* gelegt. Diese beschuldigt sie:

Vitória: In meinem Zimmer ist er nicht. Ich habe schon überall gesucht. Du hast ihn für dich genommen, nicht wahr?

---

[255] Maria José Góis (*Marias* IIIa 010).

> Maria: Ich habe gesagt, daß ich ihn auf das Bett gelegt habe, wie Sie es von mir wollten...
> Vitória: Er ist bestimmt bei dir. Ich weiß, daß du meinen Schal aus reiner Seide magst, den ich in Paris gekauft habe.

Der Situation des Zusammenlebens mit gering bezahlten Menschen aus häufig ärmlichen sozialen Verhältnissen unter dem Dach der eigenen, meist nicht gerade billig eingerichteten Wohnung, quasi die enorme Dimension des brasilianischen Wohlstandsgefälle unter dem eigenen Dach beherbergend, wird von vielen *patrões* mit prinzipiellem Mißtrauen begegnet. Und mit äußerster Skepsis gegenüber Besuch von außen. Das Ergebnis: eine weitgehende Isolierung der *domésticas* im Haus der *patrões*. Maria José Góis:

> „Das Leben im Haushalt einer Familie isoliert uns. Im Familienhaushalt hast du nicht das Recht, Freundinnen oder Freunde zu empfangen. Es gibt *patrões*, die nicht einmal wollen, daß uns unser Bruder besucht. Dort, wo ich arbeite, empfange ich niemanden. [...] Ich nehme dorthin niemanden mit. Machmal kommt mein Bruder, bleibt ein bißchen bei mir in der Küche, unterhält sich mit mir, geht aber bald wieder weg. Ihm gefällt es nicht, weil die Leute sehr mißtrauisch sind [...] Arme Menschen werden ziemlich diskriminiert.“[256]

Maria Vilma berichtet ähnliches:

> „In mein Haus kommt keine Freundin, nicht mal in mein Zimmer. [...] Sie [die *patroa*] will nicht, daß ich mit irgendeiner anderen *empregada* spreche.“[257]

Der Streit geht indessen weiter:

> Maria: Ich bin ein ehrlicher Mensch. Sie haben kein Recht, daran zu zweifeln.
> Vitória: Wenn du ehrlich bist, dann nimm deine Sachen und zeige mir, daß mein Schal aus reiner Seide, den ich in Paris gekauft habe, nicht dabei ist.
>
> Maria holt ihren Koffer und öffnet ihn. Vitória zieht jedes einzelne Kleidungsstück heraus und wirft es auf den Boden, am Ende den ganzen Koffer. (vgl. Abb. 20)
>
> Maria: Sehen Sie, was Sie gemacht haben?! Ich habe gesagt, daß ich ihn nicht habe.
> Vitória: Dann hast du ihn wohl ins Haus einer deiner Schulfreundinnen gebracht.

---

[256] Maria José Góis (*Marias* IIIa 036).
[257] Maria Vilma (*Marias* Ib 001).

Maria: Ich habe überhaupt nichts weggebracht! Ich habe ihn auf Ihr Bett gelegt...(sie beginnen, laut zu streiten).

Maria José Cardoso berichtet von einer ähnlichen Situation:

„Das ist mir passiert: Ich kam nach Hause, da nahm sich die Dame den Kleiderschrank vor und warf meine gesamte Kleidung raus, wegen eines Paar Strümpfe [...] Sie stieß mich weg und nahm meine Kleider aus der Schublade, warf alles auf den Boden und sagte, daß ich die Strumpfhose ihres fünfjährigen Sohnes weggenommen hätte. Ich hatte nichts angerührt. [...] Das sagte ich ihr, aber so ist es: man vertraut uns nicht."[258]

Sie werden vom *patrão* unterbrochen, der von der Arbeit kommt. Er läßt sich den Streitpunkt schildern und es stellt sich heraus, daß *er* es war, der den Schal vom Bett genommen und in eine Schublade gelegt hat. Vitória läßt sich dennoch nicht beruhigen.

Vitória: Hast du gesehen, was du angestellt hast, Maria? Du hast doch keine Ahnung...Mit diesem Gesichtchen einer Heiligen glaubst du, mich täuschen zu können, mit deiner Maskarade. Das hast du absichtlich gemacht, um mich zu ärgern...
Maria: Es reicht! Es reicht! Sie machen mich verrückt! Ich halte dieses Inferno nicht mehr aus!
Vitória: Nach all dem, was wir für dich getan haben, so dankst du es uns. Weißt du was? Du bist entlassen! Luís Antonio, bring mir die Quittung. Gut, daß ich deine *carteira* nicht unterschrieben habe. Ich wußte, daß dir das zu Kopf gestiegen wäre...Tag für Tag...wie undankbar du bist...Unterschreibe die Quittung...

Maria unterschreibt, ohne einen Blick auf den Text zu werfen.

Vitória: Luís Antonio, bring mir schnell das Geld, mein Guter!

Sie überreicht ihr zwei 100 R$-Scheine. (vgl. Abb. 21)

Maria: Es kann nicht nur das sein! Ich habe zehn Jahre hier gearbeitet, ohne Urlaub, ohne freie Tage, sogar als ich krank war, und Sie zahlen mir nur das? Ich muß mehr bekommen...ich weiß nicht, wohin ich gehen soll...
Vitória: Du hast die Quittung schon unterschrieben und das ist das, was dir zusteht. Pack deine Sachen und verlasse mein Haus!

Maria packt ihre Kleider langsam wieder in den Koffer und verläßt mit gesenktem Kopf die Bühne.

---

[258] Maria José Cardoso (*Marias* Ia 018).

In einer solchen Situation rächt sich für viele, daß sie nicht im Besitz einer von den *patrões* unterzeichneten *carteira* sind, die diese zur Beachtung wenigstens einiger grundlegender Rechte verpflichten würde.

> „Das einzige, was sich jetzt ein bißchen für uns verändert hat: früher hatten wir keine *carteira assinada*, es gab kein dreizehntes Monatsgehalt und keinen Urlaub. [...] Das passierte sehr häufig: du arbeitest ohne *carteira assinada* und mußt gehen, ohne das Recht auf irgendetwas. Ich arbeitete zwölf Jahre in Salvador und mußte gehen – ohne Recht auf irgendwas."[259]

Auch die Szene mit dem angeblichen Diebstahl des in Paris gekauften Seidenschals der *patroa* hat einen realen Hintergrund. Die *doméstica*, die die Situation in der Realität erleben mußte, ist nicht mehr in der Gruppe, war allerdings beim Prozeß der Stückerarbeitung dabei. Die *Marias* erzählen:

> Maria de Fátima: „Die Geschichte mit dem Koffer, mit dem Schal – das war Rosália, die das erzählt hat. [...] Sie war damals in der Gruppe. Sie hat diesen ganzen Prozeß der *Maria* durchgemacht [...]: mit dem Koffer, der durchsucht wird, sie wurde beschuldigt, gestohlen zu haben, und wurde mit sehr wenig Geld weggeschickt. [...] Das ist in ihrem realen Leben passiert, im Leben dieses Mädchens, das bei unserer Theaterarbeit mitgemacht hat."
> Maria Vilma: „Sie schickte sie weg ohne den richtigen Geldbetrag. Denn was sie ihr zu dieser Zeit gegeben hat, waren R$ 200, und das war es nicht, es war viel mehr, weil sie keinen Urlaub genommen hatte, keine Medikamente, an Feiertagen gearbeitet hatte, an Sonntagen, an Samstagen. Sie hatte jeden Tag gearbeitet. Sie entließ sie wegen eines Stücks Yams, das sie nicht von ihrem eigenen Essen, sondern vom Essen der *senhora* gegessen hatte, und die *senhora* fing einen Streit mit ihr an, und sie sagte: 'Ich habe das gegessen, weil ich Hunger hatte', und das gefiel der *patroa* nicht. Und so hat sie sie entlassen. Sie stand weinend unten an der Pforte und sagte: 'Aber mein Geld ist nicht nur dieses', und sie sagte: 'Es ist genau das, was ich dir geben muß. Du kannst jetzt gehen'..."
> Maria de Fátima: „...sie unterschrieb die Quittung, ohne sie zu lesen, [...] und davon ausgehend entwickelten wir das Stück."[260]

Szenenwechsel. Das gleiche Großstadtbild wie zu Beginn: Maria verloren zwischen hektischen Menschen, Verkehr. Das Lied Cidade Maravilhosa *im Hintergrund. Wieder kommt der* Cristo Redentor *auf die Bühne und stellt sich auf das Podest. Maria, ihren Koffer in der Hand, nähert sich ihm.*

---

[259] Maria de Fátima (*Marias* Ia 038).
[260] Maria de Fátima / Maria Vilma (*Marias* Ia 014).

Maria (schaut zu Christus): Und jetzt, Christus, was mache ich aus meinem Leben? (da er nicht antwortet, setzt sie sich zu seinen Füßen. Sie sieht ihn an und läßt nicht ab) (vgl. Abb. 22)
Es gibt keinen Ausweg, nicht wahr, Jesus? (senkt entmutigt den Kopf. Christus sieht nach unten und zuckt ratlos mit den Achseln)

Maria steht vor einem Scherbenhaufen, einer – an diesem Punkt der Entwicklung – scheinbar ausweglosen Situation. „Aus Mangel an Wohnraum wird sie Sklavin"[261], sagt Maria José Góis, und in der Tat ist für die „Berufswahl" *serviço doméstico* gerade bei Migrantinnen ausschlaggebend, daß existentielle Fragen wie Unterkunft und Verpflegung vorerst geklärt zu sein scheinen. Doch gleichzeitig führt dies zu Formen der Abhängigkeit von den ArbeitgeberInnen, den *patrões*, die kaum mit denen in anderen Lohnarbeitsverhältnissen vergleichbar sind. Entsprechend eingeschränkt gestalten sich die Entscheidungsmöglichkeiten und Veränderungs-spielräume. Ein Wechsel in ein anderes Haus ist zwar möglich, aber schwer zu organisieren. Die neoliberale Politik der Regierung Cardoso[262] verursacht die Verarmung breiter Teile der brasilianischen Mittelschicht, die (nach absoluten Zahlen) am meisten *domésticas* beschäftigt, und erschwert so den Arbeitsplatz-wechsel.[263] Verhängnisvoll wirkt sich diese Abhängigkeit in einer Situation aus, in der die *doméstica* zum Verlassen des Hauses gezwungen, also entlassen wird. Viele stehen dann buchstäblich vor dem Nichts, ganz besonders dann, wenn sie keine *carteira assinada* haben. Eine Arbeitslosenunterstützung existiert für sie nicht.

„Deswegen sollte die *empregada doméstica* eine Arbeitslosenversicherung haben. Wenn sie dann entlassen wird, hat sie ein bißchen Zeit, um eine bessere Anstellung zu finden, und kann solange etwas zu essen kaufen und Miete be-zahlen. Deshalb muß es das geben, denn eine neue Anstellung findest du nicht von einem Moment auf den anderen."[264]

Zu diesem Zeitpunkt ist es offensichtlich zu spät. Wie hätte diese Situation verhindert werden können? Welche alternativen Handlungsmöglichkeiten hatte *Maria*? Hierum wird es im Dialog mit dem Publikum gehen. Doch zunächst sei ein weiterer Abschnitt den *Marias* gewidmet, der sich mit den Auswirkungen der Thea-terarbeit auf ihren Lebensalltag auseinandersetzt.

---

[261] Maria José Góis (*Marias* IIIa 006).
[262] Fernando Henrique Cardoso ist seit dem 1. Januar 1995 Staatspräsident Brasiliens.
[263] Vgl. Olivar Bendelak (Bendelak 017).
[264] Maria Vilma (*Marias* Ia 024).

4.4 „In dem Stück imitiere ich dich" – Lebensrealität und Theater

Fragt man die *Marias do Brasil*, ob ihnen die Interpretation der Rollen Schwierigkeiten bereitet, stößt man auf unterschiedliche Reaktionen. Maria José Góis, im Stück in der Rolle der *Maria*, sieht es gelassen: „Die Rolle ist nicht so schwierig. Das Leben der *Maria* ist schwierig"[265]. Anders stellt sich die Situation für diejenigen dar, die auf der Bühne in die Rollen derer schlüpfen, unter denen sie im realen Leben zu leiden haben. Zwar findet Maria de Fátima die Darstellung der Rolle des *patrão* „lustig"[266]. Maria Vilma hingegen, die Darstellerin der *patroa*, empfindet dies anders:

> „Die Rolle der *patroa* ist schwierig, weißt du warum? Weil du dich verändern mußt, um *patroa* zu sein. Weil ich nichts davon bin. Ich arbeite, ich lebe damit, aber ich mache nichts von dem, was ich in der Rolle mache. [...] Du mußt selbst zeigen, was das ist, es ist die Realität. Und das ist schwierig, die Rolle der *patroa* ist schwierig."[267]

In einem anderen Gespräch äußert sich Maria Vilma zu der Frage, ob ihre *patroa* von ihren Theateraktivitäten weiß:

> „Sie weiß davon, aber sie ist dagegen. Ich habe zu ihr gesagt: 'In dem Stück imitiere ich dich.' Das hat sie sehr geärgert."[268]

Allerdings sind die Reaktionen der *patrões* unterschiedlich. Als sich der Zeitaufwand für die Theaterarbeit negativ auf die Schulleistungen Maria José Góis' auszuwirken schien, empfahl ihr der *patrão*, dennoch weiterzumachen, da dies für sie persönlich wichtiger sei als Mathematik. Andere wiederum reagieren irritiert auf die Transformation im Verhalten der von ihnen beschäftigten *domésticas*.

Sowohl Olivar Bendelak als auch die *Marias* erzählen von einer 15jährigen *doméstica* in der Gruppe, der nach einer Weile auf Betreiben ihrer *patroa* von ihrer (erziehungsberechtigten) Tante verboten wurde, weiter an der Theaterarbeit teil-

---

[265] Maria José Góis (*Marias* II 010).
[266] Maria de Fátima (*Marias* II 007).
[267] Maria Vilma (*Marias* II 007).
[268] Maria Vilma (*Marias* II 017).

zunehmen. Sie hatte begonnen, nicht mehr alles zu akzeptieren und die Macht der *patroa* in einigen Situationen in Frage zu stellen.[269]

„Die *patroa* rief eine Tante von ihr an und sagte ihr, daß das Mädchen nach dem Eintritt in die Theatergruppe hochnäsig geworden sei, [...] sie war nicht mehr das dumme Mädchen. [...] Die *patroa* rief die Tante an und sagte ihr, daß das Theater nicht gut für das Mädchen sei."[270]

In der Tat ist neben der in allen Gesprächen konstatierbaren hohen Identifikation mit dem Stück und der eigenen Arbeit (vgl. beispielsweise das Zitat von Maria Aparecida in Abschnitt 4.2) bei der Frage nach den Einflüssen der Theaterarbeit auf die eigene Lebensrealität durchweg von verlorener Schüchternheit und höherem Selbstbewußtsein die Rede. Ein Gesprächsausschnitt:

Maria José Góis: „Ich fühle mich lockerer, kann freier sprechen [...]. Ich bin eine sehr schüchterne Person, und das Theater hilft uns, diese Schüchternheit ein bißchen zu verlieren. Ich habe schon ein wenig von dieser Schüchternheit verloren und hoffe, noch mehr davon zu verlieren, denn die Schüchternheit, sie schadet uns sehr [...]"
Vanderleia Ferreira: „Das gleiche ist mir passiert. Ich war eine sehr schüchterne Person, heute drücke ich mich viel besser aus und schäme mich nicht mehr zu reden. Ich hatte mich immer geschämt zu reden, mich mit unterschiedlichen Leuten zu unterhalten, heute ist das viel besser, vollkommen anders"[271]

Sich selbst als Künstlerinnen zu erleben und von anderen als Künstlerinnen erlebt zu werden, die eigenen Lebensrealitäten theatralisiert in die Öffentlichkeit zu bringen und dafür Beifall und Anerkennung vom Publikum und anderen *trabalhadoras domésticas* zu erhalten und einen Dialog über Veränderungsmöglichkeiten zu provozieren, stärkt das Selbstbewußtsein von Gruppen wie den *Marias do Brasil*. Von Bedeutung für die einzelnen *domésticas* ist jedoch sicherlich nicht nur die künstlerische Arbeit und deren Wirkung, sondern auch der soziale Aspekt einer ständigen Bezugsgruppe von Frauen in ähnlichen Situationen und die Möglichkeit, mit anderen die gemeinsamen Rechte zu diskutieren. Und diese Diskussion der eigenen Lebensrealitäten und der gruppeninterne Dialog über Verbesserungsmög

---

[269] Vgl. Maria José Góis (*Marias* IIIa 045) und Olivar Bendelak (*Curingas* I 011).
[270] Maria José Góis (*Marias* IIIa 045).
[271] Maria José Góis / Vanderleia Ferreira (*Marias* IIIb 009 / 010).

lichkeiten und Handlungsalternativen nimmt regelmäßig breiten Raum in der Arbeit der *Marias* ein.

Die *Marias* und Olivar Bendelak erzählen von einer *doméstica* in der Vorgängerinnengruppe *Tá Limpo no palco*, die die Bedeutung des Forumtheaters als Probe auf die Realität zeigt – ein Beispiel für den in der Einleitung geschilderten Prozeß der Extrapolation im Theater der Unterdrückten. Zunächst Olivar Bendelak:

„Sie arbeiten den ganzen Tag. Um sechs Uhr, halb sieben, je nachdem, gehen sie in die Abendschule und bleiben dort bis zehn Uhr. Von einigen verlangen die *patroas* dann noch, daß sie das Geschirr vom Abendessen spülen, noch in der Nacht. Im Stück der anderen Gruppe kam diese Situation vor, denn eine von ihnen erlebte sie. Und sie spielte die *patroa*, die Unterdrückerin. Eines Tages kam sie aus der Abendschule zurück, und als sie im Haus ankam, wollte die Tochter der *patroa*, daß sie das Badezimmer sauber macht. [...] In dem Moment, in dem ihr das Mädchen das sagte, erinnerte sie sich an das Stück und an die Situationen, die sie im Forum gesehen hatte, an die Interventionen, in denen die Leute 'nein' sagten, 'ich habe meine Arbeitszeit schon erfüllt, ich komme aus der Schule, morgen wasche ich.' Und sie sagte genau das. Sie sagte: 'Nein, ich habe meine Arbeitszeit heute schon erfüllt. Ich komme gerade aus der Schule zurück. Morgen früh nach dem Aufstehen mache ich das, nachdem ich das Frühstück angerichtet habe.' Und sie sagte noch mehr, denn die Wohnung hatte zwei Bäder. Sie sagte: 'Hier gibt es zwei Bäder. Ihr könnt das andere benutzen.' [...] Sie empfand, daß das die erste Situation war, in der sie es schaffte zu antworten, ohne eine Diskussion, einen Streit zu provozieren. Sie war sich ihrer Rechte bewußt und hatte die Kraft, ihre Rechte klar darzulegen, und das wurde nicht in Frage gestellt. Sie wußte alle Argumente anzuwenden, inklusive dem 'Hier gibt es zwei Bäder. Es ist nicht nötig, daß ich es jetzt saubermache.' [...] Das ist es, worauf wir hoffen.“[272]

Maria José Góis sagt hierzu:

„Das Theater hat diesem Mädchen geholfen. Sie hat das alles außerhalb ihrer Arbeitszeit gemacht, dann hat sie sich selbst entdeckt. Sie hat durch das Theater entdeckt, daß das, was sie mit ihr machten, eine absurde Sache war. [...] Und die *patroa* mußte ihre Bedingungen akzeptieren, nicht sie die Bedingungen der *patroa*.“[273]

---

[272] Olivar Bendelak (*Curingas* I 010).
[273] Maria José Góis (*Marias* IIIa 044).

Von der Betrachtung der Gruppe soll der Fokus nun auf die Außenwirkung, also die Partizipation des Publikums, die Interventionen und Handlungsvorschläge der *espect-atores* gewendet werden.

4.5 „Du mußt die Ketten zerreißen, um dich zu befreien" – Interventionen

„Wer von Ihnen hat eine Idee, eine Handlungsmöglichkeit für *Maria*? Wenn Sie es wären, wenn sie anstelle der *Maria* wären [...], zeigen Sie uns was sie machen würden. [...] Wer hat eine Lösung, wer hat eine Idee, eine Möglichkeit, eine Alternative?"[274] Die mikrofonverstärkte Stimme von Claudete Felix hallt über das an einem Sonntag nachmittag mehr als gut besuchte Aterro do Flamengo, ein breites Stück Grün zwischen sechsspuriger Straße und Strand in der *zona sul* der Metropole. Es meldet sich eine Frau aus dem Publikum, die unter dem Beifall der Umstehenden die „Bühne" – eine auf dem Boden ausgebreitete Plane – betritt und *Marias* Schürze umgehängt bekommt, inklusive der an den Handgelenken befestigten Ketten. Sie entscheidet sich für die Szene in der Mitte des Stücks, in der sich die *patroa* weigert, *Marias carteira* zu unterschreiben.[275]

> Maria: Ich möchte, daß Sie etwas Bewußtsein zeigen und meine *carteira* unterschreiben. Ich bin alleine hier, ich habe keine Wohnung, wenn Sie mich wegschicken, ohne meine *carteira* zu unterschreiben und mir meine Rechte zu geben, werde ich auf der Straßen leben müssen und betteln.
> Vitória: Warum hast du darüber nicht vorher nachgedacht?
> Maria: Wie – nicht vorher darüber nachgedacht?
> Vitória: Vorher darüber nachgedacht, anstatt dort in der Schule, bei der Gewerkschaft der *Empregadas Domésticas* oder was weiß ich wo zu plappern. Das kann ich nicht leiden. In meinem Haus muß man ehrlich sein.
> Maria: Aber wenn wir nicht viel wissen, kommt es vor, daß wir uns mit Hilfe anderer Leute um unsere Rechte bemühen!

Unterstützung für die eigenen Rechte bei anderen, vielleicht beim *Sindicato* oder der Justiz suchen? „Das ist eine Lösung", urteilt eine Frau im Publikum, die selbst jahrelang als *doméstica* gearbeitet und das Forum beobachtet hat. Sie hält das

---

[274] Claudete Felix (*Mostra* IIIa 005).
[275] Vgl. Publikumsintervention im Forum der *Marias*-Aufführung auf der *III Mostra Carioca de Teatro Legislativo* (*Mostra* IIIa 007).

Stück der *Marias* für sehr realistisch: „Ich habe das schon durchgelebt. Deswegen habe ich mich dafür entschieden, selbständig zu sein, weil das viel besser ist, als einen *patrão* zu haben. Der *patrão* ist eine Last in unserem Leben. [...] Jetzt lebe ich in Ruhe."[276] Gefallen hätte ihr auch eine andere Intervention, sechs Wochen später und ausnahmsweise auf der Bühne eines „echten" Theaters, des *Teatro Glória*.[277] Ein Mann in der Rolle der *Maria* wählt die Szene, in der die *patroa* von *Maria* kurz vor Beginn ihres Unterrichts im *Colégio* noch die Zubereitung von Kaffee und Sandwiches für den angekündigten Besuch ihrer zehn Freundinnen verlangt und legt sich mit ihr über die Frage an, wann ihre Arbeitszeit als *doméstica* beendet sei. *Vitória* meint, über Arbeitszeiten sei nichts vereinbart worden und besteht auf ihrer Forderung. Auch *Marias* Argument, ob die *patroa* sich nicht daran erinnere, wie sie kurz zuvor nicht genug Wechselgeld vom Markt mitgebracht hatte, da sie mit ihren geringen mathematischen Kenntnissen die falsche Rechnung des Händlers nicht nachprüfen konnte, läßt *Vitória* unbeeindruckt. Nach der Aufführung antwortet der *espect-ator* auf die Frage, warum er im Forum interveniert habe:

> „Weil die Personen mit besserem Bildungsstand den Menschen mit weniger Möglichkeiten keine Gelegenheit zum Studieren geben. Seit der Zeit der Abschaffung der Sklaverei haben sie den Schwarzen keine Chance zum Studieren gegeben. Sie gaben ihnen keine Arbeit, keine Bildung und keine angemessene Ernährung. Deswegen hat der Schwarze, ebenso wie der arme Weiße, Schwierigkeiten zu studieren, wegen der prekären Lebensbedingungen. [...] Wenn du den ganzen Tag auf einer Baustelle hart arbeitest, den ganzen Tag unter der brennenden Sonne, wirst du dann abends in der Lage sein zu studieren?"[278]

Der Streit auf der Bühne eskaliert:

> Vitória: Du willst in die Schule gehen?
> Maria: Jetzt.
> Vitória: Jetzt?
> Maria: Jetzt. Sofort.
> Vitória: Du hast noch nicht mal den Herd geputzt...
> Maria: ...ich will nicht so viele Sachen machen...

---

[276] Gespräch mit einer Frau aus dem Publikum nach der Aufführung der *Marias do Brasil* auf der *III Mostra Carioca de Teatro Legislativo* (Kassette-1).
[277] Vgl. Publikumsintervention im Forum der *Marias*-Aufführung auf dem *Festival de Teatro Legislativo* (FESTEL Ib 015).
[278] Gespräch mit einem Mann aus dem Publikum nach der Aufführung der *Marias do Brasil* auf dem *Festival de Teatro Legislativo* (FESTEL Ic 004).

Vitória: ...sieh mal was für ein Dreck! Du hast noch nicht mal den Herd geputzt. Willst du jetzt weggehen und alles schmutzig zurücklassen? Maria: Ich werde alles schmutzig zurücklassen und in die Schule gehen. Ich werde Getränke auf der Straße verkaufen, da kann ich wenigstens meine Arbeitszeit selbst einteilen, und so werde ich Zeit haben, um zur Schule zu gehen.

Marias anschließende, vom Publikum umjubelte Ankündigung, auf der Straße zu arbeiten, regelmäßig zur Schule zu gehen und Jura zu studieren, um schließlich als Rechtsanwältin die *patroa* in den Knast bringen zu können, mag zwar eher theatraler Rhetorik geschuldet sein als übermäßigem Realismus, doch bringt die Intervention zweifellos ein neues Element in die Diskussion: die Option der beruflichen Selbständigkeit *Marias*.

Bis auf die beiden beschriebenen Interventionen und die Einmischung einer Frau, die sich als *Maria* dagegen wehrt, nicht das selbst zubereitete Essen essen zu dürfen und stattdessen mit einem schäbigen Sandwich vorlieb nehmen zu müssen, setzen die anderen der neun beobachteten Interventionen zu späteren Momenten der Stückhandlung an: drei in der Situation, in der die *patroa Maria* des Diebstahls ihres Seidenschals bezichtigt und drei zum Zeitpunkt der Entlassung bzw. der Unterzeichnung der Quittung über 200 R$ (vgl. als Beispiele Abb. 23 und Abb. 24).

Auf dem Praça da Cruz Vermelha am Rande des Stadtzentrums weigert sich eine Frau in der Rolle der *Maria*, die Quittung zu unterschreiben.[279] Sie hat den Zettel gelesen, hält nach zehn Jahren Arbeit den Betrag von 200 R$ für lächerlich und läßt sich auch nicht vom herbeigerufenen *patrão* zur Unterschrift überreden. Sie macht sich auf zum *Sindicato*, um dort nach Unterstützung zu suchen. „Das ist ein sehr wichtiger Punkt: daß wir kein Papier ungeprüft unterschreiben, ohne es richtig zu lesen, damit wir unsere Rechte kennen"[280], kommentiert Maria Vilma, die Darstellerin der *patroa*, nach der Aufführung auf die Interventionen zurückblickend.

Im *Teatro Glória* erklimmt eine Frau die Bühne und wählt die Situation, in der *Maria* des Diebstahls bezichtigt wird.[281] Auch jetzt besteht die *patroa* darauf, *Marias* wenige Habseligkeiten nach dem Seidenschal zu durchsuchen. Diese jedoch weigert sich und ist nur bereit, den Koffer vor den Augen der Polizei zu öffnen – und dort

[279] Vgl. Publikumsintervention im Forum der *Marias*-Aufführung auf dem Praça da Cruz Vermelha (Cruz Vermelha 012).
[280] Maria Vilma (*Marias* II 019).
[281] Publikumsintervention im Forum der *Marias*-Aufführung auf dem *Festival de Teatro Legislativo* (FESTEL Ib 018).

auch gleichzeitig die zehnjährige Weigerung der *patroa*, ihre *carteira* zu unterschreiben, zu Protokoll zu geben.

Nicht alle Interventionen stoßen auf die uneingeschränkte Zustimmung der anderen *espect-atores*. Sie müssen nicht gleich magische Lösungen sein, um kritischer Betrachtung ausgesetzt zu werden. In Frage gestellt wird vielmehr auch, ob sie tatsächlich eine Verbesserung der Situation der *Marias* zur Folge haben. Ein Beispiel: auf dem Aterro do Flamengo kündigt eine intervenierende Frau aus dem Publikum an, wegen der geringen Bezahlung vor Gericht zu ziehen, zerreißt die Quittung und schleudert der *patroa* ein *„Vai tomar banho!"*[282] entgegen, was irgendwo zwischen dem englischen *„fuck off"* und dem deutschen „hau ab" anzusiedeln ist.[283] Hierzu äußert eine Studentin aus dem Publikum nach Ende der Aufführung:

> „[Das Stück] ist realistisch. Die Lösungen hingegen, die das Publikum, die einige Personen aus dem Publikum gegeben haben, bei denen ist das nicht so, glaube ich. [...] Zum Beispiel die mit der *empregada doméstica*, die die Quittung zerriß, weil sie nicht unterschreiben wollte, und mit ihrer *patroa* diskutierte. Nun, hier hat das Stück so aufgehört, aber wir wissen, daß sie mit dem Zerreißen [...] der Quittung auch nichts [kein Geld] erhält, das heißt, sehr real ist das nicht. Eine wirkliche Lösung habe ich nicht gesehen."[284]

Bei der schon zu Beginn des Abschnitts 4.2 beschriebenen Aufführung des Stücks im Haus des *Sindicato dos Empregados Domésticos* am Tag der *doméstica* interveniert schließlich die Präsidentin der Gewerkschaft höchstpersönlich. Fünf Monate später erzählt Arinda Libâno de Jesus im Gespräch:

> „Mir gefiel [das Stück] sehr gut, ich machte eine Intervention, spielte auch einen Teil. Das Stück der *Marias* war sehr interessant [...] Sie war gekleidet wie eine Sklavin, mit der Schürze und den Ketten. Nun, es gab mehrere Interventionen, doch niemand dachte daran, sie von den Ketten zu befreien. Ich ging hin, bat um Entschuldigung, entfernte die Ketten und sagte, daß diese Ketten wie im Gefängnis seien und daß man sich zuerst befreien muß. [...] Du mußt die Ketten zerreißen, um dich zu befreien."[285]

---

[282] Wötlich übersetzt „Nimm eine Dusche!".
[283] Vgl. Publikumsintervention im Forum der *Marias*-Aufführung bei der *III Mostra Carioca de Teatro Legislativo* (*Mostra* IIIa 013).
[284] Gespräch mit einer Frau aus dem Publikum nach der Aufführung der *Marias do Brasil* auf der *III Mostra Carioca de Teatro Legislativo* (Kassette-3).
[285] Arinda Libâno de Jesus (*Sindicato* I 001 / 002).

4.6 „...ein Gesetz, das den *patrão* dazu zwingt, alle Rechte zu garantieren..." – Gesetzesvorschläge

„Vorschläge gibt es viele, aber die Mehrheit handelt von Dingen, die schon existieren, von Gesetzen, die schon existieren"[286], berichtet *curinga* Olivar Bendelak. Und in der Tat steht im Mittelpunkt des Stücks der *Marias* primär das Problem der Nichteinhaltung, der Nichtwahrnehmung der bestehenden Rechte. Zwischen der Verabschiedung eines Gesetzes und seiner konsequenten Durchsetzung bzw. Anwendung liegt in Brasilien ein weiter Weg. Insofern zielt die Arbeit der Gruppe auch darauf ab, anderen *domésticas* und der Öffentlichkeit die existierenden Rechte und die Problematik der Arbeit ohne *carteira assinada* bewußt zu machen: „In dieser Gruppe arbeiten wir sehr viel mit *conscientização*, damit sie [die *domésticas*] ihre bestehenden Rechte geltend machen."[287], sagt Olivar Bendelak. Auch die Nachricht von der Existenz einer Gewerkschaft der *domésticas*, die sich für deren Rechte stark macht, wird durch das Stück verbreitet. Doch die Aufforderung, durch das Notieren von Gesetzesideen auf kleine, von den *curingas* verteilte Zettel (vgl. als Beispiel Abb. 25[288]) auch die Transformation der politisch-legislativen Rahmenbedingungen in Angriff zu nehmen, also strukturverändernd zu wirken, geht ein paar Schritte weiter. So lautet beispielsweise eine der *propostas legislativas* aus dem Publikum, die nicht die Einführung eines bereits existierenden Gesetzes vorschlägt:

> „Daß den *empregados domésticos* die gleichen Rechte garantiert werden wie den anderen Arbeitern: FGTS, Fahrkarten, Überstunden, garantierte Pausen für Personen, die an ihrem Arbeitsplatz schlafen, Krankschreibung, Unfallversicherung."[289]

Das CTO-Rio listet in einer Dokumentation weitere *propostas legislativas* auf:[290]

- Einführung von Arbeitslosenhilfe für *trabalhadores domésticos*.
- Einrichtung einer Orientierungs- und Beratungsstelle am zentralen Busbahnhof der Stadt für junge Frauen und Mädchen, die aus dem Nordosten oder dem Lan-

---

[286] Olivar Bendelak (Bendelak 016).
[287] Olivar Bendelak (Bendelak 016).
[288] Aus dieser Abbildung ist das Zitat in der Überschrift entnommen.
[289] *Centro de Teatro do Oprimido* (CTO-Rio) 1999d, S. 2.
[290] Vgl. hierzu *Centro de Teatro do Oprimido* (CTO-Rio) 1999d, S. 2.

desinnern anderer Bundesstaaten nach Rio de Janeiro kommen, um als *domésticas* zu arbeiten.

- dringende Überarbeitung des Arbeitsrechts und Ausweitung auf *trabalhadoras domésticas*.
- Einführung einer Geldstrafe für *patrões*, die sich weigern, die *carteira* der *doméstica* zu unterschreiben.

Schwierig für die Weiterleitung der *propostas legislativas* ist, daß die meisten von ihnen Arbeitsrecht betreffen, das Teil der Bundesgesetzgebung ist und somit nicht im unmittelbaren (kommunal-)politischen Wirkungskreis der CTO-Aktivitäten liegt. Weitergereicht an die *Secretaria Municipal de Desenvolvimento Social* wird der Vorschlag, die offenbar früher bestehende Orientierungsstelle am zentralen Busbahnhof Rio de Janeiros wieder einzurichten, in der ArbeitsmigrantInnen direkt nach ihrer Ankunft Unterstützung bei SozialarbeiterInnen suchen können.

Das folgende Kapitel befaßt sich mit der anderen Gruppe, die ich im Rahmen meines Forschungsaufenthalts begleitet habe: *Panela de Opressão*. Ähnlich strukturiert wie das *Marias*-Kapitel, geht es doch um einen völlig anderen thematischen Kontext: die Situation von „*favela*"-BewohnerInnen.

5. *Panela de Opressão*

5.1 *Remoção* und *urbanização* – Der Kontext

Die Kämpfe der Landlosenbewegung mit ihren Landbesetzungen und Protestmärschen über mehrere tausend Kilometer haben internationale Aufmerksamkeit für die brasilianische Landfrage und die ausbleibenden Agrarreformen geweckt. Die ungleiche Verteilung von Boden in Brasilien ist jedoch nicht nur ein rurales Phänomen, sondern auch durchaus ein urbanes – und ist als solches wiederum nicht von ländlichem Elend zu trennen. Wie schon im vergangenen Kapitel am Beispiel der *trabalhadoras domésticas* dargestellt wurde, zwingt die ungerechte Landverteilung in der Peripherie mit ihren ökonomischen Konsequenzen Millionen zur Migration in die Metropolen. Eine städtische Version von Landlosigkeit zwingt Tausende von Familien und Einzelpersonen zu einem Leben auf der Straße.[291] Die über 500 „*favelas*" Rio de Janeiros bestehen nach offizieller Lesart zu einem beträchtlichen Teil aus illegalen Ansiedlungen und somit de facto zum Teil jahrzehntelang existierenden Landbesetzungen. Die Zuwanderung aus dem Landesinnern und anderen Bundesstaaten, insbesondere aus dem Nordosten, hält an und sorgt dafür, daß die „*favelas*" täglich weiterwachsen.

Rio de Janeiro ist eine „geteilte Stadt"[292]. Doch sind die Trennlinien geographisch nicht immer klar zu bestimmen. Zwar leben in der *zona sul* deutlich mehr Privilegierte und in der *zona norte* deutlich mehr Benachteiligte, doch sind es gerade im Süden der Stadt in vielen Fällen nur ein paar Schritte von einer „*favela*" in ein Stadtviertel der Mittel- oder Oberschicht – und zwar meistens Schritte nach unten, denn ein großer Teil der Armenviertel befindet sich an den Berghängen, so daß im Laufe der Jahre der Begriff *morro* (Berg) gleichbedeutend mit „*favela*" geworden ist. Doch die Nähe trügt, denn bei aller geographischen Nachbarschaft von Reichtum und Armut ist die Metropole Schauplatz einer außergewöhnlichen sozialen Segregation, die sich auf alle Lebensbereiche ihrer BewohnerInnen auswirkt und von kritischen BeobachterInnen als soziale Apartheid bezeichnet wird. Diese manifestiert sich in der Ungleichverteilung von materiellen Gütern, Aufstiegschancen und Rechten.[293]

---

[291] So hat sich auch das urbane Pendant zur Landlosenbewegung (*Movimento Sem Terra*) den Namen *Movimento Sem Teto* (Bewegung ohne Dach) gegeben.

[292] So der Titel eines Buches von Zuenir Ventura (Übersetzung d.A., im Original: „*Cidade Partida*", vgl. Ventura 1994).

[293] Vgl. hierzu die Ausführungen in Kapitel 7.

Seit der politischen Wahrnehmung des Phänomens „*favela*" in den 40er Jahren schwankt die Politik der Eliten zwischen den beiden Polen der *urbanização*, dem Ausbau der Infrastruktur und der Verbesserung der Lebensqualität innerhalb der „*favela*"[294], und der *remoção*, der Zerstörung der Häuser und notfalls gewaltsamen Umsiedlung der BewohnerInnen.

Eigentlich ist die große Zeit der *remoções* seit über 25 Jahren passé.[295] Einen Eindruck von der damaligen Atmosphäre und der Ideologie hinter dem „*remocionismo autoritário*"[296] vermittelt ein Blick in die Zeitungen dieser Periode:

„Von der Besetzung von Grundstücken [...] bis hin zum heimlichen Anzapfen von Stromleitungen wird der *favelado* zu einem Parasiten des Staates, gegenüber dem er, wenn er keine Gefälligkeiten erhält, keine Pflichten irgendwelcher Art hat. In der Promiskuität vegetierend, bilden diese Bevölkerungsteile eine abgesonderte Welt, ohne Rechte, aber auch ohne Pflichten. Der utopischen Wunsch, die *favelas* zu urbanisieren, stehen die elementarsten Prinzipien administrativer Logik entgegen. Das Ideal ist nicht, die *favela* zu stimulieren, sondern sie zu eliminieren."[297]

„Durch die *Favela* da Rocinha hindurchzufahren ist eine unangenehme Erfahrung, der zur Zeit all die ausgesetzt sind, die am Wochenende nach Barra da Tijuca fahren. Zwei Monate lang, bis zum Ende der Baumaßnahmen auf der Av. Niemeyer, werden sie von nahem den Widerspruch spüren, den das Verbleiben einer *favela* in einem Gebiet großer touristischer Entwicklung darstellt. [...] Es genügt eine kurze Fahrt durch die Region, um zu spüren, daß in kurzer Zeit kein Platz mehr für die Rocinha sein wird. Die Estrada da Gávea wird, neben dem touristischen Interesse, sich zu einer Region anspruchsvollen Wohnens entwickeln. [...] Direkt neben der Rocinha befindet sich das *Hotel Nacional*, ein Niemeyer-Projekt, in seiner letzten Bauphase. Die Hotelgäste werden sicherlich nicht den Ausblick auf die gesamte *favela* schätzen, die sie vor sich haben werden. Und alle, die mit dem Auto aus dem Tunnel *Dois Irmãos* kommen, werden als erstes Bild von dem Tourismusgebiet die *Favela* da Rocinha haben, die sich praktisch am Rande der Autobahn entlangzieht."[298]

---

[294] Nicht zu verwechseln mit einer anderen Verwendung des Begriffs *urbanização*, die der Bedeutung des im Deutschen verwendeten Terminus der „Urbanisierung" entspricht: Verstädterung.

[295] Die Blütezeit der *remoções* verlief parallel zu der Periode, in der sich die Repressionsmaßnahmen der Militärdiktatur immer weiter verschärften.

[296] Baumann Burgos 1998, S. 34.

[297] Leitartikel im *Jornal do Brasil* vom 18. Mai 1969, zitiert in: Valladares 1978, S. 33 (Übersetzung d.A.).

[298] Artikel im *Jornal do Brasil* vom 2. August 1970, zitiert in: Valladares 1978, S. 32 (Übersetzung d.A.).

Die *remoção* von 100 Familien pro Tag hatte sich die eigens für diesen Zweck gegründete Organisation CHISAM[299] zum Ziel gesetzt.[300] Ihre Mission war nach eigenen Angaben „die *favelas* von Rio de Janeiro zu vernichten"[301]. In den fünf Jahren zwischen 1968 und 1973 wurde unter ihrer Koordination der flächendeckende Versuch unternommen, das Phänomen „*favela*" in Rio de Janeiro loszuwerden – durch Räumung der bestehenden Armenviertel und Ansiedlung der BewohnerInnen in neuen Gebäuden, den massenhaft errichteten *conjuntos habitacionais*, meist weit entfernt von deren ursprünglichen Lebensmittelpunkt und aus dem Blickfeld der Mittel- und Oberschicht (vgl. Abb. 26).[302] Dieser ermöglichten viele der neu gewonnenen Gebiete insbesondere in der *zona sul* neue Immobilienvorhaben und der Stadtverwaltung große Verkehrsprojekte. Nicht zufällig begannen die *remoções* in „*favelas*" nahe der Lagune Rodrigo de Freitas, an der sich mehrere feine Wohngegenden konzentrieren. Für die heute an der Lagune entlangführende Hauptverkehrsstraße mußten die „*favelas*" Ilha das Dragas, Piraquê und Avenida dos Pescadores weichen. Am früheren südlichen Ende der „*favela*" Rocinha liegt heute der Ausgang des Tunnels *Dois Irmãos*, der den BewohnerInnen der *zona sul* den Weg nach Westen und somit nach Barra mit seinen Stränden und Shopping Centern ermöglicht.[303]

Die Pläne und Aktivitäten der Regierenden stießen auf wenig Gegenliebe bei den „*favela*"-BewohnerInnen. Politisch organisiert und repräsentiert von der seit 1963 existierenden Fafeg[304], in der zu dieser Zeit mehr als 100 *Associações de Moradores* zusammengeschlossen waren, versuchten sie, die Zwangsumsiedlungen zu verhindern und statt der *remoção* die *urbanização* auf die politische Tagesordnung zu bringen.[305] Im ganzen ist wenig bekannt über das Ausmaß von Repression und Widerstand in der damaligen Zeit, aber Marcelo Baumann Burgos hält diese Periode für „eines der gewalttätigsten Kapitel in der langen brasilianischen Geschichte von

---

[299] *Coordenação de Habitações de Interesse Social da Área Metropolitana do Grande Rio de Janeiro.*
[300] Vgl. Perlman 1977, S. 242.
[301] Zit. in Baumann Burgos 1998, S. 36 (Übersetzung d.A.).
[302] *Conjunto Habitacional* konnte unterschiedliches bedeuten: „Abhängig von ihrem Einkommen, wurden die Familien in fünfstöckigen Wohnblocks ohne Aufzug angesiedelt, in einzelnen Häusern oder – im Falle der Ärmsten – in provisorischen, *triagem* genannten Unterkünften." (Perlman 1977, S. 242, Übersetzung d.A.).
[303] Vgl. Valladares 1978, S. 32.
[304] *Federação da Associação de Favelas do Estado da Guanabara.*
[305] Peter Pfeiffer zitiert im Titel seiner Dissertation die Forderung „*Urbanização sim, remoção nunca!*" („*Urbanização* ja, *remoção* niemals!"), vgl. Pfeiffer 1987.

Repression und Ausgrenzung"[306]. Janice E. Perlman berichtet von dem Armenviertel Praia do Pinto, mitten im schicken Stadtteil Leblon gelegen, dessen 7000 BewohnerInnen sich an einem Tag des Jahres 1969 der *remoção* verweigerten. In der Nacht brach ein Feuer aus, das Häuser und Habseligkeiten in der „*favela*" verwüstete. Trotz mehrerer Hilferufe von BewohnerInnen und NachbarInnen ließ sich die Feuerwehr nicht blicken. Am nächsten Tag wurden die BewohnerInnen in Müllwagen aus der Stadt gebracht. Die vermeintlichen AnführerInnen des passiven Widerstands verschwanden spurlos. Heute stehen am selben Ort Wohnblocks für Militärangehörige.[307]

Bis zum Ende des Jahres 1973 hatte die CHISAM nach eigenen Angaben 35.157 Familien (175.785 Personen) zwangsumgesiedelt und 62 „*favelas*" vollständig oder teilweise geräumt.[308] Andere Quellen sprechen von der Zwangsumsiedlung von 100.000 Personen und der Zerstörung von etwa 60 „*favelas*" in den sieben Jahren zwischen 1968 und 1975.[309] Doch selbst an ihren eigenen Zielsetzungen gemessen ist die Politik des *remocionismo autoritário* gescheitert. Recherchen von Licia do Prado Valladares haben ergeben, daß ein beträchtlicher Teil der in *conjuntos habitacionais* angesiedelten Personen aus Unzufriedenheit mit der neuen Wohnsituation ihre Wohnung verkaufte und wieder in eine „*favela*" zog.[310] Dies sorgte gemeinsam mit der weiter anhaltenden Migration in die Metropole und den hohen Geburtenraten dafür, daß der Anteil der BewohnerInnen von „*favelas*" an der Gesamtbevölkerung Rio de Janeiros von 13,2% im Jahr 1970 nur geringfügig auf 12,3% im folgenden Jahrzehnt zurückging.[311] In den 90er Jahren leben rund 17,1% der EinwohnerInnen Rio de Janeiros in „*favelas*".[312]

In dieser Größenordnung hat seitdem keine Stadtregierung mehr die „Auslöschung eines Lebensstils"[313] versucht. Dies bedeutet jedoch nicht, daß es während der vergangenen Jahre und Jahrzehnte keine *remoções* gegeben hätte und daß das Konzept völlig aus der Mode gekommen wäre. Wo für nötig erachtet, wird heute noch nach einem ähnlichen Muster verfahren. Beispielsweise berichtet das *Jornal do*

---

[306] Baumann Burgos 1998, S. 36 (Übersetzung d.A.).

[307] Vgl. Perlman 1977, S. 247 ff.

[308] Vgl. Perlman 1977, S. 242.

[309] Vgl. Baumann Burgos 1998, S. 38.

[310] Vgl. Valladares 1978. S. 80.

[311] Vgl. Baumann Burgos 1998, S. 38. Vgl. zur Politik der *remoções* auch Langsten 1973 und Figueiredo / Machado da Silva 1981.

[312] Vgl. *Instituto Pereira Passos* 1997/98.

[313] Perlman 1977, S. 235 (Übersetzung d.A.).

Brasil am 3. September 1999 von gewaltsamen Auseinandersetzungen in Rio das Pedras im Stadtbezirk Jacarepaguá. BewohnerInnen der auf 75.000 EinwohnerInnen geschätzten und ständig wachsenden „*favela*" wehrten sich gegen die von der Polizei mit Traktoren begonnene Zerstörung von 39 der 140 Häuser der Vila Roque Santeiro. Sie standen der Verbreiterung der größten Straße innerhalb der „*favela*" im Weg, die diese in Richtung des reichen Stadtteils Barra durchquert. Die AnwohnerInnen hatten Abfindungen zwischen 1500 und 7000 R$ erhalten, wobei viele nicht über 3000 R$ kamen. Kommerziell genutzte Gebäude wurden ohne Abfindung zerstört. Im letzten Absatz des Artikels wird die Situation einer Anwohnerin beschrieben:

„'Es ist feige, was sie mit uns machen. Wo kann ich mir von diesem Geld ein Grundstück kaufen?', fragt Maria Idalícia, 39 Jahre, Witwe und Mutter von acht Kindern, die 2000 R$ erhalten hat. Sie wohnt seit zehn Jahren in der *vila*, seit sie aus Araruna, Paraíba, gekommen ist."[314]

Bárbara Santos, curinga des CTO-Rio und in der Mandatszeit enge Mitarbeiterin Augusto Boals in der Menschenrechtskommission der *Câmara Municipal*, hält *remoções* für ein Dauerthema in Rio de Janeiro. Sie berichtet vom Fall der „*favela*" Maré in der *zona norte* der Metropole:

„Das Problem ist, daß du nie richtig auf das vertrauen kannst, was die Regierung sagt. Zum Beispiel die Leute aus der *favela* Maré. Ihnen sagten sie: 'Nein, ihr müßt hier weg. Wir werden den Boden aufschütten und die *Linha Vermelha* [eine Stadtautobahn] bauen, und danach Häuser für eure Rückkehr. [...] Währenddessen werdet ihr an einem anderen Ort wohnen.' Sie brachten sie an einen Ort, der nicht saniert war und sehr weit vom Stadtzentrum entfernt, wo es Kobras gab, Ratten, ein sehr schlechter Ort zum Leben [...]. Die Kinder wurden krank, und es gab überhaupt keine Unterstützung für sie. Und dann baute die Regierung Häuser, aber nicht genug für die Rückkehr von allen. Diese Unsicherheit destabilisiert die Menschen sehr. Es gibt keine klaren Abmachungen."[315]

Schließlich wurde in den vergangenen Jahren ein neuer Begründungszusammenhang für *remoções* vorgebracht: Umweltkatastrophen. So beispielsweise die

---

[314] Artikel von Aluizio Freire im *Jornal do Brasil* vom 22. September 1999 (Übersetzung d.A.). In Freires Artikel wird die *remoção* verharmlosend zur „*desocupação*" (sozusagen zur „Ent-besetzung") verklärt. Vgl. zur „*favela*" Rio das Pedras auch „*Rio das Pedras. A vida na favela que mais cresce na cidade*" („Rio das Pedras. Das Leben in der am schnellsten wachsenden *favela* der Stadt"), Karla Monteiros Titelgeschichte der *VejaRio* vom 9. August 1999.
[315] Bárbara Santos (Santos 027).

Regenfälle des Februars 1996, die stärksten seit 74 Jahren. Sie verwandelten Straßen in reißende Flüsse und lösten regelrechte Schlammlawinen aus, die Häuser von den Bergen spülten. Über 60 Menschen, ausschließlich aus „*favelas*", kamen ums Leben, schätzungsweise 2000 Menschen wurden obdachlos. Rios damaliger Bürgermeister Cesar Maia verstieg sich nach einem Rundflug über die Stadt zu der Bemerkung, das Ausmaß der Schäden sei im Vergleich zu den Wassergüssen „relativ gering". Der damalige Baudezernent der Stadt, Luís Paulo Conde, gab den BewohnerInnen der „*favelas*" die Schuld an der eigenen Situation: „Die Berghänge sind nicht nur ein Risikogebiet, sie stehen auch unter Naturschutz", wird er in der taz zitiert. „Wir haben die Leute gewarnt"[316]. Heute ist Luís Paulo Conde Bürgermeister Rio de Janeiros.

Aus den von Conde erwähnten Risikogebieten, den *áreas de risco*, wurden nach Angaben der Stadtverwaltung in den vier Jahren zuvor knapp 10.000 Menschen umgesiedelt.[317] Das klingt nach Ansätzen staatlicher Fürsorge und Krisenprävention, doch sollte nicht übersehen werden, daß *área de risco* eine eher schwammige Kategorie darstellt. Alexandre Correia de Oliveira von der Menschenrechtsorganisation *Bento Rubião* erwähnt im Gespräch den Begriff der weißen *remoção*, der *remoção branca*, der die Räumung von Gebieten bezeichnet, deren Einordnung als *área de risco* eher zweifelhaft ist, meist im Interesse größerer Immobilienvorhaben.[318] Doch auch die Art der Konsequenzen für die BewohnerInnen von als *áreas de risco* klassifizierten Gebieten scheint häufig weniger von ihrem Gefährdungsgrad, sondern vielmehr von ihrem sozialen Status abzuhängen. So zum Beispiel im teuren Barra und an der schon erwähnten Lagoa Rodrigo de Freitas. Bárbara Santos:

„In Barra gibt es *áreas de risco*, die von reichen Leuten besetzt wurden, und diese Leute werden nicht vertrieben – Gebiete auf den Bergen, die unter Umweltschutz stehen. An der Lagoa gibt es Umweltschutzgebiete, auf denen Gebäude stehen, und die Leute müßten von dort entfernt werden, aber werden es nicht. Es ist nicht gerecht, daß das nur denen geschieht, die kein Geld haben. [...] *Área de risco* ist in Wirklichkeit eine politische Kategorie. [...] Sie ist ein gutes Argument, um jemanden von einem Ort zu entfernen. Wenn du eine *favela*

---

[316] Artikel von Astrid Prange in der taz vom 17. Februar 1996.
[317] Vgl. Artikel von Astrid Prange in der taz vom 17. Februar 1996.
[318] Vgl. Alexandre Correia de Oliveira (*Bento Rubião* 014).

loswerden willst, dann ist das ein Argument, das sich auf den Schutz der Menschen beruft."[319]

Die heutige Situation bewertet sie im Vergleich zur Politik der 60er und 70er Jahre folgendermaßen:

„Die Quantität ist nicht die gleiche. Aber es passiert weiter, jedes Mal, wenn es um ein großes Bauprojekt geht. Es geht mit der gleichen Logik weiter. Der letzte Bürgermeister [Cesar Maia] [...] versuchte, an einigen Orten eine groß angelegte Politik der *remoção* zu machen. Er hatte keinen Erfolg. [...] Da die *comunidades* nun organisierter sind, ist es schwieriger geworden. In einer *comunidade*, die in einer *área de risco* liegt, ist es einfacher."[320]

Um eine von *remoção* bedrohte *comunidade* geht es auch im Stück der Theatergruppe *Panela de Opressão*[321]. Die Gruppe kommt aus dem Westen Rio de Janeiros, wo die sozialen Gegensätze unverhüllt aufeinandertreffen. Hier ist das größte Shopping-Center Lateinamerikas (*Shopping Barra*) nur wenige Kilometer vom größten Slum Lateinamerikas (der „*favela*" Rocinha) entfernt. Die Boomtown Barra mit ihren stetig wachsenden strandnahen Wohnblocks für die Mittel- und Oberschicht liegt nur ein wenig südlich des Stadtbezirkes Jacarepaguá mit seinen über 70 „*favelas*", darunter Rio das Pedras und – ein paar Nummern kleiner – die *comunidade* Canal do Anil. In dieser leben nach Angaben einer Anwohnerin 10.000 Menschen.[322] Sie ist eine der beiden *comunidades*, aus denen die Mitglieder der Gruppe *Panela de Opressão* stammen. Canal do Anil landete auf Platz 313, als eine Forschungsgruppe der Präfektur in der umfangreichen Studie „*Favelas Cariocas*" mit Hilfe des eigens entwickelten *índice de qualidade urbana* die Wohnqualität in 412 „*favelas*" ermittelte.[323]

José Severino dos Santos[324] migrierte 1951 von Pernambuco im Nordosten Brasiliens nach Rio de Janeiro und ließ sich am Canal do Anil nieder. Zu dieser Zeit standen am Ufer des kleinen Flusses nur einige Fischerhütten. Mitte der sechziger Jahre kamen Strom und Gas in die *comunidade*. José Severino dos Santos hat positive Erinnerungen:

---

[319] Bárbara Santos (Santos 030 und 035).
[320] Bárbara Santos (Santos 035).
[321] Der Name ist ein Wortspiel, eine Kombination aus *panela de pressão* (Druckkochtopf) und *opressão* (Unterdrückung).
[322] Vgl. Luiza Gonçalves (Anil II 002).
[323] Vgl. *Prefeitura da Cidade do Rio de Janeiro / iplanRIO* (1998?).
[324] Name geändert.

„Damals war das Leben hier angenehm, immer glücklich, denn es gab viel Arbeit. Jeder hatte Arbeit [...] Hier in der *comunidade* existierte eine Fischereikooperative. Ich begann mein Leben mit Fischfang, um meine Familie zu unterstützen. [...] Für lange Zeit war ich Fischer. Es gab viele Fische. Heute gibt es keine mehr. [...] Es gab [...] gute Arbeitsplätze. Heute siehst du, daß die Arbeitsplätze...es gibt sie nicht, es gibt sie nicht."[325]

Keines der Häuser am Canal do Anil ist offiziell bei der Stadtverwaltung registriert und somit legalisiert. Der Boden gehörte – wie alle wassernahen Gebiete – der Marine und wurde dann der Präfektur zugeschlagen. Er ist *posse* und besitzt somit jenen unklaren Status, den so viele Siedlungen in Rio de Janeiro besitzen (vgl. Abb. 27): die BewohnerInnen zahlen keine Steuern, wohl aber ihre Strom- und Gasrechnungen, die als halboffizielle Dokumente häufig den einzigen Beweis über den Besitz der selbst gebauten oder gekauften Häuser darstellen.

Der *comunidade* Canal do Anil droht die *remoção* von 500 Familien.

5.2 „Jeder brachte seine Ideen ein" – Die Gruppe

Ana Paula Alcântara, Carla Morgana, Edson Rodrigues, Elisângela Teixeira, Jonata Maciel, Lígia Martins, Marilene Ribeiro, Paulo Souza, Rodrigo Rocha und Sérgio Soares sind *Panela de Opressão*[326] und eine wilde Mischung aus Teenagern und Anfangs- bzw. Mittelvierzigern, die nicht wie die meisten *grupos comunitários* aus einer *comunidade*, sondern im wesentlichen aus zwei stammen: der schon erwähnten *comunidade* Canal do Anil und der *comunidade* Rua Tirol. Diese liegen etwa 10 Busminuten voneinander entfernt im riesigen Stadtbezirk Jacarepaguá und haben gemeinsam, daß die Ärztin und PT-Politikerin Ana Lipke in beiden aktiv ist. Sie ist die Gründerin des am Fuß der steilen Rua Tirol gelegenen *Instituto Pró-Mulher de Educação e Saúde*, eines Frauen-Gesundheitsprojekts, und hält in Canal do Anil kostenlose Sprechstunden im neuen, mit internationaler Unterstützung gebauten Gesundheitszentrum ab. Dem CTO-Rio bietet sie an, den Hinterhof des Hauses an der Rua Tirol für seine Theaterarbeit im Rahmen des Projekts Legislatives Theater zu nutzen. Das *Instituto Pró-Mulher* wird zur lokalen Partnerorganisation des CTO-Rio.

---

[325] José Severino dos Santos (Anil IIIa 050 / 051).
[326] Stand: Oktober 1999.

Die *curingas* Bárbara Santos und Geo Britto beginnen mit dem Aufbau einer neuen Gruppe: *Panela de Opressão*.

Wäre es nach Ana Lipke – und den Themenvorschlägen der Ford-Stiftung – gegangen, hätte das Thema Frauen und Gesundheit im Mittelpunkt des ersten Stücks gestanden. Doch so problematisch es im Kontext des Theaters der Unterdrückten ist, mit vorgegebenen Themenvorschlägen zu arbeiten, so wenig funktioniert es bei *Panela de Opressão*. Bárbara Santos erinnert sich:

„[In den Improvisationen] kam das Thema Gesundheit der Frau überhaupt nicht vor. Es gab etwas zum Thema Rassismus, zum Thema Aids, zum Thema Familie, zu vielen Themen, nur nicht zum Thema Gesundheit der Frau. Also [...] sagten wir: 'Schaut mal, ihr wollt zum Thema Gesundheit der Frau arbeiten, aber bis jetzt gibt es nicht eine Szene, nicht eine Geschichte, die von diesem Thema handelt. Das bedeutet, daß ihr nicht zum Thema Gesundheit der Frau arbeiten wollt. Aber wir müssen festlegen, wozu ihr arbeiten wollt.' Und dann erzählten Marilene und Anderson, ein ehemaliges Mitglied der Gruppe, diese Geschichte aus der *comunidade* Anil. Sie hatten viele andere Improvisationen gemacht, bevor sie zu diesem Thema improvisierten."[327]

Marilene Ribeiro, Mitglied von *Panela* und Anwohnerin am Canal do Anil, berichtet:

„Sieh mal, das Stück fing so an: es hatte schon Gerüchte gegeben, daß etwas in der *comunidade* passieren würde – Gerüchte, nichts konkretes, nichts. Als die Sache bekannt wurde, waren die Leute verzweifelt, und da kam das Thema hier auf. Das Thema wurde ausgesucht, als es eine heiße Sache war, die in diesem Moment rauskam."[328]

Mit der Situation der von *remoção* bedrohten BewohnerInnen der *comunidade* Canal do Anil als neuem Ausgangspunkt setzt die Gruppe ihre Improvisationen fort. Drei Mitglieder erzählen:

Ana Paula Alcântara: „Es war so: auf der Basis dieser realen Ereignisse, über die wir uns unterhielten...
Paulo Souza: „...machten wir Übungen..."
Ana Paula Alcântara: „...genau, machten wir Übungen und jeder brachte mehrere Themen ein. Dieses Thema wurde ausgewählt. Auf dieser Basis arbeiteten wir weiter..."

---

[327] Bárbara Santos (Santos 014).
[328] Marilene Ribeiro (*Panela* Ia 020).

Monique Rodrigues: „...machten Improvisationen..."
Ana Paula Alcântara: „...genau, machten auch Improvisationen, fügten das Thema Rassismus hinzu..."
Monique Rodrigues: „...und auch die Themen Abtreibung und Schwangerschaft im Jugendalter."[329]

Die Zeit der Themensuche ist die Zeit der intensiven inhaltlichen Diskussionen, zum Beispiel über die Erfahrungen der Gruppenmitglieder mit Rassismus. Bárbara Santos spricht in diesem Zusammenhang von einer sehr pädagogischen Seite der Arbeit in den Gruppen.[330] So vielfältig sind die Themen und Geschichten, daß sich die Gruppe für die Entwicklung eines Stücks entscheidet, das vor dem thematischen Hintergrund einer von *remoção* bedrohten *comunidade* so unterschiedliche Themen wie Rassismus, Schwangerschaft im Jugendalter, Abtreibung und Korruption in seinen Handlungsablauf integriert.[331]

Marilene Ribeiro, die den beginnenden Widerstand und den Prozeß der Selbstorganisierung in der *comunidade* miterlebt hat, ist dafür verantwortlich, daß einem Teil der im Stück vorkommenden Diskussionen der *comunidade* authentisches Material zugrundeliegt:

„Bei jeder Versammlung, die es in der *comunidade* gab, machte ich mir ein paar Notizen [...], was ich sie sagen hörte, schrieb ich auf einen Zettel. Also stammen viele Aussagen [im Stück] von den Leuten aus der *comunidade* [...]: die Kommission, Versammlungen"[332]

Erarbeitet wird der Stücktext und -ablauf in einem partizipativen Prozeß kollektiver Szenenmontage und gemeinsamen Stückeschreibens.

„Wer sich den Text ausgedacht hat waren wir, jeder half ein bißchen, und das war gut [...] Jeder brachte seine Ideen ein, nur der nicht, der nicht wollte, so war es. Dann sammelten wir das, die *curingas* lasen alles, arbeiteten gemeinsam mit der Gruppe, wir stimmten ab, so lief die ganze Sache. Und so entstand unser Text, der Text von *Panela*."[333]

---

[329] Ana Paula Alcântara / Monique Rodrigues / Paulo Souza (*Panela* Ia 050).
[330] Vgl. Bárbara Santos (Santos 020).
[331] Im Interesse einer Eingrenzung der thematischen Ausführungen habe ich mich dafür entschieden, mich im Kontext-Teil 5.1 lediglich mit der Frage der *remoções* zu beschäftigen.
[332] Marilene Ribeiro (*Panela* Ia 020).
[333] Ana Paula (*Panela* Ia 051).

Die Texte der Improvisationen werden von Gruppenmitgliedern und *curingas* mitnotiert und in der Zeit zwischen den Proben zu Szenen verarbeitet.[334] Bárbara Santos und Geo Britto übernehmen die Koordination der Arbeit und das Abtippen der Texte. Gemeinsam wird die Musik ausgewählt. Es entsteht ein erster *roteiro*, ein grober Ablauf der Handlung, der diskutiert wird, es folgen weitere, bis eine vorläufige Stückfassung steht. Diese wird an Augusto Boal weitergegeben, der sie mit einigen textergänzenden Vorschlägen versieht, die zum Teil von der Gruppe angenommen und zum Teil abgelehnt werden. Schließlich wird das Stück unter dem Titel *„Segura essa Panela aí, senão vai explodir!"*[335] nach rund fünf Monaten Erarbeitungs- und Probenzeit im November 1998 uraufgeführt.[336]

5.3 „Alles kam vom Konkreten, alles kam vom Realen" – Theater und Lebensrealität

Zu einem treibenden *funk*-Groove springen in farbbeschmierte Arbeitsklamotten gekleidete Personen singend auf die Bühne und beginnen gemeinsam mit der Konstruktion von Häusern einer *comunidade*. Im Rhythmus der Musik bilden sie eine Art Kette, die *máquina do mutirão* (vgl. Abb. 28).[337] Eine gutgekleidete weiße Familie betritt die Bühne: Antenor, seine Ehefrau Maria und ihre Tochter Antônia. Die menschliche Maschinerie arbeitet im Hintergrund weiter. Antenor bemerkt die Arbeitenden.

Antenor: Frau, schau dir das an! Kneif mich, Maria, ich kann nicht glauben was ich sehe. Eine Bande von Schmarotzern! Was glauben sie was sie hier tun?
Maria: Nur die Ruhe, Schatz. Sie bauen sich Häuser zum Wohnen, das ist alles, siehst du nicht?
Antenor: Häuser? Sie bauen eine *favela*, eine ganze *favela* voller Baracken! Sie dringen in unser Territorium ein.
Maria: Unser Territorium? Das sind ein paar arme Leute, die keinen Ort

---

[334] So umfangreich ist das durch Improvisationen gewonnene Material, daß einige Mitglieder der Gruppe hieraus selbständig ein eigenes Stück entwickeln und an mehreren Orten aufführen (hierbei handelt es sich allerdings nicht um Forumtheater).

[335] Sinngemäß zu übersetzen als „Halte diesen Topf fest, sonst explodiert er!". Der Titel taucht als Aussage *Juremas* auch im Stück auf (vgl. 5.3).

[336] Nach Angaben von *curinga* Bárbara Santos hat der erste Workshop im April 1998 stattgefunden und die Erarbeitung des Stücks im Juni 1998 begonnen (vgl. Santos 021). Damit ist *Panela de Opressão* zum Zeitpunkt des Forschungsaufenthalts die am längsten aktive Gruppe des CTO-Rio im Projekt Legislatives Theater.

[337] *Mutirão* ist ein traditionelles Konzept gegenseitiger Unterstützung und kollektiver (Selbst-)Hilfe in marginalisierten Stadtteilen, das vermutlich aus dem ländlichen in den urbanen Kontext übernommen wurde (vgl. *Centro de Defesa dos Direitos Humanos „Bento Rubião"* 1994, S. 94ff).

haben, um ihren Lebensabend zu verbringen. Jetzt sind sie hier gelandet. Es ist ihr Recht. Das Territorium gehört nicht uns, es gehört allen.

Antenor: Natürlich ist es unser Territorium, es gehört nur uns und niemand anderem! Sie sind schon ganz in der Nähe von uns. Sie werden unser Vermögen entwerten mit diesen schmutzigen Baracken, mit ihrem armseligen Äußeren und diesem Gestank von Armut. Maria, riechst du das? Armut stinkt!

Maria: Die Armen, Antenor! Hab doch Mitleid. Sie werden ruhig an diesem Ort leben, du wirst sehen. Sie werden keinen Lärm machen, nachts keinen *funk* singen, es wird ganz ruhig sein.

Antenor: Natürlich werden sie Lärm machen, aber sie werden nicht lange hier bleiben, denn ich heiße immer noch Antenor! Antenor, Enkel von Antenor Santos de Oliveira! Sohn von Antenor Santos de Oliveira, dem Sohn! (vgl. Abb. 29)

Während der Diskussion haben Antônia und Carlos, ein schwarzer Junge aus der *comunidade*, hinter dem Rücken des Vaters Blickkontakt aufgenommen und sich einander genähert. Sie finden sich offensichtlich sympathisch. Antenor unterbricht sie.

Antenor: Tonha! Tonha! Komm schon! Verschwende deine Zeit nicht damit, diese Bande von Bedürftigen anzuglotzen. Und sprich nicht mit diesen Gammlern!

Die *maquina do mutirão* wird wieder lauter, kommt ins laufen und arbeitet immer schneller zu dem immer schneller werdenden *funk*-Groove, der schließlich in das Lied *Festa de Santo Reis* übergeht. Die AnwohnerInnen der neuen *comunidade* beginnen zu tanzen und feiern die kollektiv gebauten Häuser. Nach einer Weile versucht eine Frau aus der Mitte der Tanzenden die anderen zu überzeugen, das Fest zu beenden und eine Versammlung zu beginnen.

Líder: Alle mal herhören! Das Fest ist schön, aber jetzt, da wir die Häuser gebaut haben, müssen wir uns organisieren. Wir brauchen Schutz! Wir sind in dieses Gebiet eingedrungen, jetzt müssen wir uns schützen vor anderen Eindringlingen!

Zwei Anwohner: Ohne mich!

Carlos: Sie hat recht, daran haben wir noch gar nicht gedacht. Wir müssen uns verteidigen!

Clara: Was für ein Schutz? Wir haben unseren Schutz schon: wir haben Häuser gebaut. Die schlechten Zeiten in unserem Leben sind vorbei.

Umweltschützerin: Natürlich Schutz. Schaut euch den Zustand des Flusses an. Er ist verdreckt. Schaut euch den ganzen Müll an, all die Schweinereien, die im Wasser schwimmen. Wir müssen etwas tun.

Líder: Ok, aber dafür müssen wir eine *Associação de Moradores* gründen. Sie soll uns alle vertreten. Die *Associação* wird nur etwas ausrichten können, wenn sie stark ist, und sie wird nur stark sein, wenn sich viele Menschen in ihr organisieren: wir alle!

Clara: Diese Sache mit der *Associação de Moradores* ist sehr gefährlich. Ist das nicht politisch? Ich bin nicht politisch. Wer politisch ist, soll Politik machen. Ich möchte hier einfach nur wohnen, ohne Politik zu machen.

Jurema: Diese Frau ist aber auch immer dagegen! Laß uns doch feiern, Schluß mit der Versammlung! Sollen wir jetzt an das Unheil denken? Wir tun niemandem etwas Böses, also wird uns niemand von hier entfernen wollen. Sie werden uns sogar mögen: anstatt auf der Straße zu leben, unter der Brücke zu schlafen, haben wir jetzt wenigstens unseren Stadtteil...

Dona Paula: Sich zu verteidigen, das ist alles Unsinn. Wir müssen uns nur in die Hände unseres Herrn Jesus Christus begeben, dann wird er uns beschützen. Dafür existiert Gott: um sich um uns zu kümmern! Wenn nicht, wofür wäre er sonst da? Wenn alle hier beten, in tiefem Glauben beten, und die Geboten unseres Herrn befolgen, dann wird uns nichts zustoßen, weil Gott gerade deswegen da ist.

Carlos: Meine Mutter hat vollkommen recht. Dafür ist Gott da, nicht wahr, Mutter?

Líder: Leute, eine *Associação* zu haben ist sehr wichtig, das wird uns schützen. Und Gott? Gott hilft dem, der früh aufsteht. Das hat er selbst gesagt: Gott hilft dem, der sich selbst hilft.

Jurema: Es reicht, Leute. Weil sie so gerne will: sie ist zu unserem *líder* gewählt. Und, als *líder*, organisiert sie alles alleine. Genau dafür ist ein *líder* da: um für uns alle zu arbeiten. Los, *líder*, los: Arbeite! Währenddessen machen wir etwas anderes.

Der Unbesorgte: Zum Beispiel: Laßt uns weiterfeiern!

Lachend beginnen alle erneut zu feiern und zu tanzen, ohne der neu bestimmten Vertreterin der *comunidade* weitere Aufmerksamkeit zu schenken. Nach und nach verlassen sie die Bühne und lassen Carlos zurück, der auf jemanden zu warten scheint und dem die Nervosität deutlich anzumerken ist.[338]

Die Heterogenität der Interessen und die Erfolglosigkeit der frisch „gewählten" Vertreterin der *comunidade* in ihrem Versuch, die anderen zu einem gemeinsamen Vorgehen zu motivieren, spiegelt sich wieder in den Erzählungen von AnwohnerInnen der *comunidade* Canal do Anil über die Situation vor Ort. So zum Beispiel José Severino dos Santos über seinen Stadtteil:

„Zum Wohnen ist es wundervoll, [...] es ist ein sehr guter Ort zum Wohnen. Um gemeinsam etwas zu erreichen, um sich zusammenzuschließen – schwierig, sehr schwierig. Das Problem ist: jeder kümmert sich nur um sich selbst."[339]

---

[338] Alle Stückzitate aus: *Panela de Opressão* 1999 (Übersetzung d.A.).
[339] José Severino dos Santos (Anil IIIb 001)

Carlos allein auf der Bühne. Unvermittelt taucht ein zweiköpfiger Chor auf und singt ein kitschiges Lied aus einer bekannten *telenovela*. Hinter Carlos betritt Antônia, die Tochter Antenors, die Szene, schleicht sich heran und hält ihm von hinten die Augen zu. Sie haben sich verabredet. Doch sehr entspannt läuft das Treffen der beiden Verliebten nicht ab: Antônia erzählt Carlos, daß sie schwanger ist. Carlos will es zunächst nicht glauben.

Antônia: Du wirst Papa! Wirklich! Es ist wahr! Wahre Wahrheit, absolut wahre Wahrheit! Ich bin schwanger, total schwanger, ganz und gar schwanger! Alles Untersuchungen waren positiv.
Carlos: Ich Papa?! Und dein Vater, ob er will oder nicht, Großvater? Und mein Kind ein Waisenkind, schon vor der Geburt? Und du Witwe schon vor der Hochzeit? Und ich? Da bleibt nur noch sterben, denn dein Vater wird mich sowieso umbringen. Ich bin sicher, daß er mich umbringen wird. Er wird mich umbringen so oft er kann! Wir sind verloren! Was wird passieren? Ich tot, mein Kind ein Waisenkind, du eine Witwe...
Antônia: Was passieren wird? Mein Bauch wird größer werden und meine Brüste werden sich mit Milch füllen. Es hilft nichts, wenn du Angst hast, wir müssen uns jetzt der Situation stellen. Wir werden sehen, wie wir sie lösen.

Sie gehen verärgert auseinander, besinnen sich jedoch dann unter aktiver Einwirkung des Chors eines Besseren und fallen sich in die Arme. Die Szene geht nahtlos über in die nächste: Carlos' Mutter, Dona Paula, betritt die Bühne, unterbricht den Chor und bringt die beiden Sängerinnen dazu, stattdessen ein *Glória Glória Aleluia* anzustimmen, das eher getragen beginnt und sich dann zu einem immer ekstatischer werdenden Rocksong wandelt. Carlos hat Mühe, die Mutter anzusprechen. Schließlich gelingt es ihm, sie zu stoppen.

Carlos: Weißt du, Mama...ich habe eine Freundin.
Dona Paula: Wie schön! Ich dachte schon, daß du ein bißchen falsch gepolt bist. Ich hatte sogar schon etwas Angst. Aber wie kommt das: du hast eine Freundin und läufst mit einem solchen Gesicht rum? Ist sie häßlich?
Carlos: Sie ist schön, sie ist wundervoll, aber es gibt ein Problem.
Dona Paula: Du wirst mir jetzt nicht sagen, daß sie verheiratet ist.
Carlos: Schlimmer.
Dona Paula: Schlimmer?
Carlos: Sie ist schwanger.
Dona Paula: Schwanger?! Mein Sohn, was für eine Sünde hast du vor den Augen Gottes verübt! Das Mädchen vor der Hochzeit entehrt! Was für eine häßliche Sünde! Jetzt wirst du sie so schnell wie möglich heiraten müssen, bevor die Geschichte bekannt wird.
Carlos: Aber es gibt noch ein Problem. Setz dich, Mama, um besser zu hören.
Dona Paula: Sprich, Junge! Willst du, daß ich einen Herzinfarkt bekomme? Ich höre mit den Ohren, nicht mit den Beinen. Sprich im Stehen!
Carlos: Sie ist die Tochter des Besitzers dieser ganzen Region: Sr. Antenor.

114

Dona Paula: Was für ein Unglück! Er ist der Arbeitgeber deines Vaters.
Dieser Mann ist das Böse in Person. Ein Teufel, ein abstoßender Satan! Laß
uns unsere Sachen packen und abhauen, bevor er entdeckt, daß du der Sohn
deines Vaters bist.
Carlos: Jetzt werde ich sterben! Er wird mich umbringen, bevor mein Kind
geboren sein wird. Ich möchte wenigstens das Gesicht des Kindes sehen.
Dona Paula: Schlimmer ist es, wenn dein Vater seine Arbeit verliert.
Carlos: Mutter, ist mein Leben denn nicht wichtig?
Dona Paula: Aber ohne die Arbeit deines Vaters sind es drei Leben weniger:
mein Leben, dein Leben und sein Leben.

Die Gruppenmitglieder Paulo Souza und Edson Rodrigues erinnern sich im
Gespräch an die Entstehung dieses Teils der Stückhandlung:

Paulo Souza: „Das war Camila, erinnerst du dich? Ich glaube es war Camila, die
das erzählt hat. [...] Camila war am Anfang in der Gruppe, nach drei, vier
Monaten ist sie ausgestiegen. Sie hatte von einem schwarzen Jungen erzählt, der
sich so richtig verliebt hatte – in ein reicheres Mädchen [...] Sie wurde
schwanger. Die Familie akzeptierte das nicht. [...] Und so entstand diese Idee.
[...]"
Edson Rodrigues: „Das ist das, was ich schon vorher gesagt habe: Alle Themen,
die in den Text eingebaut wurden, sind Erfahrungen, die die *comunidade* selbst
gemacht hat. Nichts wurde erfunden. Nichts kam vom Abstrakten, alles kam
vom Konkreten, alles kam vom Realen."[340]

Diese Geschichte wird verschränkt mit dem am zentralen Thema des Stücks
ausgerichteten Handlungsstrang, der Situation einer *comunidade* angesichts ihrer
drohenden *remoção*.

Unterbrochen wird die Diskussion zwischen Carlos und seiner Mutter von der
Vertreterin der *comunidade*, die die BewohnerInnen zusammenruft.

Líder: Leute, ich mache mir große Sorgen um die Zukunft unserer *comu-
nidade*. Wir müssen vorsichtig sein.
Clara: Was für eine Neuigkeit! Du machst dir immer Sorgen, aber los, sprich!
Líder: Ich weiß aus sicherer Quelle, daß es eine Idee von Politikern gibt, uns
hier zu vertreiben, um ein Bauprojekt am Fluß durchzuführen.
Jurema: Ein was?
Líder: Ein Bauvorhaben, um den Regen einzudämmen und die Überschwem-
mungen zu verhindern.
Umweltschützerin: Dann ist das doch gut für uns! Es soll das Hochwasser

---

[340] Edson Rodrigues und Paulo Souza (*Panela* II 013).

verhindern.

Líder: Ihr versteht überhaupt nichts!!! Um dieses Bauvorhaben zu verwirklichen, wollen sie unsere Häuser abreißen.

Jurema: Um ein Bauvorhaben zu verwirklichen wollen sie uns von hier entfernen? Reißen sie die Gebäude in der *zona sul* ab, wenn sie ein Bauprojekt machen wollen? Nein. Also werden sie uns auch respektieren müssen. Ich gehe hier nicht weg.

Clara: Oh Gott, ich sehe schon: das wird nicht gut ausgehen.

Der Unbesorgte: Kümmert euch nicht darum! Das sind die Neider, die euch den Kopf verdrehen wollen. Wir stören hier niemanden. Hier gibt es nur Arbeiter.

Líder: Natürlich stören wir. Mit den Regenfällen als Entschuldigung finden sie einen Weg, um uns von hier wegzubekommen. Das Gelände ist wertvoll. Es gibt viele Leute, die Interesse daran haben, Shopping Center und teure Wohnblocks in dieser Region zu bauen. Unsere Anwesenheit stört die Pläne vieler Mächtiger – vor allem von diesem Antenor.

Ein Gespräch im Haus der *Associação de Moradores* der *comunidade* Canal do Anil, auf der Seite des Kanals, die nicht akut von der *remoção* gefährdet ist. Warum sollen die Häuser auf der anderen Seite mitsamt der BewohnerInnen verschwinden? Die Antwort von Regina Macedo[341], Mitarbeiterin der *Associação* und Anwohnerin der nicht betroffenen Seite, scheint wenige Fragen offenzulassen.

„Um die Arbeit am Fluß leisten zu können, die Kanalisation des Flusses. Denn immer sahen sie sich das an und ergriffen doch nur ein paar lindernde Maßnahmen. Sie besserten aus. Aber jedes Mal wenn es Hochwasser gab, trat der Fluß über die Ufer und machte die ganzen Häuser unbewohnbar. Viele Leute verloren vieles wegen der Überschwemmungen. Und jetzt will die Präfektur eine Baumaßnahme am Fluß durchführen. Dafür wird sie ihn verbreitern müssen, und deswegen die Leute entfernen, [...] die Leute von der Brücke bis dort unten."[342]

Die *remoção* quasi nichts weiter als eine humanitäre Aktion zur Evakuierung notleidender Bevölkerung aus einem ökologischen Katastrophengebiet? Andere Aspekte tauchen in der Antwort einer Bewohnerin der gegenüberliegenden, akut räumungsbedrohten Seite des Flusses auf:

„Sie sagen, daß es dieses Projekt seit vielen Jahren gibt: zwei Straßen sollen auf dieser Seite gebaut werden. Zwei Straßen, um den Verkehr zu entlasten. [...] Es gibt einen sehr starken Druck auf die *comunidade* Canal do Anil, auf uns. Also

---

[341] Name geändert.
[342] Regina Macedo (Anil I 002).

müssen wir von diesem Ort weichen. [...] [Es gibt einen Druck] von Seiten unserer Regierung, um uns von hier zu entfernen, [...] wegen der Verbreiterung des Kanals, des Flusses – und wegen der Straßen. Es gibt nämlich ein Projekt, nicht nur die Verbreiterung des Kanals [...] Wenn es nur das wäre, dann würden sie die näher am Kanal stehenden Häuser entfernen und die hinteren stehen lassen. [...] Das war auch der Anfangsvorschlag: uns wurde gesagt, daß nur die Anwohner gehen müssen, die näher am Kanal wohnen, um das Kanalisierungsprojekt durchführen zu können."[343]

Luiza Gonçalves[344] ist zugezogen und lebt seit einigen Jahren in einem jener Häuser, die nicht direkt am Ufer des Flusses stehen, sondern etwas weiter hinten – in einem der Häuser also, die nach ihren Angaben vom ersten Plan der Präfektur unberührt geblieben wären. Der hatte in dieser Form jedoch nicht lange Bestand. Der nächste Plan erstreckt sich schon bald auf die Zerstörung aller Häuser der anderen Kanalseite und die Umsiedlung aller AnwohnerInnen:

„Dann – ich weiß nicht wie das passiert ist, ein sehr starker Druck – beschlossen sie die Entfernung aller Anwohner, wegen dieser Straße. Vorher war es nur, um die Baumaßnahme am Fluß durchführen zu können. Dann aber entschlossen sie sich, diese Straße zu bauen, um den Zugang von Anil nach Barra zu erleichtern, um einen anderen Weg zu schaffen."[345]

Auf die Frage, ob es nicht Alternativen zur Verbreiterung des Flusses hätte geben können, etwa eine Vertiefung, antwortet sie:

„Hätte geben können – das schon, aber das ist eine politische Frage. [...] Als sie zu merken begannen, daß die Verbreiterung des Kanals klappen könnte, also das, was sie schon seit vielen Jahren wollten...da gibt es auch die Sache mit der Straße, mit dem Weg, der Barra mit Anil verbinden soll. Sie vereinten diese beiden Dinge. Wir sind uns bewußt, daß das wichtig ist, wir sind uns bewußt, daß wenn sie diese Arbeit am Fluß nicht machen, uns die Natur selbst von hier entfernen wird. Denn die Ufer des Flusses gehen kaputt, die Erosion kommt, bei jedem Sommerregen merken wir, wie sie näher kommt. Sie spürten, daß sie alles in der Hand hatten und wir nichts – also konnten wir nicht mit ihnen diskutieren. Alles, was wir an Verwirrung verursachen würden, wäre ihr Motiv, sich zurückzuziehen. Dann hätten wir keine Argumente mehr. Sie würden kommen und uns an jeden beliebigen Ort verdrängen. Also akzeptierten wir das alles. Wir sind uns bewußt [...], daß sie in der Lage sind, so etwas zu machen. 'Ah, ihr wollt nicht? Dann ziehen wir uns zurück' – bei der ersten Überschwemmung,

---

[343] Luiza Gonçalves (Anil II 006 / 007).
[344] Name geändert.
[345] Luiza Gonçalves (Anil II 006 / 007).

die kommt und alle obdachlos macht, bringen sie uns an irgendeinen Ort. Also müssen wir das akzeptieren."[346]

Und es kommen die Interessen einer weiteren schwergewichtigen Partei ins Spiel: der Brauerei *Antártica*, in ganz Brasilien bekannt und beliebt für eiskaltes Bier. Der Großkonzern hat einige Jahre zuvor eine riesige Brauerei neben der *comunidade* Canal do Anil errichtet, damals eine der größten Brauereien Lateinamerikas. Anfangs kommt die Mehrheit der Beschäftigten noch aus der benachbarten *comunidade*. Dieser Teil der Belegschaft wird jedoch nach und nach auf die Straße gesetzt. Heute arbeiten nur noch wenige AnwohnerInnen der *comunidade* Canal do Anil für den Biergiganten.[347] Nur durch eine Mauer ist das Brauereigelände von den Häusern der *comunidade* getrennt, ein Ort wie viele andere in der geteilten Stadt, an denen sich das brasilianische Wohlstandsgefälle innerhalb nur weniger Meter manifestiert.

> „*Antártica* begann, die *comunidade* Canal do Anil als ein Risiko zu betrachten, als eine Gefahr. Warum? [...] Auf diesem ganzen Gebiet, das *Antártica* gehört, [...] gibt es eine Mauer, die *Antártica* gebaut hat, und die die *favela* von dem Unternehmen trennt, vom Grundstück des Unternehmens. Aber in der Zeit der Überschwemmungen, der Überschwemmungen von 1996, staute diese Mauer viel Wasser [...] Was dann passiert ist: diese Mauer, sie...an mehreren Stellen wurde sie...sie fiel um, also: das, was das Wasser staute, das, was den Leuten am meisten geschadet hat, fiel um, fertig. Und *Antártica* war sich dessen bewußt, daß bei jeder Überschwemmung die Leute die Mauer einrissen, die Mauer durchbrachen. [...] Also begann *Antártica*, die *comunidade* als eine Bedrohung zu betrachten."[348]

Plötzlich taucht im Versammlungsraum der *comunidade* Antenor auf, unterbricht die Diskussion und brüllt den BewohnerInnen die Frage nach dem Verbleib von *Carlos* ins Gesicht. Alle erfinden panisch Ausreden und verlassen den Raum. Bevor *Carlos* und seine Mutter *Dona Paula* die Tür erreichen, werden sie von Antenor zur Rede gestellt. (vgl. Abb. 30)

Dona Paula: Sehen Sie, Senhor, wir sind gute Menschen, wir wollen keine Verwirrung stiften.
Antenor: Menschen? Dieser Schimpansensohn denkt, daß er ein Mensch ist und losziehen kann, um anständige und ordentliche Mädchen zu schwängern.
Carlos: Wir lieben uns und möchten so schnell wie möglich heiraten.
Antenor: Heiraten? Wie wird sie einen Verstorbenen heiraten können? Du bist

---

[346] Luiza Gonçalves (Anil II 009 / 010).
[347] Vgl. Luiza Gonçalves (Anil II 039).
[348] Luiza Gonçalves (Anil II 036).

tot, Junge, du bist tot! Du mußt nur noch begraben werden.

Dona Paula: Beruhigen Sie sich! Ich weiß, daß die beiden einen Fehler begangen haben, aber mein Sohn hat nichts alleine getan. Ihre Tochter wollte auch mitmachen. Sie wissen besser als ich, daß es eine Sünde ist, diese Dinge alleine zu tun! Sie waren zu zweit.

Antenor: Meine Tochter ist noch ein Mädchen und hat sich wohl von den Mitleidsgefühlen hinwegtragen lassen, die sie für diesen Bedürftigen haben muß, diesen Sohn eines Niemands, diesen verirrten Aasgeier, diesen...

Antenor stößt noch einige weitere Drohungen aus, verläßt den Ort des Geschehens und läßt Dona Paula und Carlos zurück, der zu allem Übel auch noch eine Tracht Prügel von ihr erhält.

Szenenwechsel. Das Haus der Familie Antenors. Feine Möbel. Das riesige Bild eines Vorfahren an der Wand. Drei *domésticas* arbeiten. Antenors Frau Maria betritt mit ihrer Tochter den Raum und verscheucht sie wie Hühner. Sie wartet auf ihren Mann. Antônia ist sichtlich nervös und versucht, ihrer Mutter die Neuigkeit möglichst vorsichtig beizubringen (vgl. Abb. 31), doch in diesem Moment kommt Antenor zur Tür herein. Er poltert los und erzählt von der Schwangerschaft seiner Tochter. Maria ist entsetzt.

Maria: Wie konntest du mir das antun, Mädchen? Ich träumte davon, meiner einzigen Tocher bald die Hochzeit einer Prinzessin organisieren zu können. Aber du wirst so oder so heiraten. Wer ist der junge Mann, ist es der Sohn von Dr. Rodrigues? Der Sohn von Dr. Freitas? Der Sohn von Coronel Felisberto? Einer der Söhne der Familie Ferreira Albuquerque?

Antenor: Nein. Es ist ein *favelado*, dort von der anderen Seite des Flusses. Der Sohn eines Niemands. Aus ärmlichsten Verhältnissen.

Maria (droht in Ohnmacht zu fallen, aber fängt sich, als sie ihren Ehemann anblickt): Meine Tochter, ein Junge aus ärmlichsten Verhältnissen, wie wirst du den heiraten können? Nur wenn du ihm eine Arbeit besorgst, Antenor.

Antenor: Eine Arbeit für den Jungen? Ich? Das ist kein Mensch, sondern ein Saci Pererê[349].

Antônia: Er ist der Mann den ich liebe. Er ist kein Saci Pererê, sondern stolz darauf, schwarz zu sein.

Maria: Arm? Schwarz? Ah, São Benedito!!! Jetzt sterbe ich! (Fällt schließlich in Ohnmacht)

Antenor fordert Maria zum Aufstehen auf und kündigt seiner Tochter an, er werde sie zu einer Abtreibung zwingen. Seine Ehefrau protestiert. Mitten in den Streit platzt die Türglocke.

---

[349] Abwertende Bezeichnung für einen Schwarzen.

Auch Marilene Ribeiro erinnert sich an die intensiven Diskussionen zum Thema Rassismus in der Erarbeitungsphase des Stücks und an die Entscheidung der Gruppe, die eingebrachte Geschichte in die Stückhandlung zu integrieren:

> „Dann kam die Geschichte einer anderen Schülerin auf, von einem Problem: ein Verhältnis eines weißen Mädchens mit einem Schwarzen, das die Mutter nicht wollte. Das Mädchen wurde erniedrigt, unterdrückt. [...] Um *Antenor* mit der *comunidade* zu verbinden, benutzten wir das Mädchen, das sich in den Schwarzen verliebt, um das Thema Rassismus mit reinzunehmen.“[350]

> Vor der Tür stehen drei Politiker, Dr. Marcelo, Sr. Celestino und Sr. Silvério, die mit Antenor sprechen wollen. Er läßt sie hereinbitten und schickt die Frauen in die Küche. Antônia bleibt jedoch in der Nähe, um das Gespräch belauschen zu können.

> Antenor: Ich halte es für besser, wenn wir direkt zum Punkt kommen. Ich möchte, mehr als je zuvor, die Entfernung dieser Schmarotzer, Tagelöhner, illegalen Eindringlinge von der anderen Seite des Flusses. Oder besser, in anderen Worten: um des Wohls der ehrlichen Bevölkerung dieser Region willen möchte ich dazu beitragen, daß die Bauvorhaben zur Eindämmung des Flusses schneller vorankommen. Das bedeutet eine Verbesserung für alle, vor allem für mich.

> Die drei Politiker erhalten nacheinander große Geldbündel: Der Vertreter der Administration, Dr. Marcelo, zur Beschleunigung der bürokratischen Abläufe, der Vertreter der Legislative, Sr. Celestino, für die Bestechung der Abgeordneten und Sr. Silvério, um die AnwohnerInnen der *comunidade* zu überzeugen. Schließlich darf der persönliche Anreiz nicht fehlen, und so wirft ihnen Antenor weitere Geldscheine vor die Füße, die sie – gackernd wie Hühner – hektisch zusammenklauben. Nachdem die drei das Haus verlassen haben, kommt Antônia aus ihrem Versteck hervor.

> Antônia: Vater, Du versuchst, die *comunidade* von Carlos von dort zu vertreiben, nicht wahr?
> Antenor: Das ist keine *comunidade*, sondern eine *favela*!
> Antônia: Ich werde das nicht zulassen, ich werde Anzeige gegen dich erstatten.
> Antenor: Was, du willst mich herausfordern? Das einzige was du machen wirst ist eine Abtreibung.
> Antônia: Niemals. Ich möchte mein Kind. Mutter, Abtreibung ist Sünde. Du hast selbst gesagt, daß das eine Sünde ist!!!!
> Maria: Klar, du hast recht, Abtreibung ist eine Sünde, es ist gegen unsere Religion.

---

[350] Marilene Ribeiro (*Panela* Ia 022).

Antenor: Sünde, Maria? Eine Sünde ist es, einen kleinen Mischling mit Neger-löckchen im Haus zu haben, der alles kaputt macht, auf den Teppich pinkelt und mich auch noch Opa nennt! Willst du die Großmutter eines Affen sein? Willst du den Namen unserer Familie beschmutzen? Überleg dir das gut, Maria. Überleg dir das gut. (Drohend) Maria, überleg dir das gut.

Maria überlegt es sich tatsächlich innerhalb von Sekunden noch einmal und kündigt ihrer Tochter an, daß sie in ein US-amerikanisches Spezial-krankenhaus geschickt werde, das auf die Wiederherstellung der Jung-fräulichkeit nach einer Abtreibung spezialisiert sei. Danach werde sie sich mit einem jungen Mann aus guter Familie verheiraten können.

Szenenwechsel. Wieder in der *comunidade*. Aufgeregt betritt die Vertreterin der *comunidade* die Bühne, eine Zeitung in der Hand.

Líder: Leute, es ist dringend. Eine Bombennachricht!
Clara: Du meine Güte! Wie diese Frau nur wieder redet.
Líder: Schaut euch das hier an. Jetzt ist es offiziell. Es steht in den Zeitungen, seht: 'Präfektur wird Anwohner aus dem Stadtteil am Fluß ver-treiben. Wohin sie gebracht werden, ist noch nicht bekannt.' (vgl. Abb. 32)
Jurema: Glauben sie, daß wir Möbel sind, die man einfach so wie bei einem Umzug an einen anderen Ort bringen kann? Das werden wir nicht zulassen!
Dona Paula: Der Weg ist, sich in Gottes Hände zu begeben.
Líder: Dona Paula, Gott sprach: 'Mach deinen Teil und ich werde dir helfen'.
Jurema: Wir müssen uns zusammenschließen und zusammenstehen, egal was passiert. Niemand darf nachlassen.
Líder: Nervosität und Aggression helfen uns jetzt nicht weiter. Die Vernunft ist auf unserer Seite!
Jurema: Ich werde für mein Haus auf meine Weise kämpfen. Diese vielen Versammlungen führen nur dazu, daß diese Typen uns einwickeln.
Clara: Aber sie sollen neue Häuser geben! Die Präfektur hält immer das, was sie verspricht, ist das nicht so?
Alle: Nein!
Líder: Die Präfektur hat sich noch nicht geäußert. Das macht mir Sorgen. Meine Idee ist die Bildung einer Kommission, die zur Präfektur geht, um mit ihr zu verhandeln.
Clara: Glaubst du daß der Bürgermeister eine Horde von Armen empfangen wird? Er wird nicht mal die Tür öffnen.
Líder: Das ist unser Recht.
Carlos: Ganz genau, und Recht ist Recht. Wir müssen kämpfen bis zum Schluß. Ich möchte in dieser Kommission mitarbeiten.
Dona Paula: Gott weiß was er macht. Wenn es sein Wille ist, daß wir durch diese Prüfung gehen, dann sollten wir das akzeptieren und darauf hoffen, daß die Prüfung noch größer wird.
Umweltschützerin: Leute, was ihr alle vergeßt ist, daß dieses Bauvorhaben wirklich wichtig ist. Im Laufe der Jahre ist der Fluß immer flacher geworden, wegen der Verschmutzung, der Entwaldung und ungebührlicher

Konstruktionen.

Jurema: Willst du damit sagen, daß unsere Häuser ungebührliche Konstruktionen sind?

Umweltschützerin: Genau. All das läßt den Fluß einen großen Graben werden. Er wird immer flacher. Wenn es regnet, tritt er über die Ufer. Diese Idee, die Ufer des Flusses zu verbreitern, ist hervorragend!

Líder: Das Problem ist, daß nicht wir die Schuldigen für die jetzige Situation des Flusses sind. Wir müssen sehr gut nachdenken, denn es bringt nichts, wenn Überschwemmungen verhindert werden, wir aber auf der Straße leben, unter der Brücke.

Umweltschützerin: Natürlich. Also müssen wir die Regierung überzeugen, daß es einen Weg geben muß, sich sowohl um die Überschwemmungen als auch um die Menschen zu kümmern.

Die Situation in der *comunidade* Canal do Anil spitzt sich zu. Marilene Ribeiro schildert die Lage:

„Jetzt werden 500 Familien von den Ufern des Kanals entfernt [...] Sie sind verzweifelt, denn hier wurden Leute geboren, hier wuchsen sie auf, hier heirateten sie, hier haben sie Kinder. Es sind Leute, die schon 40 Jahre hier leben, manche sogar länger, die ersten länger, es sind also Leute, die sich eingelebt haben...sie haben Wurzeln geschlagen. Also gibt es viel Traurigkeit, sie weinen, es geht ihnen schlecht."[351]

Nach Bekanntwerden der Räumungspläne werden mehrere Menschen in der *comunidade* aktiv und versuchen, Widerstand und handlungs- bzw. verhandlungsfähige Strukturen aufzubauen. Damit scheint die Stadtverwaltung nicht gerechnet zu haben:

„Sie waren überrascht, als sie bemerkten, daß Canal do Anil, daß die *favela* Canal do Anil eine *favela* von Personen war. Denn viele denken, daß ein *favelado* blöd ist, armselig ist, ein Schwein ist, alles was du dir vorstellen kannst. [...] Sie waren sehr überrascht. Wir haben hier Leute, die an der Universität studieren, die gebildet sind. Sie wohnen hier, weil sie hier geboren wurden, weil sie hier Wurzeln haben. Deswegen waren sie überrascht, auch wegen der Häuser, die verbessert worden waren. Sie merkten, daß sie es nicht mit Analphabeten zu tun haben, mit Leuten, die ihre Rechte nicht kennen. Und so begannen Gespräche, und wir bildeten die Kommission."[352]

---

[351] Marilene Ribeiro (*Panela* Ia 009).
[352] Luiza Gonçalves (Anil II 013).

Diese Aktivitäten bedeuten jedoch nicht, daß nun in der gesamten *comunidade* Canal do Anil eine sozusagen kanalübergreifende Solidarität aufkommt. Im Gegenteil: quasi über Nacht scheint sie sich in einen akut von Räumung bedrohten und einen weniger gefährdeten Teil gespalten zu haben.

> „Der Kampf für die Rechte von uns auf der anderen Seite wurde nur von den Leuten von dort geführt. Die Leute von hier haben sich nicht angeschlossen, als wenn sie denken würden: ‚Damit habe ich nichts zu tun'. Jeder kämpft für sich selbst. Auch das machte uns sehr traurig, eine *comunidade*, die...heute bin ich es, aber morgen kann es...es war so: einige Anwohner beteiligten sich, aber in Zahlen gemessen beteiligte sich die Mehrheit nicht am Kampf von dort."[353]

Dies ist umso bemerkenswerter, als dem Teil der *comunidade*, der auf der gegenüberliegenden, vorerst scheinbar sicheren Seite des Flusses liegt, möglicherweise ein ähnliches Schicksal bevorsteht wie dem unmittelbar von *remoção* bedrohten.

> „Es wird auch das Gebiet auf dieser Seite des Kanals betreffen, denn ganz in der Nähe liegt der Stadtteil Barra, sozusagen ein Stadtteil der Ersten Welt. Sie wollen die Schnellstraße bauen. Also werden sie das Problem erst auf der einen Seite angehen, doch sie haben den Leuten auf der anderen Seite schon angekündigt, daß auch sie entfernt werden. Die Messungen haben sie schon abgeschlossen. [...] Auf der anderen Seite werden 20, 30 Meter betroffen sein. Es gibt viele Gerüchte."[354]

Zur Vertretung ihrer Interessen wählen die BewohnerInnen der *comunidade* eine Kommission.[355] José Severino dos Santos, als einer der wenigen AnwohnerInnen immer noch Mitglied, berichtet:

> „Wie ich schon gesagt habe: zum Wohnen ist es hier sehr gut, aber für den Zusammenhalt ist es nicht gut. Es ist nicht gut, weil wir diesen Kampf [...] hier mit 28 Mitgliedern begonnen haben, mit 28 Leuten, um die Kommission zu bilden. Am Ende hatte sie vier Mitglieder, weil alle anderen ausgestiegen waren, [...] das dauerte nicht mal drei Monate [...] Auch unsere Präsidentin der *comunidade* [der *Associação de Moradores*] verließ uns in der Mitte des Weges,

---

[353] Luiza Gonçalves (Anil II 044). Alle Gespräche in der *comunidade* Canal do Anil wurden auf der nicht akut räumungsbedrohten Seite des Kanals geführt. „Hier" bezieht sich also auf diese Seite, „dort" auf die gegenüberliegende, von *remoção* bedrohte Seite.
[354] Marilene Ribeiro (*Panela* Ia 010). Auch Luiza Gonçalves bestätigt, daß schon bald auch die vorderen Häuserreihen der vorerst nicht gefährdeten Seite des Kanals von der *remoção* betroffen sein werden (vgl. Anil II 041 / 042).
[355] Vgl. Luiza Gonçalves (Anil II 028).

[...] sie wollte nicht weiter mit uns arbeiten. Da beschlossen ich und drei andere Kollegen, nicht aufzuhören, sondern weiterzumachen. Jetzt sind wir zehn, doch der größte Teil hat aufgehört."[356]

Offenbar steht die Gründung der Kommission in engem Zusammenhang mit der Inaktivität der eigentlichen Interessenvertretung der *comunidade*, der *Associação de Moradores*. Deren Arbeit, insbesondere die Arbeit der Präsidentin, wird von Luiza Gonçalves massiv kritisiert:

„Wir versuchten, diese Kommission zu bilden, weil wir auf folgendes gewartet hatten: daß unsere Präsidentin der *Associação* das als erste macht, daß sie gemeinsam mit uns kämpft – kämpfen in Anführungszeichen –, daß sie sich mit uns zusammenschließt. Aber was ist passiert? Diese *Associação* dort, in diesem Gebäude – die Präsidentin wurde damals auch mit meiner Stimme gewählt. Das erste Jahr ihrer Amtszeit war sehr gut – alles in Ordnung. Nach der zweiten Wahl zog sie sich auf ihr Amt zurück, sie ging nicht mehr raus, sie verschloß sich der *comunidade*. Sie hörte auf, Repräsentantin der Bevölkerung zu sein. Die Menschen nahmen wahr, daß sie die *comunidade* nicht vertrat. Sie vertrat ihre eigenen Interessen, die Interessen einiger weniger. Nun – gestorben, die *Associação* funktioniert nicht, die *Associação de Moradores* ist hier eine tote Sache, eine toter Verein. [...] Als wir merkten, daß sie sich nicht rühren würde, beschlossen wir, diese Kommission von Anwohnern zu bilden. Und dann kam sie an, und warum? Leider um zu stören. Sie trug überhaupt nichts bei. [...] Genau deswegen bin ich aus der Kommission ausgestiegen [...], weil ich mit ihr nicht sprechen kann, weder ich noch mehrere andere Personen, die in einer bestimmten Form Angst haben vor...vor dem, das sie repräsentiert."[357]

Als Gegenmodell zu einer passiven *Associação de Moradores* ohne Rückhalt in der *comunidade* soll die neu gegründete Kommission anders vorgehen:

„[Die Kommission] wurde gewählt, es gab ein Protokoll, alle Anwohner wurden aufgerufen [...] Wir nahmen das alles sehr genau...eben deswegen, weil die *Associação de Moradores* niemals diese Klarheit hatte. Also wollten wir das machen, was unserer Meinung nach in Wirklichkeit die *Associação* hätte tun müssen. [...] Als sie [die Präsidentin der *Associação*] merkte, daß die ganze Kommission, daß diese Gruppe so nicht bestehen bleiben würde und die Leute, die sich heftig mit ihr gestritten hatten, die Kommission verlassen hatten – dann stieg auch sie aus. Sie ist nicht dabeigeblieben. Sie ist nicht mehr dabei. Sie kam nicht dazu, um für die Rechte der Anwohner von der anderen Seite zu kämpfen, sondern um diese Haltung einzunehmen und zu sagen: ‚Über was beschwerst du

---

[356] José Severino dos Santos (Anil IIIb 001).
[357] Luiza Gonçalves (Anil 026 / 027).

dich? Ich weiß nicht worüber. Du wußtest, daß das eines Tages passieren würde.' [...] Sie erzeugt das Bild, daß sie viel Macht besitzt – vor der Präfektur hat sie keine. Sie ist nicht mehr als Präsidentin anerkannt [...] Sie vertritt nicht die *comunidade* Canal do Anil, sie vertritt sie nicht mehr."[358]

Insofern überraschen Äußerungen der Vertreterin der *Associação* nicht, die in einem Gespräch den Widerstand einiger AnwohnerInnen folgendermaßen bewertet:

„[Es gibt Leute,] die nicht gehen wollen, die sich wehren, aber meiner Meinung nach ist das ein überflüssiger Kampf, weil sie gehen müssen, damit die baulichen Verbesserungen am Fluß durchgeführt werden können."[359]

So wird die Position der AnwohnerInnen schon durch interne Differenzen geschwächt. Hinzu kommt, daß der erste Räumungsplan der Präfektur mit 99 Familien nur einen vergleichsweise kleinen Teil der *comunidade* betrifft:

„Der Staat verhandelt nie mit der gesamten *comunidade*, ich weiß nicht warum, wohl weil es ein großes Durcheinander gäbe. Vielleicht weil, wenn alle zusammen wären, sie sich auf nichts einigen würden."[360]

Es spricht jedoch auch einiges dafür, daß ein derartiges Vorgehen der Präfektur sorgsam kalkuliert ist und sie hierdurch den Widerstand in der Bevölkerung gering halten will. So hält sie die BewohnerInnen der von Räumung bedrohten Häuser in einer monatelangen Unsicherheit über ihre unmittelbar bevorstehende Zukunft.

„Das größte Problem ist die Bürokratie, die Zeit, die das alles braucht. Sie kommen hierher und sagen dir: ‚Du mußt hier weg', dieser ganze Druck eben. Die Leute, meine Schwiegermutter zum Beispiel, wurden krank. Im Januar kamen sie und sagten, daß wir im Februar aus unseren Häusern rausmüßten. Aber so ist es nicht. So kann man nicht kommen und mit dir reden, man muß dir Zeit lassen. Es existieren Gesetze, die dir dieses Recht zusichern [...] Auch das machten sie absichtlich, denn sieh mal: sie sagen ‚Es wird kommen, es wird nicht kommen...' und in dieser Zeit werden alle Leute entmutigt, mir selbst ging es so. Weißt du...nach Hause zu kommen und keine Ahnung zu haben, ob es passieren wird, ob du aus deinem Haus rausmußt oder ob du bleiben kannst [...] Die Leute konnten nicht mehr richtig schlafen, sich nicht mehr entspannen. Das war ein sehr schwieriger Prozeß."[361]

---

[358] Luiza Gonçalves (Anil II 027 / 028).
[359] Regina Macedo (Anil I 009).
[360] José Severino dos Santos (Anil IIIa 004).
[361] Luiza Gonçalves (Anil II 015 und 023).

Zudem werden die rechtlich ungeklärten Besitzverhältnisse in der aus Sicht der Präfektur illegalen Ansiedlung nun gegen die BewohnerInnen gewendet, obwohl diese seit Jahren auf eine Legalisierung ihrer Wohnsituation warten.

„So kriegen sie dich: Du zahlst kein IPTU[362], du zahlst keine Steuern [...], weil es nicht legalisiert ist. Wie willst du da argumentieren? Da können wir nicht argumentieren.“[363]

Die Uneinigkeit in der *comunidade* scheint der Präfektur, an einem glatten und widerstandsarmen Ablauf der *remoção* interessiert, durchaus gelegen zu kommen. Durch finanzielle Maßnahmen wird sie weiter angefacht.

> Carlos: Leute, seht mal, wer ist das?
> Jurema: Das können nur Leute von der Regierung sein. Die machen Notizen, kritzeln irgendetwas...Es ist besser, wenn du, als unsere *líder*, dort hingehst, um herauszubeommen, was passiert.
> (Die *líder* nähert sich den Männern)
> *Líder*: Guten Tag! Was machen Sie hier?
> Dr. Marcelo: Wir führen eine Reihe von Messungen und Überprüfungen durch.
> Zwei Anwohner: Wofür?
> Sr. Celestino: Für den Bau einer Schnellstraße, die die Umsiedlung der Anwohner erleichtern und den Bau eines Shopping Center ermöglichen wird, das die Einkaufsmöglichkeiten der Bevölkerung vergrößern wird.
> Zwei Anwohner: Und wir, wo kommen wir in diesen Plänen vor?
> *Líder*: Genau, wie wird unsere Situation sein?
> Dr. Marcelo: Ich werde das erklären (öffnet einen Plan). Wie Ihr sehen könnt, ist hier der Fluß. Am linken Ufer wird diese Schnellstraße gebaut werden, der Stolz unserer Stadt, denn sie wird die modernste Lateinamerikas sein. Am anderen Ufer wird dieses großartige Shopping Center gebaut werden, der Tropical Tower II, natürlich wieder eine Unternehmung der Kette Antenor GmbH.
> Jurema: Und unsere Häuser? Sind wir nicht in diesem Plan?
> Dr. Marcelo: Ganz genau. Die Häuser kommen auf dem Plan nicht vor. Wenn sie nicht vorkommen liegt das daran, daß sie nicht existieren.
> Jurema: Sind Sie verrückt? Sehen Sie nicht diese Häuser hier? Sind Sie blind? Existieren diese Häuser hier nicht??? Die Häuser existieren, und wir auch.
> *Líder*: Und wir organisieren gerade eine Kommission, die mit der Präfektur verhandeln wird.
> Jurema: Ich bin schon in dieser Kommission.

---

[362] *Imposto Predial e Territorial Urbano*, eine Art Grundsteuer.
[363] Luiza Gonçalves (Anil II 017).

Dr. Marcelo: Glaubt Ihr wirklich, daß diese Sache mit der Kommission... (vgl. Abb. 33)

BewohnerInnen und Politiker beginnen eine Diskussion, die für das Publikum nicht zu hören ist. Sr. Silvério versucht, mit Jurema ein Gespräch unter vier Augen zu beginnen.

Sr. Silvério: *Senhora*, könnten Sie mir eine Minute Ihrer Aufmerksamkeit schenken?
Jurema: Was wollen Sie von mir? Sprechen Sie.
(Sie begleitet ihn zu einem Gespräch unter vier Augen)
Sr. Silvério: Ich habe aus Ihren Worten entnommen, daß Sie eine sehr intelligente Frau sind. Eine dieser Menschen, die die Realität wahrnehmen, wie sie wirklich ist.
Jurema: Ich verstehe überhaupt nichts. Ich würde lieber zurückgehen, um gemeinsam mit meinen Genossen zu diskutieren.
Sr. Silvério: Natürlich. Es wird nicht lange dauern. (Er beginnt, 100 R$-Banknoten aus der Tasche zu ziehen und sie ihr zu geben, während er weiterredet) Und da Sie intelligent sind, werden Sie merken, daß es notwendig ist, daß Ihr den Vorschlag der Regierung annehmt und diesen Ort verlaßt, ohne großes Aufsehen zu erzeugen.
Jurema (nimmt die Geldscheine): Sehr klar ist dieses Gespräch für mich nicht, aber es kann weitergehen.
Sr. Silvério: Reden wir weiter. Ich möchte, daß Sie zu Ihrer Gruppe zurückgehen und sagen, daß es das beste für alle ist, von hier wegzugehen und das Haus zu akzeptieren, das die Regierung anbietet, dort in der Nähe des Müllbergs. (gibt ihr mehr Geldscheine) (vgl. Abb. 36)
Jurema: Müllberg?! Dort gibt es viele Ratten, viele Kakerlaken. (Sie streckt dem Politiker die Hand entgegen, er gibt ihr noch mehr Geldscheine). Ja, jetzt beginne ich Ihre Argumente zu verstehen. Vielleicht wäre das wirklich gut.
Sr. Silvério: Sie sind intelligent und werden alles verstehen. (gibt ihr ein großes Bündel Geldscheine auf einmal)

„Für uns gibt es zwei Arten von Entschädigung. Entweder du akzeptierst das Geld, das dem Wert deines Hauses entspricht, oder du wartest auf ein Haus, das die Stadtverwaltung bauen wird."[364]

Folge ist die Spaltung der AnwohnerInnen: ein Teil entscheidet sich für die finanzielle Entschädigung und verläßt die *comunidade*. Ihre Häuser sind zum Zeitpunkt unseres Gesprächs schon verlassen und danach von der Präfektur zerstört worden, um eine Rückkehr der BewohnerInnen oder eine Nutzung durch andere Per-

---

[364] Luiza Gonçalves (Anil II 016).

sonen zu verhindern (vgl. Abb. 34 und Abb. 35).[365] Diejenigen, die sich keinen Neuanfang leisten können, müssen bleiben und zwischen den Schutthaufen und Ruinen der Häuser ihrer ehemaligen NachbarInnen auf eine Entscheidung der Präfektur warten.

„Die Leute, die es schafften, die ein wenig Geld hatten, die andere Einkommensquellen hatten, die akzeptierten das bißchen Geld und bauten sich ein Haus an einem anderen Ort. Aber die, die kein anderes Einkommen hatten, die kämpfen dafür, daß die Präfektur ihnen ein Haus gibt, daß sie ihnen ein Haus an einem anderen Ort baut. Und deswegen gibt es Häuser, die noch stehen, und Häuser, die schon zerstört worden sind.“[366]

53 der 99 Familien, mit denen die Präfektur in der ersten Etappe verhandelt hat, haben den Ort zum Zeitpunkt des Gesprächs schon verlassen, die anderen 46 warten auf eine Entscheidung über ihre unmittelbare Zukunft. 150 weitere Familien erwarten den Beginn des gleichen Prozesses für ihre Häuser.[367] Und die Verhandlungsposition von Mitgliedern marginalisierter *comunidades* gegenüber der Präfektur ist schlecht.

„Ich wohne hier seit 49 Jahren. Es hat an die 30 Jahre gedauert, das Haus zu bauen, und jetzt, wo es fertig ist, muß ich raus. Und das Geld, das ich nach der Schätzung des Hauses bekommen würde, reicht nicht, um ein vergleichbares Haus zu kaufen. Warum? Wenn ich heute ein Grundstück kaufen möchte, ein gutes Grundstück mit aller Infrastruktur, ein Grundstück, das legalisiert werden soll – das kostet mehr als 25.000. Und nehmen wir mal an, du bekommst zehn, zwölf [tausend] von ihnen – wie willst du dir davon ein Grundstück kaufen und ein Haus bauen? Das geht nicht. Und deswegen haben sich viele dafür entschieden, auf das Haus zu warten, das sie uns geben werden. Denn ein Haus, ob gut oder schlecht, das müssen sie bauen. [...] Aber wenn du nicht einverstanden bist, wirst du dich dann streiten? Das wirst du nicht. Wirst du dich mit der Präfektur anlegen? Das geht nicht. Du weißt, daß der, der die Gesetze nicht kennt, verloren ist. [...] Also akzeptieren es viele Leute, die nicht wissen, wie sie verhandeln sollen. So war es auch, als sie plötzlich hierher kamen: 'Du mußt hier weg, du mußt hier weg', alle waren entsetzt, und viele akzeptierten alles, was sie ihnen geben wollten.“[368]

---

[365] Vgl. José Severino dos Santos (Anil IIIa 060).
[366] Marilene Ribeiro (*Panela* Ia 009).
[367] Vgl. José Severino dos Santos (Anil IIIb 004).
[368] José Severino dos Santos (Anil IIIb 009 / 010).

Die Entschädigungszahlungen der Präfektur werden jedoch nicht für alle Häuser gleich bemessen, was für weiteren Zündstoff in der *comunidade* sorgt.

„Die Bewertung, sie wurde auf eine sehr falsche Weise gemacht. [...] So gab es viele Häuser, die ganz offensichtlich viel schlechter waren als andere – schlechter, was die Bauweise angeht – die aber gleich bewertet wurden. Es schien als hätten sie das gemacht, um unter den Anwohnern Verwirrung zu stiften: 'Ah, wieso wurde dein Haus gleich bewertet wie meins? Mein Haus ist doch besser als deins, das Material ist besser'. Das war furchtbar [...] Einer stritt sich mit dem anderen und sie vergaßen die Präfektur."[369]

Auch in den Augen von *curinga* Bárbara Santos wird das Instrument der unterschiedlichen Bewertung der Häuser von der Präfektur bewußt eingesetzt:

„Diese Unterschiede sollen deaktivieren. Deswegen nahmen wir die Bestechung von Jurema in die Stückhandlung auf. Das ist eine symbolische Form, um zu zeigen, was passiert ist."[370]

> Jurema: Jetzt habe ich alles verstanden. Alles ist klar. Es ist, als wäre eine riesige Sonne in meinem Kopf aufgegangen. Sie entschuldigen mich. (Sie geht zurück zur Gruppe, die jetzt für das Publikum wieder hörbar wird) Leute, wir müssen auf die Männer hören, sie sind gebildeter als wir. (Sie geht auf die Seite der Politiker).
> *Líder:* Als wir die Häuser gebaut haben, war niemand von uns gebildet.
> Jurema: Und siehst du, was dabei herausgekommen ist? Alles ist schlecht ge-baut und droht einzustürzen.
> Clara: Was ist los mit dir? Du bist wie eine andere Person.
> Dona Paula: Wer weiß, vielleicht hat Gott diese Seele berührt!
> Jurema: Genau das, Schwester, ich fühle mich wie eine andere.
> Dona Paula: Du wirst sehen, es war Gott, der die Männer geschickt hast, um uns zu beschützen.
> Dr. Marcelo: Sie sind so vernünftig!!! Dieser Ort ist sehr gefährlich.
> Jurema: Es lohnt nicht, unser Leben zu riskieren.
> *Líder:* Unser Leben riskieren? Die Präfektur kümmert sich nicht um das Leben der Armen. Sie wollen die Mächtigen begünstigen, wie Antenor.
> Jurema: Aber sie werden auch eine Schnellstraße bauen, die das Leben vieler Menschen erleichtern wird.
> Umweltschützerin: Aber der Fortschritt muß die Natur und die Leben der Menschen respektieren!
> Dona Paula: Sie sagen, daß wenn wir uns bei ihnen melden, dann werden wir das Recht auf ein Steinhaus mit Betondecke haben. Ist das nicht großartig?

[369] Luiza Gonçalves (Anil II 017).
[370] Bárbara Santos (Santos 027).

Clara: Wo sind die Pläne für dieses Haus? Wo werden sie diese großartigen Häuser bauen? Ich habe kein Interesse daran, an einem anderen Ort zu leben. Ich wohne hier seit mehr als 15 Jahren. Was soll ich in einem anderen Stadtteil? Was wird mit meiner Arbeit? Und mit der Schule meiner Kinder? Und mit dem Gesundheitszentrum, zu dem wir immer gehen? Niemand kümmert sich um uns.

Dr. Marcelo: Hört auf Eure Genossin. Wer sich nicht bei uns meldet, wird das Recht auf ein Haus von der Regierung und auf Entschädigung verlieren. Da bleibt dann nur noch der Traktor.

Clara und Carlos: Der Traktor?

Die drei Politiker und die AnwohnerInnen, die sich auf ihre Seite geschlagen haben (Dona Paula, Carlos und Jurema) formieren sich zu einem menschlichen Traktor und überfahren die Vertreterin der comunidade, *die Umweltschützerin und Carla (vgl. Abb. 37). Dann kommt Antenor auf die Bühne und legt den drei Politikern Ketten an. Diese gehen wie wild gewordene Kampfhunde auf die drei noch lebenden Mitglieder der* comunidade *los und reißen sie zu Boden (vgl. Abb. 38). Gemeinsam mit ihrem Auftraggeber Antenor ziehen Sr. Celestino, Sr. Silvério und Dr. Marcelo dem leblosen Körper Juremas das Bestechungsgeld aus der Tasche und verlassen lachend die Bühne.*

Wie alle Forumtheater-Stücke endet auch das von *Panela de Opressão* mit dem Scheitern der ProtagonistInnen, in diesem Fall der *comunidade*. Durchgesetzt haben sich die Profitinteressen *Antenors*, der sich mit seiner Finanzkraft die Unterstützung korrupter Politiker erkaufen kann. Jene Profitinteressen sind in der Stückhandlung untrennbar mit seinem persönlichen, rassistisch motivierten Ziel verknüpft, niemals Großvater eines Kindes zu werden, dessen Vater schwarz ist und aus einer anderen sozialen Schicht stammt (was für *Antenor* natürlich nur heißen kann: aus einer niedrigeren sozialen Schicht): Alltag in einer von neoliberalen Politikansätzen dominierten und von sozialer Apartheid strukturierten brasilianischen Gesellschaft.

Fast ein Jahr nach der Erarbeitungsphase des *Panela*-Stücks scheint in der *comunidade* Canal do Anil ein anderer Ausgang möglich – anders als in vielen anderen *comunidades* der Metropole. Die unermüdlichen Aktivitäten der wenigen verbliebenen Mitglieder der Verhandlungskommission scheinen Früchte zu tragen. José Severino dos Santos – eine der vier Personen, die sich trotz aller kommissionsinternen Konflikte hartnäckig für eine Fortsetzung der Verhandlungen einsetzten – berichtet, daß die Präfektur kurz vor unserem Gespräch den 46 in ihren Häusern gebliebenen Familien ein neues Grundstück in der Nähe ihres ursprünglichen

Wohnorts vertraglich zugesichert hat.[371] Über das Schicksal 150 weiterer Familien wird eine neue Verhandlungsrunde entscheiden. Die Brauerei *Antártica* scheint mit dieser Lösung indes ihr Ziel, die Häuser der als Bedrohung empfundenen *comunidade* aus der unmittelbaren Nähe des Betriebsgeländes zu entfernen, erreicht zu haben: am neuen Wohnort der 46 Familien wird es einen breiten Grünstreifen zwischen Brauerei und *comunidade* geben,[372] der für die nötige Distanz zwischen reich und arm, zwischen kapitalistischem Großbetrieb und marginalisierter Bevölkerung sorgt.

5.4 „Als sei das nicht ihr Problem" – Lebensrealität und Theater

„Ich hätte nie gedacht, daß ich dazu fähig sein würde, Theater zu machen. Ich war immer sehr schüchtern, von meiner Kindheit an bis heute, und so bin ich immer noch, aber seit ich Theater mache, bin ich da viel entspannter"[373], erzählt Ana Paula Alcântara, 15 Jahre alt und Darstellerin der *Dona Paula*. Auch Monique Rodrigues, ehemaliges Mitglied der Gruppe[374], und Carla Morgana, beide 14 Jahre alt und nacheinander Darstellerinnen der *Antônia*, betonen, die Theaterarbeit habe ihnen geholfen, ihre Schüchternheit zu überwinden.[375]

Die Darstellung mancher Rollen bedurfte allerdings einiger Überwindungsarbeit, beispielsweise die der Politiker oder *Antenor*s. Eine fremde Welt, vor allem sprachlich, wie der 13jährige Jonata Maciel und der 15jährige Rodrigo Rocha (im Stück in den Rollen zweier Politiker) erzählen:

Jonata Maciel: „Die Szenen – das war nicht sehr schwierig, aber die Sätze, der Text [...]"
Rodrigo Rocha: „Das liegt daran, daß die Politiker ein gehobeneres Portugiesisch sprechen. Das sind Worte, die schwieriger auszusprechen sind, die wir

---

[371] Vgl. José Severino dos Santos (Anil IIIb 003 / 004). Leider geht aus seinen Äußerungen nicht hervor, ob die BewohnerInnen nur Land erhalten oder auch Häuser bzw. zumindest bei deren Konstruktion materiell unterstützt werden.
[372] Vgl. Luiza Gonçalves (Anil II 037).
[373] Ana Paula Alcântara (*Panela* Ia 044).
[374] Sie ist die Tochter von Edson Rodrigues, dem Darsteller des *Antenor*. Vater und Tochter des Stücks werden somit für längere Zeit von einem realen Vater-Tochter-Gespann dargestellt.
[375] Vgl. Monique Rodrigues (*Panela* Ia 047) und Ana Paula Alcântara (*Panela* Ib 005).

in unserem Alltagsleben nicht benutzen. Das war die einzige Schwierigkeit: Worte zu sprechen.... "
Jonata Maciel: „...die wir nicht gewohnt sind zu sprechen..."
Rodrigo Rocha: „...wie 'legislativ' zum Beispiel."[376]

Es geht um den Versuch, die Sprache derer zu verwenden, die sich sonst politisch – und sprachlich – von marginalisierten Bevölkerungsschichten abgrenzen. „Die Politiker, sie betrügen gerne das Volk. Hier in diesem Land ist das Volk nur Manövriermasse. [...] Also benutzt er [der Politiker] sehr schwierige Wörter, sehr abstrakte Wörter, und das Volk versteht nichts"[377], sagt Sérgio Soares, der die Rolle des dritten Politikers übernommen hat. Auch ein 17jähriger Schüler, der gerade eine Panela-Aufführung in seiner Schule gesehen hat, führt in einem Gespräch aus:

„Das war eine zugängliche Sprache, die alle verstehen konnten. Stell dir vor, gestern waren zwei Politiker hier, auf einer Podiumsdiskussion. Es waren fünf Leute, aber zwei davon waren Politiker. Und sie redeten und redeten und redeten und niemand verstand irgendetwas. Nach der Hälfte der Veranstaltung waren alle schon weggegangen, weil es zu langweilig war. Langweilig – klar: programmiert, langweilig zu sein, denn einer langweiligen Sache wird das Volk nicht zusehen wollen, alle gehen weg – und sie bleiben unwissend und dominiert. Dieses Stück hat eine interessante Sprache. Du verspürst den Willen, dich zu beteiligen, du verspürst den Willen, dich einzumischen [...] und wirklich nach einer Lösung zu suchen. Und indem ich die Schüler zum Nachdenken anrege – so werde ich zu einem Erwachsenen heranwachsen, der auch nachdenkt, der Veränderung will, der etwas tun will."[378]

Der 42jährige Darsteller *Antenors*, Edson Rodrigues, meint zum Verhältnis zu seiner Rolle: „Da ich ein Amateurschauspieler bin, versuche ich, es so perfekt wie möglich zu machen, auch wenn ich weiß, das ich absolut gegen alles bin, was er [*Antenor*] macht"[379]. Und er erinnert sich daran, daß diese Situation in der Improvisationsphase gelegentlich für ihn schmerzliche Probleme mit sich brachte, als ihm mit Ana Paula Alcântara und Paulo Souza zwei schwarze Mitglieder der Gruppe seine in der Rolle *Antenors* improvisierten rassistischen Äußerungen übelnahmen.

---

[376] Jonata Maciel / Rodrigo Rocha (*Panela* Ia 039). Letztlich war die Schwierigkeit im Umgang mit ungewohnten sprachlichen Wendungen auch der Grund für die Ablehnung einiger der textergänzenden Vorschläge Augusto Boals. Vgl. hierzu Bárbara Santos (Santos 012).
[377] Sérgio Soares (*Panela* Ia 040).
[378] Gespräch mit einem Schüler aus dem Publikum nach der *Panela*-Aufführung im *Centro de Ensino Técnico e Profissionalizante* (Niterói 012).
[379] Edson Rodrigues (*Panela* IIa 22).

Im Juli 1999 wird das Stück schließlich auch in der *comunidade* Canal do Anil aufgeführt, allerdings nicht direkt am Ort des Geschehens, sondern nur wenige Meter davon entfernt auf der anderen, vorerst nicht räumungsbedrohten Seite des Flusses. Ursprünglich vereinbart ist eine Aufführung vor dem Haus der *Associação de Moradores* und die Nutzung ihrer Räumlichkeiten, doch die Präsidentin taucht zum verabredeten Zeitpunkt nicht mit dem Schlüssel auf. Spontan wird die Veranstaltung in eine nahe Kirche verlegt, die sich rasch mit Mitgliedern der *comunidade* füllt, mehrheitlich AnwohnerInnen derselben, nicht akut von *remoção* bedrohten Seite des Flusses. *Curingas* und Mitglieder von *Panela* erinnern sich an einen seltsamen Beginn des Forums. Bárbara Santos erzählt:

„[Die Aufführung] war interessant. Es war sehr seltsam, denn wir stellten das Problem dar und es dauerte sehr lange, bis sie sagten, daß dieses Problem dort existierte. [...] Die Mehrheit – die von der anderen Seite war [der Seite, auf der noch keine Häuser zerstört wurden] – tat so, als sei das noch nicht ihr Problem, als wäre es sehr weit weg. Also nannten sie Beispiele von anderen Orten: Cidade de Deus und ich weiß nicht was noch alles, aber sie redeten nicht von Anil. Das war sehr seltsam. Und dann sagten sie: 'Ah, das ist ja hier in Anil, klar!' Aber selbst als sie über Anil sprachen, klang es, als sei das nicht ihr Problem. Sie redeten von den anderen, den anderen Leuten. '*Sie* organisieren sich nicht, *sie*..' – das war nicht ihr Problem. Aber die Leute auf dieser Seite des Kanals – es ist offensichtlich, daß der vordere Teil betroffen sein wird. [...] Sie sind sich nicht bewußt, daß es ihr Problem ist. Es ist wie: 'Nein, mich betrifft es noch nicht, also ist es nicht mein Problem'."[380]

Die Verdrängung der eigenen Probleme durch das Publikum einer *comunidade* kennt die Gruppe auch schon von anderen Aufführungen, wie der 16jährige Paulo Souza zu berichten weiß:

„Wenn es an einem Ort ist, wo genau dieses Problem existiert, dann scheint es, als ob die Leute Angst haben auszusprechen, daß es dort existiert. Sie sagen, daß das an einem anderen Ort passiert. Sie geben Beispiele anderer Orte, niemals vom eigenen Ort. "[381]

Auch wegen einer anderen Begebenheit ist den Gruppenmitgliedern die Aufführung in der *comunidade* Canal do Anil besonders in Erinnerung geblieben: Nach dem Ende des Forums kommt eine Frau auf Marilene Ribeiro zu und erzählt

---

[380] Bárbara Santos (Santos 022).
[381] Paulo Souza (*Panela* IIa 017).

ihr, daß sie in der Rolle der *Jurema* ihre Mutter wiedererkannt habe. Dieser sei Geld dafür angeboten worden, innerhalb der *comunidade* die Ziele der Präfektur zu unterstützen. Ein so offensichtlicher (und letztlich der Stückhandlung so ähnlicher) Fall von Bestechung ist der Gruppe während der Erarbeitungsphase des Stücks nicht bekannt gewesen. Anders als *Jurema* lehnt die Mutter jedoch ab.[382]

Im Anschluß an die Aufführungen von *Panela de Opressão* befragte Personen aus dem Publikum zeigen sich beeindruckt. „Das ist die Realität, die Realität in Brasilien"[383], urteilt eine Frau, die das Stück gerade auf dem Aterro do Flamengo gesehen hat und mit anderen Familien auf kollektiv besetztem Land in Rio de Janeiro lebt. Eine andere meint nach der Aufführung in einem Kulturzentrum in Jacarepaguá:

> „[Das Stück] handelt von der Situation, in der viele Menschen heute wirklich leben: keine Unterkunft zu haben. Die Leute kämpfen um ihr Recht und haben keinen Erfolg. Denn die Regierung – sie ist in der Lage zu handeln wann sie will. Wenn sie wollen, dann handeln sie, wenn es zu ihren Gunsten ist. Im Fall von Jacarepaguá: [...] wieviele leere Grundstücke gibt es hier, die nicht genutzt werden? Sie zäunen das Gelände ein und machen nichts, sie lassen das Land brach liegen – und wie viele Menschen leben auf der Straße, unter der Brücke bei dieser Kälte? Warum tun sie nicht mal etwas für das Volk?"[384]

5.5 „Sie machen aus dem Theater eine Realität" – Interventionen

Im Projekt Legislatives Theater ist *Panela de Opressão* die älteste und eine der aktivsten Gruppen. Nach einer Dokumentation des CTO-Rio führte die Gruppe ihr Stück allein in der Zeit zwischen Ende Dezember 1998 und Juni 1999 zwölfmal auf, an so unterschiedlichen Orten wie den „*favelas*" Rio das Pedras und Vigário Geral und einem vom CTO-Rio in Zusammenarbeit mit dem *British Council* veranstalteten internationalen Seminar über Theater und Entwicklung im feinen *Hotel Glória*.[385]

---

[382] Vgl. Marilene Ribeiro (*Panela* Ia 027 / 028).
[383] Gespräch mit einer Frau aus dem Publikum nach der *Panela*-Aufführung auf der *III Mostra Carioca de Teatro Legislativo* (Kassette-4).
[384] Gespräch mit einer Frau aus dem Publikum nach der *Panela*-Aufführung im *Espaço Cultural Dyla Sylvia de Sá* in Jacarepaguá (*Espaço Cultural Dyla Sylvia de Sá* 023).
[385] Vgl. *Centro de Teatro do Oprimido* (CTO-Rio) 1999b, S. 5f.

Die Heterogenität der Auftrittsorte spiegelt sich wieder in der Heterogenität des Publikums. „Jedes Mal hat das Publikum ein anderes Gesicht"[386], sagt Marilene Ribeiro, die Darstellerin der *líder*. Das gleiche gilt für die Interventionen im Forum, wie Paulo Souza erzählt: „Bei jeder Aufführung passiert etwas anderes. Immer gibt es eine Person, die etwas sagt, was wir nicht von ihr erwartet hätten"[387]. Und so stehen nach dem in seiner Themenvielfalt eher komplexen *Panela*-Stück an unterschiedlichen Orten unterschiedliche Themen im Mittelpunkt der Foren:

„Jede Aufführung hat etwas Besonderes, was sie von anderen Aufführungen unterscheidet. In den Publikumsinterventionen tauchen unterschiedliche Themen auf. An bestimmten Orten gibt es viele Interventionen an der Stelle, an der es um die Einheit der *comunidade* angesichts der drohenden *remoção* geht. An anderen Orten beschäftigen sich die Interventionen mehr mit dem Thema des Rassismus oder der Schwangerschaft im Jugendalter."[388]

Macht es einen Unterschied, ob eine Aufführung beispielsweise vor dem eher homogenen Publikum der *comunidade* Canal do Anil stattfindet oder auf dem bürgerlich dominierten Aterro do Flamengo in der *zona sul* vor einem eher heterogenen, dessen größter Teil die dargestellte Thematik – wenn überhaupt – nur aus dem Fernsehen kennt? Können auch Menschen, die die dargestellten Probleme nicht aus eigener Erfahrung kennen, „gute" Interventionen auf die Bühne bringen? Ein Gesprächsausschnitt:

Paulo Souza: „Klar können sie das, denn die Ideen kommen von allen. Das Problem wird dargestellt, und dann hat jeder eine andere Lösung, jeder zeigt seine Lösung. Ich glaube, daß jeder fähig ist das zu machen."
Ana Paula Alcântara: „Stimmt [...], aber ich glaube, daß die Menschen, die das selbst erleben, [...] die, ich weiß nicht...die machen das..."
Paulo Souza: „...mit mehr Kraft, mit Gefühlen..."
Monique Rodrigues: „...mit mehr Kraft, als wäre es Realität..."
Ana Paula Alcântara: „...genau, sie machen aus dem Theater eine Realität. Manchmal, da...da lassen sie sich sogar ein bißchen zuviel gehen... "
Monique Rodrigues: „...machen zuviel..."
Paulo Souza: „...werden aggressiv..."
Ana Paula Alcântara: „...ja, ich glaube, daß sie denken, daß das Realität ist, aber es ist...es ist Theater, aber ein reales Stück, aus realen Tatsachen. [...] Aber es ist

---

[386] Marilene Ribeiro (*Panela* Ia 030).
[387] Paulo Souza (*Panela* IIa 021).
[388] Edson Rodrigues (*Panela* IIa 016).

gut, daß wir mit ihnen lernen, und ich glaube, daß sie so auch ein bißchen von uns verstehen."[389]

Jedoch stellt bei aller Vielfalt der auf die Bühne gebrachten Interventionen bei weitem nicht jede eine sinnvolle und realisierbare Handlungsalternative dar. So appelliert bei einer Aufführung in der Schule *Dunshee de Abranches* auf der Ilha do Governador ein Schüler in der Rolle der Vertreterin der *comunidade* an das Mitgefühl *Antenors* und scheitert an dessen unnachgiebiger Haltung.[390] In einer Schule in Niterói versucht ein anderer *líder* die Politiker für sich zu gewinnen, indem er ihnen die Unterstützung der *comunidade* anbietet. Dazu eine Stimme aus dem Publikum:

„Der *líder* würde niemals den Politiker für sich gewinnen, denn wenn das, was den Politiker antreibt, das, was den Politiker bewegt, das Geld war, könnte er viel mehr Geld von dem erhalten, der ihn bestochen hat, und die Bewohner der *favela* links liegen lassen"[391]

Offensichtlich erfolgreicher verlaufen Publikumsinterventionen, die einen konfrontativeren Kurs fahren. So besteht auf dem Aterro do Flamengo ein Mann in der Rolle der *líder* darauf, daß die Politiker handfeste Beweise für die Existenz der neu gebauten Häuser vorlegen, in die die AnwohnerInnen der *comunidade* umziehen sollen.[392] *Sr. Celestino* verweist ihn auf *Sr. Silvério*, den Politiker, der gerade am Rande des Geschehens *Jurema* zu bestechen versucht. Der *líder* wird auf die beiden aufmerksam:

Líder: Als *líder* möchte ich auch einbezogen werden. Dona Jurema, Dona Jurema, was haben Sie da gerade in Ihre Tasche gesteckt, Dona Jurema?
Jurema: Nichts...
Líder: Nichts, Dona Jurema? Könnte ich vielleicht mal sehen? Einen Moment, mein Herr. Ich möchte mit Ihnen reden, mein Herr. Warten Sie. Worüber haben Sie gesprochen? Ich als *líder* habe ein Recht das zu erfahren.
Jurema: Klar, sie hat vollkommen recht. Sagen Sie es ihr!
Sr. Silvério: Ich sagte ihr, daß Ihr von hier weggehen müßt. Diese Sache wird sehr kompliziert. Ich werde die Polizei rufen.
Jurema: Ich sagte ihm, daß wir nicht von hier weggehen.

---

[389] Ana Paula Alcântara / Monique Rodrigues / Paulo Souza (*Panela* Ia 055).
[390] Vgl. Publikumsintervention im Forum der *Panela*-Aufführung in der *Escola Dunshee de Abranches* (vgl. *Escola Dunshee de Abranches* 009).
[391] Gespräch mit einem Schüler des *Centro de Ensino Técnico e Profissionalizante* nach der *Panela*-Aufführung (Niterói 015).
[392] Vgl. Publikumsintervention im Forum der *Panela*-Aufführung bei der *III Mostra Carioca de Teatro Legislativo* (vgl. *Mostra* IIIb 013).

> *Líder:* Sie sagten, daß sie alle Pläne der neuen Häuser für uns fertiggestellt
> hätten, Herr Abgeordneter. Könnte ich sie mal sehen?
> *Sr. Silvério:* Leider habe ich sie nicht hier.

Das Angebot der Politiker, die Unterlagen in den Räumen der Präfektur einzusehen und dort das Gespräch fortzusetzen, lehnt der *líder* ab und besteht auf Vorlage der Dokumente und öffentlichen Verhandlungen in der *comunidade*, lautstark unterstützt von den AnwohnerInnen. Die Szene endet im Tumult und mit der Vertreibung der Politiker aus der *comunidade*. Die direkte Gefahr scheint abgewandt. Ob damit mittel- und langfristig viel gewonnen ist, bleibt fraglich. Zudem wird die Bestechung *Jurema*s nicht aufgedeckt, die sich mit tatkräftiger Unterstützung des Politikers *Silvério* geschickt herausreden kann. Anders verläuft eine spätere Intervention im gleichen Forum:[393] ein junger Mann schlüpft in der gleichen Szene in die Rolle der *líder* und stellt die Politiker zur Rede.

> *Sr. Celestino:* Wir versuchen, Euch ein *conjunto habitacional* bereitzu-
> stellen. Alles ist schon in den Plänen festgelegt.
> *Líder:* In wessen Plänen?
> *Sr. Celestino:* In den Plänen der Präfektur.
> *Líder:* Können Sie das vor der Presse wiederholen?

Er ruft Journalisten – Freunde aus dem Publikum – herbei, und einem Kameramann gelingt es, den Bestechungsversuch am Rande des Geschehens zu filmen. Die *comunidade* bemerkt den Vorgang und protestiert lautstark. *Jurema* versucht sich zu rechtfertigen. Im allgemeinen Chaos kündigt der *líder* an, die Bilder der Presse und der Justiz vorzulegen. Eine Lösung, die, so *curinga* Bárbara Santos nach der Intervention in der Diskussion mit dem Publikum, in Brasilien schwierig, aber nicht immer unmöglich sei.

Auf die Öffentlichkeit außerhalb der *comunidade* setzt auch eine Intervention in einem Kulturzentrum in Jacarepaguá. Der *líder* verlangt erfolgreich die Namen der drei Politiker, um ihnen danach anzukündigen, er werde diese öffentlich machen und in der Region verbreiten, um so ihre Wiederwahl zu verhindern. Die Intervention provoziert eine längere, von *curinga* Geo Britto moderierte Diskussion unter den

---

[393] Vgl. Publikumsintervention im Forum der *Panela*-Aufführung bei der *III Mostra Carioca de Teatro Legislativo* (vgl. *Mostra* IIIc 005).

Anwesenden über die Möglichkeiten der Bevölkerung, über ihr Wahlverhalten politische Entscheidungsprozesse zu beeinflussen.[394]

Es ist kein Zufall, daß die meisten der bisher beschriebenen Interventionen die Szene mit der Bestechung *Juremas* betreffen. Elf der 21 während des Forschungsaufenthalts beobachteten Interventionen mischen sich in diese Szene ein. Jedoch wird wegen des Ausscheidens der Darstellerin der *Antônia* und der sich hinauszögernden Entscheidung über die Neubesetzung der Rolle das Stück in dieser Periode nur einmal in voller Länge aufgeführt: beim *Festival de Teatro Legislativo* (FESTEL) am 5. Oktober 1999. Bei allen anderen beobachteten Aufführungen spielt die Gruppe eine reduzierte und leicht veränderte Version, bei der die gesamte Liebesgeschichte fehlt und *Antônia* überhaupt nicht vorkommt. Das Stück bezieht sich vielmehr ausschließlich auf die Situation der *comunidade*, ohne jedoch in irgendeiner Form auf Nichteingeweihte unvollständig zu wirken (vgl. als Beispiele für Interventionen Abb. 39 und Abb. 40).

So wählen die *espect-atores* beim FESTEL im *Teatro Glória* auch andere Stellen des Stücks für Interventionen aus. Ein Mann in der Rolle der *Antônia* verweigert sich der Abtreibung und kündigt an, im Notfall von zuhause wegzulaufen und das Kind an einem anderen Ort zur Welt zu bringen.[395] Eine andere *Antônia*, diesmal tatsächlich eine Frau, droht, ihren Vater wegen Rassismus anzuzeigen.[396] Ein solidarischeres Verhalten der *comunidade* gegenüber dem bedrohten *Carlos* demonstriert eine weitere Frau aus dem Publikum.[397] Sie wählt die Szene aus, in der *Antenor* in die Versammlung der *comunidade* stürmt, nach *Carlos* fragt und alle Anwesenden panisch und mit erfundenen Entschuldigungen den Raum zu verlassen suchen. Als *líder* stellt sie sich schützend vor *Carlos*, tritt *Antenor* entgegen und verlangt Beweise für seinen Besitzanspruch auf den Boden der *comunidade*. *Antenor* behauptet, im Besitz aller Dokumente zu sein.

> *Líder:* Sie müssen beweisen, daß Sie der Besitzer sind.
> *Antenor:* Dazu muß man nur meinen Anwalt aufsuchen. Ah – bist du Carlos?
> *Líder:* Einen Moment, lassen Sie uns das Problem der *comunidade* lösen.

---

[394] Vgl. Publikumsintervention im Forum der *Panela*-Aufführung im *Espaço Cultural Dyla Sylvia de Sá* (*Espaço Cultural Dyla Sylvia de Sá* 021ff.).
[395] Vgl. Publikumsintervention im Forum der *Panela*-Aufführung beim *Festival de Teatro Legislativo* (FESTEL Id 008).
[396] Vgl. Publikumsintervention im Forum der *Panela*-Aufführung beim *Festival de Teatro Legislativo* (FESTEL Id 014).
[397] Vgl. Publikumsintervention im Forum der *Panela*-Aufführung beim *Festival de Teatro Legislativo* (FESTEL Id 016).

> Antenor: Problem der *comunidade*? Ich möchte keine Probleme von *comuni-*
> *dades* lösen.
> Líder: Aber ich möchte Probleme von *comunidades* lösen, weil...
> Antenor: ...dann wende dich an meine Anwälte, das ist nicht mein Problem! Ich
> werde nicht so tief sinken, mit jedem zu reden. Wo ist Carlos?
> Líder: Ich bin nicht jeder, ich bin *líder* der *comunidade*.
> Antenor: Ach wirklich?
> Líder: Ja, *senhor*.
> Antenor: Beweise es!
> Líder: Ich beweise es. Wer bin ich?
> Leute aus der *comunidade*: Die *líder*.
> Antenor: Ich bin nicht gekommen, um mit dir zu sprechen. Wer von euch ist
> Carlos?
> Líder: Carlos ist nicht da.

Mit ihrer offensiven Ablenkungsstrategie erreicht sie, daß *Antenor* entnervt den Ort des Geschehens verläßt, ohne sein Ziel erreicht zu haben. Das Publikum ist begeistert. Im gleichen Forum schlägt ein Mann aus dem Publikum vor, eine Intervention in der Rolle *Antenors* zu machen. Es entsteht der folgende Wortwechsel:

> Mann aus dem Publikum: „Ich spiele *Antenor*!"
> *Curinga* Bárbara Santos: „Ah, einen Moment. Ist *Antenor* unterdrückt? Ist
> *Antenor* ein Unterdrückter?"
> Publikum: „Nein!"
> Bárbara Santos: „Die Spielregel ist: die unterdrückten Personen ersetzen.
> Warum gibt es diese Regel? Der Unterdrücker – wir müssen lernen, wie wir mit
> ihm umgehen, oder nicht? Lernen, wie man gegen den Unterdrücker kämpft.
> Wenn wir den Unterdrücker ersetzen und so eine einfache Lösung finden..."
> Frau aus dem Publikum: „...ist es eine magische Lösung..."
> Bárbara Santos: „...ist es eine magische Lösung, und es hilft uns nicht auf
> unserer Suche. Man muß den Unterdrückten ersetzen, um den Unterdrücker zu
> besiegen."[398]

Derlei Diskussionen entstehen in den beobachteten Foren mehrmals, allerdings nur in diesem Fall über die Ersetzung *Antenors*. Umstrittener ist die Frage, ob auch in der Rolle der *Jurema* interveniert werden kann, die sich im Stück bekanntlich als korrupt und unsolidarisch mit ihrer *comunidade* entpuppt. Zu einer Intervention in einem Forum auf der *Conferência Nacional de Cultura* (CULT), in deren Verlauf *Jurema* heldinnenhaft die *comunidade* auf den Bestechungsversuch des Politikers aufmerksam macht, sagt Edson Rodrigues nach der Aufführung: „Das war eine

---

[398] Wortwechsel im Forum der *Panela*-Aufführung auf dem *Festival de Teatro Legislativo* (FESTEL Id 013).

magische Lösung. Das ist nicht der Sinn des Theaters der Unterdrückten. Es geht darum, Interventionen zu machen, ohne die Essenz der Person zu verändern"[399]. In der Regel werden Interventionen in der Rolle der *Jurema* von den *curingas* mit Verweis auf die Regeln des Forumtheaters schon im vorhinein in Frage gestellt. Doch das letzte Wort haben die *espect-atores*.

Schwieriger ist es im Fall der *Maria*, der Mutter *Antônias*. Beim FESTEL im *Teatro Glória* melden sich ein Mann und eine Frau, die in der Diskussion mit *Antenor* sowohl *Maria* als auch *Antônia* ersetzen möchten. Ist *Maria* unterdrückt? *Curinga* Bárbara Santos fragt das Publikum, in dem viele *Maria* für unterdrückt halten und dem Vorschlag einer Doppelintervention zustimmen.[400]

> Maria: Antenor, hör mal zu: wenn du Antônia verbietest, dieses Kind zu be-
> kommen, dann werde ich sie zu meiner Schwester bringen. Sie geht zu meiner
> Schwester und bleibt dort...
> Antenor: ...wie bitte?!
> Maria: Ich werde nicht zulassen, daß du meine Tochter zu einer Abtreibung
> zwingst. Das ist eine Sünde. Du weißt, daß wir sehr religiös sind.
> Antônia: Sie hat recht!
> Antenor: Maria, wer hier im Haus sagt was passiert bin ich, Antenor,
> Antenor...
> Maria: Aber ich habe dir geholfen, all das aufzubauen, was du aufgebaut
> hast. Als ich dich kennenlernte, warst du ein Niemand.

Der Streit wird heftiger und gipfelt in der Drohung *Marias*, ihren Mann zu verlassen. Die Intervention löst großen Jubel im Publikum aus, viele halten in der Diskussion nach der Intervention das Verhalten *Marias* und die neue Wendung in der Stückhandlung für durchaus denkbar. Schließlich legt *Antenor* im Stück ja nicht nur Rassismus und Korruptheit, sondern auch durchaus deutlichen Sexismus gegenüber den ihn umgebenden Frauen an den Tag (und schließlich können auch UnterdrückerInnen unterdrückt werden, genauso wie Unterdrückte unterdrücken können).

---

[399] Edson Rodrigues (CULT 021).
[400] Vgl. Publikumsintervention im Forum der *Panela*-Aufführung beim *Festival de Teatro Legislativo* (FESTEL Id 011).

5.6 „...die Erfüllung der sozialen Funktion des Bodens..." – Gesetzesideen

Auf die Themenvielfalt des *Panela*-Stücks und die vergleichsweise hohe Zahl von Aufführungen wurde schon hingewiesen. Entsprechend groß gestaltet sich auch die thematische Breite unter den Dutzenden aus den Reihen des Publikums eingereichten Gesetzesideen[401] (vgl. als Beispiel Abb. 41): von der Forderung nach einer breiten Verankerung von Maßnahmen zur Familienplanung in Gesundheitsinstitutionen bis zur verpflichtenden Einführung von Sexualaufklärung in allen Schulen, von der Verbesserung der Lebensqualität in unterpriveligierten *comunidades* durch die Einrichtung von Kinderkrippen und Sportplätzen bis hin zu der Forderung, die Bundesregierung möge endlich eine Agrarreform durchführen, wodurch auch der Migrationsdruck auf die Städte verringert würde.

Ein großer Teil der Gesetzesideen bezieht sich auf Fragen der Verteilung des städtischen Grund und Bodens, der Wohnbedingungen in benachteiligten Stadtteilen und der *remoções*. Hier müssen die *curingas* bei ihren Recherchen über die rechtliche Situation jedoch feststellen, daß der größte Teil der von den *espect-atores* vorgeschlagenen Gesetzesprojekte bereits von der Stadtgesetzgebung abgedeckt wird. So wird es auch zum Ziel der Arbeit *Panelas*, diese Tatsache zu verbreiten. Bárbara Santos im *Teatro Glória*:

„Wir werden versuchen, dies in den *comunidades* zu verbreiten, in denen wir Aufführungen gemacht haben. Wir haben in vielen *comunidades* gespielt, die genau dasselbe Problem haben, das wir heute hier zeigen werden: das Problem der *remoção*."[402]

Im Oktober 1999 ist das CTO-Rio dabei, die folgenden Gesetzesprojekte auszuarbeiten, die aus unterschiedlichen Publikumsideen entwickelt worden sind:

- ein Gesetz, das spezielle Bedingungen für die *remoção* von *comunidades* festlegt (diese Bedingungen werden in der vorliegenden Dokumentation leider nicht weiter ausgeführt).

---

[401] Vgl. hierzu *Centro de Teatro do Oprimido* (CTO-Rio) 1999d, S. 4.
[402] Bárbara Santos in ihren einführenden Worten zur *Panela*-Aufführung auf dem *Festival de Teatro Legislativo* (FESTEL Id 002).

- ein Gesetz, das die Schaffung eines *tribunal da terra* erwirkt, das paritätisch mit VertreterInnen der Regierung und der Zivilgesellschaft besetzt wird und die „Erfüllung der sozialen Funktion des Bodens" („*o cumprimento da função social da terra*"[403]) definiert und überwacht.
- ein Gesetz, das Steuererleichterungen für Firmen vorsieht, die in die Konstruktion von Häusern für marginalisierte Bevölkerungsgruppen investieren.
- ein Gesetz, das eine *Companhia Municipal de Habitação* schafft, deren Funktion die *urbanização* benachteiligter Stadtteile sein und die sich in Verhandlungsprozesse über *remoções* einschalten soll.

Nachdem ich in Kapitel 4 und Kapitel 5 ausführlich die Arbeit von zwei Gruppen aus dem Projekt Legislatives Theater beschrieben habe, befaßt sich der nun folgende kurze Exkurs mit der Situation in der Stadt Santo André im Bundesstaat São Paulo, in der an einer ganz anderen Praxis von Theater der Unterdrückten gearbeitet wird, bevor der Diskussionsteil (Kapitel 7) die inhaltlichen Ausführungen beschließen wird.

---

[403] *Centro de Teatro do Oprimido* 1999d, S. 4.

142

6. Ein Exkurs: Santo André

„Eine neue Sprache in den Beziehungen zwischen Staatsgewalt und Bevölkerung einführen und entwickeln"[404], ist im ersten Satz der Zielformulierungen eines Berichts über das *Projeto Teatro do Oprimido* in Santo André zu lesen, der im Juni 1999 für die Geldgeber verfaßt wurde.[405] Schon mit diesen Worten wird eine andere Richtung vorgegeben als die aus Rio de Janeiro gewohnte. Denn anders als dort wird in Santo André kein Legislatives Theater gemacht. Hier geht es nicht darum, aus der Legislative heraus den Gesetzgebungsprozeß dialogischer und partizipativer zu gestalten. In Santo André wird Theater der Unterdrückten aus der Exekutive heraus gemacht und von der Präfektur als Teil einer breit angelegten Politik der *participação popular* eingesetzt.[406]

Diese Exekutive wird in der 625.000-EinwohnerInnen-Stadt am Rande São Paulos von der *Partido dos Trabalhadores* gestellt. Nach einer von der Wahlbevölkerung mehrheitlich verordneten vierjährigen Pause wurde der PT-Politiker Celso Daniel im Jahr 1997 wieder als Bürgermeister an die Spitze der Präfektur gewählt. Santo André liegt in der schon erwähnten ABCD-Region, die als Wiege und Hochburg der brasilianischen ArbeiterInnenbewegung und der *Partido dos Trabalhadores* gilt – eine Situation, von der die PT Rio de Janeiros nur träumen kann. In dieser Region hat die PT ihre Wurzeln, hier befand sich das Herz der Streikbewegung in den Endsiebzigern, von hier kamen seit der Parteigründung immer wieder innovative Impulse und große Namen (darunter das bekannteste PT-Mitglied, der dreimalige Präsidentschaftskandidat Lula).

„Die Methoden des Theaters der Unterdrückten werden hier als Teil einer allgemeinen Strategie zur Entwicklung einer partizipativen Kultur in der Stadt eingesetzt"[407], erklärt Pedro Pontual. Nach langjähriger Aktivität in sozialen Bewegungen und Nichtregierungsorganisationen wagte er sich gemeinsam mit seinem Freund Paulo Freire Ende der 80er Jahre auf die andere Seite. Nach dem

---

[404] *Grupo de Teatro do Oprimido* 1999, S. 1 (Übersetzung d.A.).
[405] Die *Fundação Getúlio Vargas* und (auch in Santo André) die *Fundação Ford*. Weiter heißt es: „mit dem Theater als einem Instrument, das den Dialog und die Schaffung neuer Räume kritischen und spielerischen Ausdrucks von Subjekten fördert und eine alternative Diskussionsform für Themen der *cidadania* anregt." (*Grupo de Teatro do Oprimido* 1999, S. 1, Übersetzung d.A.).
[406] Dieses Kapitel basiert auf Beobachtungen, Gesprächen und Recherchen während zweier Besuche in Santo André (19./20. August 1999 und 16./17. September 1999). Vgl. zur Situation in Santo André auch Boal 1998b, S. 115f.
[407] Pedro Pontual (Santo André IIa 002).

Wahlsieg der PT-Kandidatin Luiza Erundina bei den BürgermeisterInwahlen der Metropole São Paulo im Jahr 1988 wurde Freire Mitglied ihres Kabinetts, zuständig für Bildung und Erziehung. Pedro Pontual arbeitete in Freires *Projeto Integrado de Educação Popular* mit, koordinierte das *Movimento de Alfabetização de Jovens e Adultos* (MOVA) und beriet die Präfektur in Sachen partizipativer Haushaltspolitik.[408] Heute ist er Koordinator des *Núcleo de Participação Popular* der Stadt Santo André. Und führt aus: „Eine der großen Herausforderungen für pädagogisches Handeln für Partizipation und *cidadania* ist die Frage, mit welcher Sprache du arbeiten möchtest."[409] Die Präfektur in Santo André hat die „partizipative Sprache"[410] des Theaters der Unterdrückten zu einer ihrer Sprachen im Dialog mit der Bevölkerung gemacht.

Mit der Organisation von Dialog und der Entwicklung neuer Partizipationsmöglichkeiten stellt die *participação popular* eine der fünf Prioritäten der Stadtpolitik dar[411], mit besonderem Augenmerk auf denen, die normalerweise wenig mitzureden und noch weniger mizuentscheiden haben: marginalisierten Bevölkerungsgruppen. Arbeitsschwerpunkt des *Núcleo de Participação Popular* ist das *Orçamento Participativo*. Dieser Ansatz bewegt sich in einem Politikfeld, das sich bestens dazu eignet, politische Prozesse zu entwerfen, zu planen und zu kontrollieren, und deswegen normalerweise nur wenigen zugänglich ist: der Haushaltspolitik. Der „partizipative Haushalt" ist seit Mitte der 80er Jahre in mehreren PT-regierten Munizipien entwickelt und erprobt worden und wird inzwischen allein in Brasilien an über 100 Orten praktiziert.[412] In Santo André bricht das *Orçamento Participativo* mit den eingefahrenen Mustern der Planung und Implementierung von Stadtpolitik und ermöglicht die gemeinsame Diskussion und Entscheidung von Präfektur und Bevölkerung darüber, wie die vorhandenen finanziellen Mittel eingesetzt werden sollen. Hierzu wurde die Stadt in 18 Regionen eingeteilt, in der in jedem Haushaltsjahr je zwei große Versammlungen stattfinden (*plenárias regionais*). In der

---

[408] Zu Pontuals Biographie vgl. Lima – Pontual 1999.

[409] Pedro Pontual (Santo André IIa 004).

[410] Zeitungsinterview mit Pedro Pontual (Lima – Pontual 1999, S. 59, Übersetzung d.A.).

[411] Vgl. Zeitungsinterview mit Pedro Pontual (Lima – Pontual 1999, S. 56).

[412] Auch der Bundesstaat Rio de Janeiro (in dem die PT an der Regierung beteiligt ist) begann Mitte 1999 mit der Einführung einer partizipativeren Haushaltspolitik. Nach Angaben von Pedro Pontual wird das *Orçamento Participativo* auch in anderen lateinamerikanischen Städten wie Buenos Aires, Montevideo und San Salvador sowie in einigen Städten in Frankreich praktiziert. Auf der Habitat-Weltkonferenz in Istanbul wurde *Orçamento Participativo* im Jahr 1986 als einer der innovativsten Ansätze in der öffentlichen Verwaltung gefeiert. Vgl. Zeitungsinterview mit Pedro Pontual (Lima – Pontual 1999, S. 59). Vgl. zum *Orçamento Participativo* in Porto Alegre auch Baierle 1998.

ersten legt die Stadtregierung Rechenschaft über die Verwendung der Haushaltsmittel des Vorjahres ab und stellt die Regeln des *Orçamento Participativo* vor. Vor der zweiten Versammlung finden mehrere Treffen statt, in denen die BewohnerInnen ihre Prioritäten und KandidatInnen für den *Conselho de Orçamento Municipal* festlegen. Diese werden auf der zweiten großen Versammlung abgestimmt. Der gleiche Prozeß findet in den thematischen Versammlungen statt (*plenárias temáticas*), die sich überregional mit je einem Schwerpunkt wie Gesundheit, Umwelt, Wohnen und Bildung (insgesamt acht) befassen und ihrerseits Prioritäten und VertreterInnen bestimmen. Das entscheidende Gremium, der *Conselho de Orçamento Municipal*, ist paritätisch mit Mitgliedern der Präfektur und VertreterInnen der regionalen und thematischen Versammlungen besetzt und beschließt über den Haushaltsentwurf, dem danach noch die *Câmara Municipal* zustimmen muß.[413] An den öffentlichen Versammlungen des Haushaltsjahres 1999 nahmen über 10.000 Personen teil.[414]

Die Versammlungen zum *Orçamento Participativo* werden in Santo André durch die Aufführung einer kurzen Forumtheater-Szene eröffnet.

„Im Rahmen des *Orçamento Participativo* verwenden wir Forumtheater, um in den *plenárias* die Diskussion darüber einzuleiten, was der Haushalt ist, was das *Orçamento Participativo* ist. Anstatt eine große Versammlung [...] mit einer Rede darüber zu beginnen, was der Haushalt ist, was das *Orçamento Participativo* ist, bereiteten wir also eine kleine Aufführung vor, die die anschließende Diskussion der Leute über das *Orçamento Participativo* angeregt hat. Und die Leute mischten sich in die Szenen ein und brachten ihre Meinungen vor.“[415]

Vor 1997 stellte die Übergabe des Haushaltsentwurfs an den Bürgermeister und die Weiterleitung an die Abgeordneten der *Câmara Municipal* einen eher formalisierten Verwaltungsakt dar. Nicht so im Jahr 1997. Der Entwurf des *Orçamento Participativo* (der erste in der aktuellen Legislaturperiode) wurde in einem mit Unterstützung des CTO-Rio und vieler Menschen aus den Stadtteilen organisierten Karnevalszug mit thematischen Flügeln zu allen prioritären Themen durch die ganze

---

[413] Vgl. zum Ablauf und Struktur des *Orçamento Participativo* in Santo André *Prefeitura de Santo André* 1998, S. 2ff.
[414] Vgl. *Prefeitura de Santo André / Núcleo de Participação Popular* 1999, S. 2.
[415] Pedro Pontual (Santo André IIa 010).

Stadt getragen und vor dem Gebäude der *Câmara Municipal* feierlich dem Bürger-meister übergeben.[416]

Die Forumtheater-Aufführungen bei den Versammlungen zum *Orçamento Participativo* gestaltet die Gruppe *Ondas da Rua* (oder *Grupo de Teatro do Oprimido* – GTO). Sie wurde im April 1997 mit Unterstützung des CTO-Rio gebildet und setzt sich aus Angestellten unterschiedlicher Bereiche der Präfektur zusammen. Diese werden für die Theaterarbeit acht Stunden pro Woche freigestellt.[417] Sie ist eine Art Basisgruppe des Theaters der Unterdrückten in Santo André. Ihre Aufgabe ist auf der einen Seite die Entwicklung von Forumtheater-Szenen und deren Aufführung auf der Straße, in *comunidades* und bei öffentlichen Veranstaltungen und Versammlungen wie den *Aulas Públicas de Cidadania* oder dem *Orçamento Participativo*, auf der anderen Seite der Aufbau von Theatergruppen. Vier solcher Gruppen sind in Santo André aktiv: außerhalb der Präfektur die Gruppen *Um passo a mais* (Frauen aus einer *comunidade*) und *Nunca é tarde* (Personen aus einem Begegnungszentrum für ältere Menschen) und innerhalb der Präfektur eine Gruppe in der *Secretaria de Eduçação* und eine im *Programa de Urbanização Comunitária*.[418] Letztere sucht im Rahmen ihres Projekts *Urbanização Comunitária* von „*favelas*" mithilfe des Theaters der Unterdrückten den Dialog mit den AnwohnerInnen. In einer Publikation der Präfektur heißt es hierzu:

> „Die in der *Urbanização Comunitária* entwickelte sozialpädagogische Arbeit [*o trabalho sócio-educativo*] benutzt eine neue Sprache: Theater der Unterdrückten. Mit Hilfe der Techniken des Theaters der Unterdrückten ist es möglich, das Verständnis und die Suche nach Lösungen für individuelle und kollektive Probleme zu erleichtern. [...] Das Grundprinzip der Gruppe ist, Diskussionen zu provozieren über Themen wie Gewalt gegen Frauen, Umweltbildung, durch Nagetiere übertragene Krankheiten und vor allem *participação popular* als einem der wichtigsten Wege zur weiteren Verbesserung des Wohnumfelds durch die in *mutirão* realisierte Arbeit."[419]

Doch selbst in einer Stadt, in der die Präfektur Theater der Unterdrückten so eindeutig zum integralen Bestandteil ihrer politischen Strategie erklärt hat, stoßen die

---

[416] Die Idee der thematischen Flügel orientiert sich an der Praxis der *Escolas de Samba* in Rio de Janeiro, die bei der großen Parade im *Sambódromo* in unterschiedlichen *alas temáticas* organisiert sind. Vgl. zur Übergabe des Haushaltsentwurfs *Grupo de Teatro do Oprimido* (ohne Datum) und Pedro Pontual (Santo André IIa 013).
[417] Vgl. Pedro Pontual (Santo André IIb 002).
[418] Vgl. hierzu *Grupo de Teatro do Oprimido* 1999, S. 2f. und Gilmar Santana (Santo André I 026).
[419] *Prefeitura de Santo André / Departamento de Habitação* 1999, S. 2 (Übersetzung d.A.).

146

AktivistInnen auf Widerstand, und zwar hauptsächlich aus den eigenen Reihen. So haben die Mitglieder der Gruppe *Ondas da rua* immer wieder Schwierigkeiten, ihren Vorgesetzten in den *secretarias* und *núcleos* der Präfektur die Ernsthaftigkeit ihrer theatralen Aktivitäten und damit den Sinn ihrer Freistellung zu erklären. Die allgemeine Skepsis gegenüber dem unkonventionellen Ansatz reicht bis in die *Secretaria de Cultura* hinein, in der eher konventionelle Vorstellungen von Kultur und Theater beheimatet sind.[420]

Insbesondere im Dialog mit Gruppen, die mit konventionellen Veranstaltungsformen nur schwer zu erreichen sind, hat sich die Anwendung des Theaters der Unterdrückten in Santo André bewährt. In den *Aulas Públicas da Cidadania*, die in der Stadt die Diskussion über politische und soziale BürgerInnenrechte, über Gewalt in der Familie, Rassismus etc. anregen sollen, wurden statt der üblichen Podiumsdiskussion mit anschließender Möglichkeit zur Nachfrage bald schon Forumtheater-Szenen aufgeführt. Osvaldo Cleber Cecheti, Mitglied von *Ondas da Rua* und Mitarbeiter im *Núcleo de Participação Popular*, erzählt:

„Eine der zentralen Fragen für den GTO ist die folgende: Wie erreichst du Bevölkerungsteile, die an diese Art von Debatte nicht gewöhnt sind, oder wie kannst du mit der Diskussion über die *cidadania* die – in Anführungszeichen – 'Nicht-Organisierten' erreichen, die Sektoren also, die sich auf andere Weise organisieren: Frauen, Hausfrauen, Studierende, Menschen, die sich in anderen gesellschaftlichen Gruppen bewegen als nur in den organisierten Bewegungen. Manchmal ist es viel leichter, solche Menschen mit einem Theaterstück zu erreichen [...] als mit einer Debatte. Mit dem Theater der Unterdrückten erweitert man also sozusagen die Öffentlichkeit, die die *participação popular* diskutiert. Und zwar in einer Form, die dem Alltagsleben dieser Personen sehr nahe ist."[421]

Theater der Unterdrückten als partizipative Alternative zur politischen Frontalberieselung, zum (um mit Paulo Freire zu sprechen) „Bankiers-Konzept" politischer Kommunikation[422] – der Einfluß Paulo Freires ist deutlich zu spüren. Sein Weggefährte Pedro Pontual über die Wahrnehmung von BürgerInnen als Subjekte:

„Damit sich diese Subjekte konstituieren, ist es wichtig, daß eine pädagogische Praxis existiert, die die volle Entwicklung dieser Personen als Subjekte

---

[420] Vgl. zu den Schwierigkeiten der Realisierung des Projekts Pedro Pontual und Osvaldo Cleber Cecheti (Santo André IIb 002ff.) und Gilmar Santana (Santo André I 034 ff.).
[421] Osvaldo Cleber Cecheti (Santo André IIa 012).
[422] Vgl. zum „Bankiers-Konzept der Erziehung" Freire 1993, S. 57ff.

ermöglicht, in all ihren Fähigkeiten zur Kommunikation, zur Sprache, zum Ausdruck als menschliches Wesen. In diesem Sinn erschien uns die Sprache des Theaters der Unterdrückten die zu sein, die das, was Paulo Freire Pädagogik der Unterdrückten oder Pädagogik der Hoffnung nannte, am besten verwirklicht, nämlich genau diese Fähigkeit, von der wir gesprochen haben: zur Konstituierung von autonomen Subjekten."[423]

---

[423] Pedro Pontual (Santo André IIa 005). Auf die Problematik angesprochen, daß Theater der Unterdrückten in Santo André von denen eingesetzt wird, die sowieso schon an der Macht sind (selbst wenn sie aus sozialen Bewegungen kommen) und nach der Gefahr der Instrumentalisierung der Methoden und Techniken für Präfektur- oder Parteiinteressen gefragt, antwortet Pontual: „Unsere Konzeption von Demokratie – ob nun aus der Perspektive der öffentlichen Verwaltung oder aus der der Partei – muß notwendigerweise die Akzeptanz der Ausübung von Kritik umfassen, ohne die wir weder eine demokratische öffentliche Verwaltung noch eine demokratische Partei wären. [...] Wenn wir in den *plenárias* des *orçamento* diese kleinen Stücke zur Einführung spielen, greift die Bevölkerung die Themen auf und [...] äußert starke Kritik. Das ist wichtig, denn es sensibilisiert die Regierung für ihre Beschränkungen." (Santo André IIb 006 / 007).

7. Diskussion

Brasilien ist ein Land der sozialen Ungleichheiten. Es ist ein Land, in dem „Erste" und „Dritte Welt" in einem Staat koexistieren und das nach einem UN-Bericht weltweit in der Ungleichverteilung von Reichtum und Wohlstand nur noch von Botswana übertroffen wird.[424] Kritische BeobachterInnen bezeichnen die außergewöhnliche soziale Segregation in Brasilien als soziale Apartheid.[425] 92% des Nationaleinkommens konzentriert sich auf 2% der Bevölkerung, während 98% der BrasilianerInnen mit den restlichen 8% leben müssen.[426] Ähnlich verhält es sich mit dem Landbesitz: während weiterhin viele Grundstücke von bis zu eineinhalb Millionen Hektar in privatem Besitz sind, liegt die Durchschnittsgröße kleiner Farmen bei 3,3 Hektar – zu wenig, um eine Familie ernähren zu können.[427] Deutlich läßt sich die soziale Ungleichheit entlang der Hautfarben verfolgen: in der vermeintlichen *democracia racial* sind Armut und Marginalisierung tendenziell eher schwarz, Reichtum und Priveligierung hingegen tendenziell eher weiß.[428] Verschärft wird die Lage seit einigen Jahren durch einen immer aggressiver auftretenden Neoliberalismus, der auf der ökonomischen Seite durch eine Form von Kapitalakkumulation charakterisiert ist, die die Integration weiterer Personen in den Arbeits- und VerbraucherInnenmarkt nicht mehr nötig zu haben scheint und mit struktureller Arbeitslosigkeit operiert. Auf der politischen Seite zeichnet er sich durch die Privatisierung des Gesellschaftlichen und den Verzicht auf staatliche Sozialpolitik aus.[429] Der vor allem zu Zeiten der Militärdiktatur angehäufte Schuldenberg ist immens und wird von der brasilianischen Regierung immer wieder als Rechtfertigung einer an den Vorstellungen des Internationalen Währungsfonds ausgerichteten neoliberalen Politik exzessiver Privatisierung angeführt. Die strukturelle Repressivität der derzeitigen Weltwirtschaftsordnung und der Hegemonialanspruch von IWF und Weltbank haben

---

[424] Vgl. Branford / Kucinski 1995, S. 21.
[425] So z.B. Evelina Dagnino über Brasilien, *„where the worsening of economic inequalities, hunger, and extreme poverty has transformed social authoritarianism in social apartheid, violence, and genocide."* (Dagnino 1998, S. 53). Sérgio Gregório Baierle spricht vom *„dominant model of development, with its 'social' policies that have produced – with or without a stable currency – nothing more than an expansion of social apartheid."* (Baierle 1998, S. 124). Der Begriff „Soziale Apartheid" wurde von Cristovam Buarque geprägt, in den 90er Jahren PT-Bürgermeister der Hauptstadt Brasília und zuvor Kanzler der dortigen Universität (vgl. Buarque 1993).
[426] Vgl. Chauí 1995, S. 16.
[427] Vgl. Branford / Kucinski 1995, S. 22.
[428] Vgl. zum Rassismus in der *democracia racial* Hofbauer 1995, S. 94ff., Guimarães 1995, S. 208ff. und die Studie von France Winddance Twine (Twine 1998).
[429] Vgl. Chauí 1995, S. 17.

ausgerechnet im ehemaligen linken Soziologen und Dependenztheoretiker Fernando Henrique Cardoso ihren willigen Vollstrecker gefunden und tragen ihren Teil zur Verelendung bei.

Für die Philosophin und Soziologin Marilena Chauí ist die brasilianische Gesellschaft eine „autoritäre Gesellschaft"[430], oligarchisch strukturiert und polarisiert in die „absolute Bedürftigkeit der Volksschichten" und die „absolute Privilegierung der herrschenden Schichten"[431]. Sie trägt die Merkmale einer Gesellschaft, in der der Versuch unternommen wird, politischen Liberalismus über immer noch von der Sklaverei geprägte ökonomische Strukturen zu installieren.[432] Der Autoritarismus steckt jedoch nicht nur in den Strukturen, sondern hat sich nach 21 Jahren Diktatur und einer jahrhundertelangen Geschichte von Sklaverei und Kolonialismus fest in den unterschiedlichsten sozialen Beziehungen etabliert.[433]

> „Es ist eine Gesellschaft, in der die persönlichen und gesellschaftlichen Unterschiede und Assymmetrien in Ungleichheiten transformiert werden, und diese in hierarchische Beziehungen von Befehl und Gehorsam (von der Familie bis zum Staat, in den öffentlichen und privaten Institutionen, in der Kultur und den zwischenmenschlichen Beziehungen)."[434]

In einer stark hierarchisierten und von sozialem Autoritarismus geprägten Gesellschaft wie der brasilianischen manifestieren sich gesellschaftliche Beziehungen in Form von Über- und Unterordnung, von Abhängigkeit und Bevormundung.[435] Hinzu kommt die nur geringe Trennung von Öffentlichem und Privatem.[436] Das Eindringen der Privatsphäre in den öffentlichen Raum und die Etablierung quasi-

---

[430] Chauí 1987, S. 47 (Übersetzung d.A.).
[431] Chauí 1995, S. 16 (Übersetzung d.A.).
[432] Vgl. Chauí 1987, S. 48.
[433] Vgl. hierzu auch Pinheiro 1994, S. 248ff.
[434] Chauí 1987, S. 54 (Übersetzung d.A.).
[435] Zu sozialem Autoritarismus ist bei Dagnino zu lesen: *„Brazilian society is one in which economic inequality and extreme levels of poverty have been only the most visible aspects of the unequal and hierarchical organization of social relations as a whole, what can be called social authoritarianism. Class, race, and gender difference constitute the main bases of a social classification that has historically pervaded Brazilian culture, establishing different categories of people hierarchically disposed to their respective 'places' in society "* (Dagnino 1998, S. 47). Vgl. hierzu auch Chauí 1987, S. 58. Die starke Hierarchisierung der brasilianischen Gesellschaft und des Alltagslebens beschreibt und analysiert Roberto Da Matta eindrücklich mit seinem Konzept des *„Você Sabe com Quem Está Falando?"* (sinngemäß: „Wissen Sie, mit wem Sie gerade reden?", vgl. Da Matta 1979, S. 139ff.).
[436] Vgl. Chauí 1987, S. 55f. Roberto Da Matta untersucht dies in seiner bahnbrechenden Analyse des „brasilianischen Dilemmas" anhand der beiden Sphären *casa* (Haus) und *rua* (Straße) (vgl. Da Matta 1979, S. 70ff., Übersetzung d.A.). Vgl. als aktuellere Reflexion (verfaßt im Jahr 1993, kurz nach dem Sturz des Präsidenten Collor de Mello): Da Matta 1999.

familiärer Strukturen äußern sich in der Entwicklung paternalistischer Politikformen und klientelistisch geprägter Loyalitätsbindungen. Persönliche Beziehungen ohne jede rechtliche Verankerung werden zur Voraussetzung politisch wirksamen Handelns und des Zugangs zu staatlichen Ressourcen. Mächtige ökonomische Gruppen versuchen nicht, über die Öffentlichkeit Einfluß auf politische Entscheidungen zu nehmen, sondern lassen ihre Interessen direkt von bestochenen Angehörigen des Staatsapparats vertreten und bemühen sich um die „Feudalisierung" ganzer Behörden.[437]

Selbst der Zugang zur Gewährleistung von Verfassungsrechten z.B. durch Polizei und Justiz hängt von der Qualität persönlicher Beziehungen ab, was zu einer Hierarchisierung der Inanspruchnahme grundlegender Rechte führt.[438]

> „Es ist eine Gesellschaft [...], die die *cidadania* als Klassenprivileg erhält, so daß diese ein regelmäßiges und reguliertes Zugeständnis der herrschenden Klasse an die anderen gesellschaftlichen Klassen wird, das ihnen entzogen werden kann, wenn die Herrschenden es so entscheiden (wie während der Diktaturen)."[439]

Mit den persönlichen Beziehungen zu einflußreichen Personen fehlen breiten Bevölkerungsschichten die notwendigen Voraussetzungen, um ihre in der Verfassung verankerten Rechte voll in Anspruch zu nehmen oder um politische Entscheidungen zu beeinflussen. Für letzteres eignen sich auch Wahlen nur bedingt. Sie werden gerade in marginalisierten Stadtteilen nicht über inhaltliche Auseinandersetzungen und die Konkurrenz konstruktiver Lösungsansätze entschieden, sondern über eine Politik der Gefälligkeiten (*o favoritismo*), die quasifeudale Beziehungen zwischen PolitikerInnen und „ihren" Stadtteilen etabliert. Politische Repräsentation scheint hier

---

[437] Vgl. Costa 1995, S. 55ff. Die Fokussierung auf die brasilianische Situation sollte nicht zu dem Schluß verleiten, hierbei handle es sich nur um ein brasilianisches, lateinamerikanisches oder „Drittwelt"-Phänomen. Aktuellstes Beispiel im bundesdeutschen Kontext ist das „Ehrenwort" des korrupten Ex-Kanzlers Helmut Kohl an einige der Sponsoren seiner Politik, das für ihn und seine UnterstützerInnen über dem Parteiengesetz steht.

[438] Vgl. Costa S. 57f. Hier sollte angemerkt werden, daß die nach dem Ende der Diktatur im Jahr 1988 verabschiedete brasilianische Verfassung über einen ausführlichen Grundrechtekatalog verfügt und unter partieller Beteiligung sozialer Bewegungen entstand. „*Decentralising and municipalist*" (Assies 1997, S. 308), stärkte sie die Rolle der Städte und Kommunen, was auch für die Entwicklung Legislativen Theaters von Bedeutung sein sollte. Vgl. Paoli / da Silva Telles 1998, S. 68 und Assies 1997, S. 308.

[439] Chauí 1987, S. 53f. (Übersetzung d.A.).

weder als Idee noch in der Praxis zu existieren.[440] Angehörige marginalisierter Bevölkerungsgruppen werden alle paar Jahre als MehrheitsbeschafferInnen benötigt, im politischen Alltag sind ihre Themen und Interessen bei Entscheidungen jedoch kaum präsent und ihre Stimmen selten zu hören. In den monopolisierten brasilianischen Massenmedien[441] kommt ihre Welt nur wenig vor, und wenn darüber berichtet wird, dann aus der Perspektive der Privilegierten. Ausgegrenzte mußten feststellen, daß Gesetze nicht der Durchsetzung ihrer verfassungsmäßig garantierten Grundrechte dienen, sondern Instrumente zu ihrer Ausgrenzung darstellen.[442]

> „Es ist eine Gesellschaft, in der die Gesetze immer Waffen zur Erhaltung von Privilegien und das beste Instrument für Repression und Unterdrückung waren und niemals Rechte und Pflichten definierten. Im Fall der Volksschichten [*camadas populares*] werden Rechte immer als ein Zugeständnis des Staates dargestellt, abhängig vom persönlichen Willen oder von der Willkür des Regierenden."[443]

Die ab den späten 70er Jahren erstarkenden sozialen Bewegungen erfaßten sehr bald, daß sie nicht nur für ihre politischen und sozialen Rechte kämpfen mußten, sondern für das Recht, Rechte überhaupt in Anspruch nehmen zu können, für ihre *cidadania*.[444] Denn in der autoritären und hierarchisch strukturierten brasilianischen Gesellschaft bedeutet Armut nicht nur ökonomische und materielle Benachteiligung. Arm zu sein heißt zugleich, gesellschaftlich stigmatisiert zu sein und nicht als Subjekt und TrägerIn von Rechten anerkannt zu werden. Armut gilt als *„sign of inferiority"*, als *„way of being in which individuals lose their ability to exercise their rights"*[445].

---

[440] Vgl. Chauí 1987, S. 55. Dementsprechend gestaltet sich die brasilianische Parteienlandschaft (mit der – erwähnenswerten – Ausnahme der PT): „Die politischen Parteien nehmen immer klientelistische (wenn die Beziehung zwischen Unter- und Übergeordneten die der Gefälligkeiten ist), populistische (mit einer Beziehung der Bevormundung) und, im Fall der Linken, avantgardistische (mit einer Beziehung der pädagogischen Ersetzung, wenn die 'aufgeklärte' Avantgarde den Platz der universalen 'verspäteten' Klasse einnimmt) Form an." (Chauí 1987, S. 55, Übersetzung d.A.).

[441] Diese Monopolisierung ist besonders im Bereich des bedeutendsten brasilianischen Massenmediums zu beobachten: des Fernsehens (das inzwischen – je nach Region – bis zu 92% der Bevölkerung erreicht). Vier privatrechtlich organisierte Sender teilen sich den Markt auf, der größte ist *Rede Globo* (viertgrößtes Medienunternehmen der Welt), der durchschnittlich Einschaltquoten von 70% erreicht. *Rede Globo* hat schon Provinzpolitiker zu Staatspräsidenten gemacht (wie im Fall Collor de Mellos) und wurde in einer 1988 durchgeführten Umfrage von 80% der befragten BrasilianerInnen zur einflußreichsten brasilianischen Institution erklärt, noch vor dem Präsidenten, der Kirche und dem Nationalkongreß. Vgl. hierzu Costa 1995, S. 60f.

[442] Vgl. Alvarez / Dagnino / Escobar 1998, S. 10.

[443] Chauí 1987, S. 54 (Übersetzung d.A.).

[444] Vgl. zur Entwicklung der sozialen Bewegungen Assies 1997, S. 307ff.

[445] Dagnino 1998, S. 48.

Der Kampf für das Recht, Rechte zu haben, für die Anerkennung als Subjekte, für die *cidadania*, schuf eine gemeinsame Basis für *movimentos populares urbanos* aus den verarmten *periferias*[446] der Städte, die ihre *carências* nun als Rechte einforderten, und andere soziale Bewegungen wie die der Frauen, der Schwarzen und der Homosexuellen, die für Gleichberechtigung und das Recht auf Unterschiedlichkeit eintraten. Die gemeinsame Erfahrung der Entwicklung neuer Identitäten als BürgerInnen, TrägerInnen von Rechten und Subjekte kann in ihrer Bedeutung für die Formierung einer zivilgesellschaftlichen Opposition nicht überschätzt werden. Gleichzeitig bedeutete dieser Wendepunkt den Bruch mit den bisherigen Formen politischer Organisation marginalisierter Bevölkerungsgruppen, die von Klientelismus, *favoritismo* und Bevormundung geprägt waren.[447]

Vielen zivilgesellschaftlichen AkteurInnen geht es jedoch inzwischen nicht mehr nur um die Anerkennung ihres Status als BürgerInnen und TrägerInnen von Rechten im politischen System, sondern um das Recht, selbst an der Definition dieses Systems zu mitzuwirken. Sie stellen herkömmliche Machtbeziehungen und Entscheidungsstrukturen in Frage und entwerfen neue Formen partizipativer Politik. Insbesondere die *Partido dos Trabalhadores*, die sich als parlamentarisches Standbein der sozialen Bewegungen versteht, macht sich seit den 80er Jahren die Forderung nach *participação popular* zu eigen. In Munizipien, in denen sie an die Macht gewählt wurde, begann sie auf kommunalpolitischer Ebene mit der Realisierung alternativer Politikentwürfe wie dem *Orçamento Participativo*, die auf partizipativen, dezentralisierten und lokalen Entscheidungsstrukturen basieren. Hier ist der Einfluß der Geschichte und Praxis sozialer Bewegungen deutlich erkennbar, denn diese sind in Brasilien stark in Sozialräumen verwurzelt, die von lateinamerikanischen StadtsoziologInnen und UrbananthropologInnen als kleine Öffentlichkeiten oder *pedaços* bezeichnet werden.[448]

Der Begriff *pedaço* wurde in den 80er Jahren von José Guilherme C. Magnani in die brasilianische Debatte eingeführt:

„Der Begriff kennzeichnet jenen Zwischenraum zwischen dem Privaten (dem Haus) und dem Öffentlichen, wo sich eine Grundform von Gesellschaftlichkeit entwickelt, breiter als die, die in den familialen Bindungen begründet ist, jedoch

---

[446] Der Begriff *periferia* ist in Brasilien inzwischen zur allgemeinen Bezeichnung marginalisierter Stadtteile geworden, ob sie sich nun am Rand der Metropolen oder in Zentrumsnähe befinden.
[447] Vgl. Dagnino 1998, S. 48f.
[448] Vgl. Costa 1995, S. 72. Sérgio Costa vergleicht *pedaço* mit dem (Berliner) Begriff des Kiezes.

dichter, bedeutsamer und stabiler als die formalen und individualisierten Beziehungen, die von der Gesellschaft auferlegt werden."[449]

Den Kern von *pedaços* bilden die zentralen Treffpunkte einer *comunidade*: „das öffentliche Telefon, die Bäckerei, ein paar Kneipen, die Geschäfte [...], der Ort des *candomblé*, der Tempel, das Fußballfeld und ein paar Tanzlokale"[450]. Gemeinsam ist allen diesen Orten, daß an ihnen Formen von Kommunikation entstehen, die nicht durch Massenmedien vermittelt sind, sondern auf Dialog und *face-to-face*-Kontakten basieren. Als Orte regelmäßigen Austausches und allgemeiner Meinungsbildung überdauerten die *pedaços* auch die Militärdiktatur, in der fast alle anderen Institutionen freien Meinungsaustausches (Presse, oppositionelle Organisationen) verboten oder aufgelöst worden waren. Diese kleinen Öffentlichkeiten bildeten den Nährboden, auf dem in den späten 70er Jahren die sozialen Bewegungen wachsen konnten.[451] Gefährdet wird die Existenz von *pedaços* bzw. kleinen Öffentlichkeiten durch die zunehmende Verdrängung öffentlichen Raums durch Straßenbau- und andere Prestigeprojekte bis hin zur *remoção* ganzer *comunidades*.

Was haben nun diese Gedanken mit Legislativem Theater und den Erfahrungen des CTO-Rio zu tun?

Legislatives Theater macht sichtbar im öffentlichen Raum

ProtagonistInnen der Theaterarbeit des CTO-Rio sind meist Menschen, deren Person und Lebensrealität in der Öffentlichkeit kaum wahrgenommen und die in der brasilianischen Massenmedienlandschaft kaum repräsentiert werden, und wenn doch, dann durch fremdbestimmte Versionen ihrer Welt. Sie bringen in den *grupos populares* ihre theatralisierten Lebensrealitäten, ihre Themen und Bedürfnisse offensiv auf die Straße und an andere öffentliche Orte. Sie führen ihre Stücke vor einem Publikum auf, das sich nicht aus zahlenden TheaterbesucherInnen zusammensetzt. Die Forumtheater-Aufführungen finden vielmehr meist an Orten des

---

[449] Magnani 1984, S. 138 (Übersetzung d.A.).
[450] Magnani 1984, S. 137 (Übersetzung d.A.).
[451] Vgl. Costa 1995, S. 73. Costa bezieht sich auf die Ausführungen von Emir Sader (Vgl. Sader 1988, S. 119ff.).

unmittelbaren Lebensalltags der *espect-atores* statt: auf Plätzen und Straßen der *comunidades*, in Schulen und Kirchen, in Kulturzentren und auf Stadtteilfesten, also an Orten, an denen kleine Öffentlichkeiten bestehen.

Legislatives Theater führt neue Kommunikationsformen in die kleinen Öffentlichkeiten ein

Die kleinen Öffentlichkeiten, in denen gesellschaftlich relevante Inhalte ohne massenmediale Vermittlung in der Regel verbal verhandelt werden, werden durch die Aktivitäten im Rahmen des Projekts Legislatives Theater um eine neue Kommunikationsform bereichert: die theatrale Sprache. Angewandt wird diese zunächst in den Theatergruppen, deren Mitglieder meist in einem oder mehreren *pedaços* verwurzelt sind und sich im Laufe der Arbeit mit den Übungen und Techniken des Theaters der Unterdrückten immer besser mit theatralen Mitteln auszudrücken lernen.[452] So auch bei den öffentlichen Aufführungen ihrer Forumtheater-Szenen, in denen sie ihre theatralisierten Lebensrealitäten zur Diskussion und Disposition stellen und mit Unterstützung des oder der *curinga* das Publikum zur handelnden Reflexion, zur Probe der Veränderung und somit selbst zum Gebrauch der theatralen Sprache anstiften. Es sei an dieser Stelle angemerkt, daß ähnliche Ansätze auch in anderen kulturellen Kontexten existieren. So läuft im entwicklungspolitischen Bereich unter dem Schlagwort *Theatre for Development* seit Jahren eine lebhafte Debatte über die Einführung ästhetisch-theatraler Kommunikationsformen in lokale Entwicklungsprozesse.[453]

---

[452] In diesem Zusammenhang halte ich eine Ausweitung des Konzepts der *pedaços* für sinnvoll, die über eine hauptsächlich geographische bzw. wohnortorientierte Definition (wie die vorgestellte) hinausgeht. Auch für *grupos temáticos* des CTO-Rio wie z.B. die *Marias do Brasil*, die als *trabalhadoras domésticas* isoliert voneinander in den Haushalten ihrer ArbeitgeberInnen leben, besitzen die Orte, an denen sie sich regelmäßig treffen (in diesem Fall die Schule für *domésticas*) viele Charakteristika, die von den zitierten AutorInnen sonst den *pedaços* zugeschrieben werden.

[453] Erfahrungsberichte und Ideen wurden bisher vor allem zur Praxis in ländlichen Regionen afrikanischer Staaten veröffentlicht.Vgl. zum *Theatre for Development* Mda 1993, Breitinger 1994, Kamlongera (1987?), Banham / Gibbs / Osofisan 1999 und epd-Entwicklungspolitik 1990. Nach meinen Recherchen wird Legislatives Theater in diesem Bereich leider (noch) kaum rezipiert.

Legislatives Theater verbindet die kleinen Öffentlichkeiten mit der großen Politik

Legislatives Theater geht über die Intervention in die theatrale Realität einer Forumtheater-Szene hinaus und ermöglicht die direkte Intervention in die Realität herrschender Politik. Es versucht sich am Entwurf neuer Partizipationsmöglichkeiten für gesellschaftlich und politisch marginalisierte Bevölkerungsgruppen. Das Projekt Legislatives Theater setzt auf die kleinen Öffentlichkeiten, bietet ihnen mit der theatralen Sprache eine für sie neue Kommunikationsform an und zielt durch die Veränderung gesetzlicher Rahmenbedingungen auf die Veränderung politischer Strukturen. Damit steht es im Kontext des politischen Kampfes für eine Form von *cidadania*, die sich nicht mit der Forderung nach dem Recht, Rechte in Anspruch nehmen zu können, zufriedengibt:

> „The recognition of the right to citizenship, as defined by those who today in Brazil are excluded from it, points towards radical transformations in our society and in its structure of power relations."[454]

So wird im Legislativen Theater aus dem Recht, Rechte zu haben, das Recht, Recht zu schaffen und an der Definition gesetzlicher Rahmenbedingungen zu partizipieren – ein großes Vorhaben. Der Anfang ist mit den 13 Gesetzen der Mandatszeit gemacht. Doch ist in den vorangegangenen Kapiteln auch deutlich geworden, daß die praktische Umsetzung mit teilweise erheblichen Hindernissen zu kämpfen hat. Auf der einen Seite wird mit der politisch-theatralen Praxis des CTO-Rio nach Alternativen zu Klientelismus und *favoritismo* gesucht, auf der anderen Seite erschweren klientelistische und „favoritistische" Praxen als konstitutive Bestandteile brasilianischen Politalltags diese Suche ungemein.

Die Ausführungen zu Beginn dieses Kapitels haben gezeigt, daß die Gewährleistung von Rechten in Brasilien vom sozialen Status abhängig ist. Dementsprechend stehen viele Rechte und Gesetze nur auf dem Papier – besonders die, die unbequem für die herrschenden Eliten sind, etwa weil deren Umsetzung viel Geld kosten oder die Privilegien der Privilegierten gefährden würde. Ähnlich geht es auch einem Teil der 13 während der Mandatszeit Augusto Boals verabschiedeten Gesetze, die bisher gar nicht oder nur teilweise umgesetzt wurden, so z.B. das von der Gruppe der

---

[454] Dagnino 1998, S. 51.

Terceira Idade angestoßene Gesetz zur flächendeckenden Beschäftigung geriatrischer Fachkräfte in städtischen Krankenhäusern. Bis heute weigert sich die Präfektur, die hierfür notwendigen Ressourcen bereitzustellen.[455] Auf der anderen Seite hat z.b. das Gesetz zum ZeugInnenschutz (dessen Durchsetzung sich in Rio lange Zeit als schwierig erwies) brasilienweit großes Aufsehen erregt und ist inzwischen in leicht abgeänderter Form im Bundesstaat Espíritu Santo eingeführt worden. Auch auf nationaler Ebene ist ein Gesetz in Vorbereitung, das auf dem des *Mandato Político-Teatral* basiert und den Schutz von ZeugInnen im ganzen Land gewährleisten soll.[456]

Auch das Gesetz, das die Ungleichbehandlung von homosexuellen und heterosexuellen Liebespaaren unter Strafe stellt, wird in Rio de Janeiro nur partiell angewandt.[457] Júlio Felipe, heute bei der Gruppe *Artemanha* und früher Mitglied von GHOTA (*Grupo Homosexual de Teatro Amador*), deren Arbeit den Anstoß für das Gesetzesprojekt gab, meint hierzu:

> „Gesetze gibt es Tausende, aber ich glaube, daß das Problem in Brasilien die mangelnde Bestrafung ist. Es hilft nichts, wenn du ein Gesetz machst: 'Es ist verboten, Papier auf den Boden zu werfen' – wenn es niemanden gibt, der das überwacht, und niemanden, der bestraft, dann geht alles weiter wie zuvor."[458]

Während der Mandatszeit setzten sich Gruppen wie GHOTA oder *Renascer* (des *Clube da Terceira Idade Paraiso*) unermüdlich für die Verabschiedung ihrer Gesetzesprojekte ein. Doch da nicht nur die Verabschiedung, sondern auch die Anwendung der Gesetze vom politischen Willen der Herrschenden abhängt, wäre heute eine ähnliche Mobilisierung vonnöten. Die Organisierung von öffentlichem Druck und permanenter Lobbyarbeit ist jedoch nach dem Wahlverlust des Jahres 1996 und dem Ende des *Mandato Político-Teatral* viel schwieriger geworden.

Angesichts der großen Kluft zwischen Verfassungstext und Verfassungs-wirklichkeit (bzw. zwischen Gesetzestext und Gesetzeswirklichkeit) ging und geht es im Legislativen Theater nicht nur um das Schaffen von Gesetzen, sondern auch um die Verbreitung der Information über die Existenz schon bestehender oder neu ge-schaffener Gesetze – um einen Prozeß der *conscientização*, der Bewußtwerdung der eigenen Rechte, der eigenen *cidadania*. Da die Existenz von Gesetzen (und Rechten)

---

[455] Vgl. Claudete Felix (*Curingas* II 025) und Eliana Ribeiro (Ribeiro 037).
[456] Vgl. Augusto Boal (Boal I 008 und Boal IIa 035 / 036) und Luiz Mário Behnken (Behnken 024).
[457] Vgl. Flávio Sanctum (*Artemanha* 005) und Helen Sarapeck (*Curingas* II 029).
[458] Júlio Felipe (*Artemanha* 011).

in vielen Fällen keinerlei gesellschaftliche Konsequenzen hat, ist sie häufig größeren Teilen der Bevölkerung unbekannt. Die Möglichkeiten, sich auf geltendes, aber nicht angewandtes Recht zu berufen, beginnen jedoch schon bei alltäglichen Situationen. So existiert in Brasilien ein Gesetz, das Bäckereien, die die günstigste Brotsorte (*pão francês*) nicht führen, dazu verpflichtet, ihren KundInnen auch andere Brotsorten zum Preis des *pão francês* zu verkaufen (und gerade in marginalisierten Stadtteilen können sich viele Menschen aus finanziellen Gründen nichts anderes als *pão francês* leisten).[459] Die Schaffung von Gesetzen kann nur ein Anfang sein, aber sie ist ein notwendiger Anfang. Denn Grundlage des erfolgreichen Bestehens auf den eigenen Rechten ist deren Verbriefung in Gesetzesblättern. Augusto Boal fügt der Auflistung der 13 Gesetze der Mandatszeit in seinem Buch „*Legislative Theatre*" hinzu:

> „*I should make it clear that, in Brazil at least, laws do not apply in themselves; even if they are promulgated, they are not necessarily enforced – the persons or institutions concerned always need to have pressure applied in order for them to obey the relevant laws. The law is only a tool to be used by the oppressed, to help apply this pressure. Also, laws in our country are volatile, and are frequently reversed. Some laws live long; some die at a tender stage.*"[460]

Der Wahlverlust des Jahres 1996 stellte eine Zäsur in der noch jungen Geschichte Legislativen Theaters dar. Er hatte den Verlust fast aller zur Fortsetzung der Arbeit notwendigen Ressourcen und den totalen Zusammenbruch der in vier Jahren entstandenen Strukturen zur Folge. Denn so vielfältig sich die Aktionsformen Legislativen Theaters während der Mandatszeit darstellten (und so wenig sie sich „nur" auf die Erarbeitung von Gesetzesprojekten beschränkten[461]), so eindeutig schienen sie doch an Boals Sitz in der *Câmara Municipal* und die Existenz des *Mandato Político-Teatral* gebunden zu sein. Der Verlust des Mandats erforderte (und ermöglichte), Legislatives Theater neu zu denken. So hat die (ursprünglich eher aus der Not heraus geborene) veränderte Praxis Legislativen Theaters nach dem Neuanfang 1998 nicht nur mit den Nachteilen der neu entstandenen Situation zu kämpfen. Denn die neue Situation birgt durchaus auch Chancen. Insbesondere das Ende der engen Bindung an die *Partido dos Trabalhadores* (bei gleichzeitiger

---

[459] Vgl. Geo Britto (*Curingas* III 056).
[460] Boal 1998b, S. 104.
[461] So kann der Begriff „Legislatives Theater" in der Tat zu Mißverständnissen führen, wenn er als Bezeichnung einer Praxis verstanden wird, die sich auf die Entwicklung von Gesetzesvorschlägen und die Arbeit für deren Verabschiedung im Parlament beschränkt.

Fortsetzung der Zusammenarbeit mit einer Schlüsselfigur wie Luiz Mário Behnken) kann angesichts der scharfen Parteienkonkurrenz in der *Câmara Municipal* die Chancen für die Verabschiedung von Gesetzesprojekten des Legislativen Theaters erhöhen. Insofern trägt die Situation nach dem Wahlverlust durchaus auch Züge einer Chinesischen Krise. Auf deren Ausgang dürfen wir gespannt sein.

8. Materialien

Literatur

Adler, Heidrun: Politisches Theater in Lateinamerika. Von der Mythologie über die Mission zur kollektiven Identität, Berlin 1982.

Alvarez, Sonia E. / **Dagnino, Evelina** / **Escobar, Arturo**: *Introduction: The Cultural and the Political in Latin American Social Movements*, in: Alvarez, Sonia E. / Dagnino, Evelina / Escobar, Arturo (Hrsg.): *Cultures of Politics. Politics of Cultures. Re-visioning Latin American Social Movements*, Boulder / Oxford 1998, S. 1-29.

Anazir „Zica" de Oliveira, Maria / **da Conceição, Odete Maria (mit Pereira de Melo, Hildete)**: *Las trabajadoras domésticas en Rio de Janeiro: se lucha para organizarse*, in: Chaney, Elsa M. / Castro, Mary Garcia (Hrsg.): *muchacha, cachifa, criada, empleada, empregadinha, sirvienta y...más nada. Trabajadores del hogar en América Latina y el Caribe*, Filadelfia 1993, S. 313-320.

Arbeitsstelle Weltbilder, Agentur für Interkulturelle Pädagogik (Hrsg.): Spielräume, Münster / Bern 1993.

Assies, William: *Urban social movements, democratisation and democracy in Brazil*, in: van Naerssen, Tom / Rutten, Marcel / Zoomers, Elisabeth B. (Hrsg.): *The Diversity of Development*, Assen 1997, S. 303-313.

Atkinson, Paul / **Hammersley, Martyn**: *Ethnography and Participant Observation*, in: Denzin, Norman K. / Lincoln, Yvonna S. (Hrsg.): *Handbook of Qualitative Research*, Thousand Oaks / London / Neu-Dehli 1994, S. 248-261.

Baierle, Sérgio Gregório: *The Explosion of Experience: The Emergence of a New Ethical-Political Principle in Popular Movements in Porto Alegre, Brazil*, in: Alvarez, Sonia E. / Dagnino, Evelina / Escobar, Arturo (Hrsg.): *Cultures of Politics. Politics of Cultures. Re-visioning Latin American Social Movements*, Boulder / Oxford 1998, S. 118-138.

Balby, Cleide Negrão: Augusto Boal: Theatertheorie und Praxis unter besonderer Berücksichtigung des „Legislativen Theaters", unveröffentlichte Magisterarbeit, München 1997.

Banham, Martin / Gibbs, James / Osofisan, Femi (Hrsg.): *African Theatre in Development*, Oxford 1999.

Baumann, Till / Kastner, Barbara / Kempchen, Doris: Neues aus Rio, in: Korrespondenzen. Zeitschrift für Theaterpädagogik, Nr. 34, Oktober 1999, S. 32-35.

Baumann Burgos, Marcelo: *Dos parques proletários ao Favela-Bairro. As políticas públicas nas favelas do Rio de Janeiro*, in: Zaluar, Alba / Alvito, Marcos (Hrsg.): *Um século de favela*, Rio de Janeiro 1998.

Boal, Augusto: *Que Pensa Você da Arte de Esquerda?*, in: *Latin American Theatre Review*, Frühjahr 1970, S. 45-53.

Boal, Augusto: *O teatro no exílio*, in: *Cadernos do Terceiro Mundo*, Nr. 2, Februar 1978, S. 40-44.

Boal, Augusto: *Que pensa você do teatro brasileiro?*, in: *Arte em revista*, Mai / August 1979, S. 40-44.

Boal, Augusto: *Stop: C'est Magique!*, Rio de Janeiro 1980.

Boal, Augusto: *Teatro do Oprimido e outras poéticas políticas*, Rio de Janeiro 1983.

Boal, Augusto: *Técnicas Latino-Americanas de Teatro Popular*, São Paulo 1984.

Boal, Augusto: *Trajetória de uma Dramaturgia*, in: Boal, Augusto: *Revolução na América do Sul / As Aventuras do Tio Patinhas / Murro em Ponta de Faca. Teatro de Augusto Boal*, Band 1, São Paulo 1986a, S. 9-16.

Boal, Augusto: *Ciclo de Palestras sobre o Teatro Brasileiro*, Rio de Janeiro 1986b.

Boal, Augusto: Ein heimatloser Indio. Brief an einen Freund, übersetzt von Henry Thorau und Marina Spinu, in: Meyer-Clason, Curt (Hrsg.): Lateinmerikaner über Europa, Frankfurt a.M. 1987, S. 78-88.

Boal, Augusto: Theater der Unterdrückten. Übungen und Spiele für Schauspieler und Nicht-Schauspieler, übersetzt von Marina Spinu und Henry Thorau, Frankfurt a.M. 1989.

Boal, Augusto: *The Cop in the Head. Three Hypotheses*, in: *The Drama Review*, Vol. 34, Nr. 3 (T127), Herbst 1990, S. 35-42.

Boal, Augusto: *Aujourd'day est oui ou yes*, in: Ruping, Bernd (Hrsg.): Gebraucht das Theater. Die Vorschläge Augusto Boals. Erfahrungen, Varianten, Kritik, Münster / Hamburg 1993, S. 340-345.

Boal, Augusto: *Vindicated. A Letter from Augusto Boal*, in: *The Drama Review*, Vol. 38, Nr. 3 (T143), Herbst 1994, S. 35-36.

Boal, Augusto: *The Rainbow of Desire*, übersetzt von Adrian Jackson, London 1995.

Boal, Augusto: *O arco-íris do desejo. Método Boal de Teatro e Terapia*, Rio de Janeiro 1996a.

Boal, Augusto: *Teatro Legislativo. Versão Beta*, Rio de Janeiro 1996b.

Boal, Augusto: *Jogos para atores e não-atores*, Rio de Janeiro 1998a.

Boal, Augusto: *Legislative Theatre*, übersetzt von Adrian Jackson, London 1998b.

Boal, Augusto: Der Regenbogen der Wünsche. Methoden aus Theater und Therapie, übersetzt von Christa Holtei, Seelze 1999.

Branford, Sue / Kucinski, Bernardo: *Brazil. Carnival of the Oppressed. Lula and the Brazilian Workers' Party*, London 1995.

Breitinger, Eckhard (Hrsg.): *Theatre for Development*, Bayreuth 1994.

Briesemeister, Dietrich / Kohlhepp, Gerd / Mertin, Ray-Güde / Sangmeister, Hartmut / Schrader, Achim (Hrsg.): Brasilien heute. Politik – Wirtschaft – Kultur, Frankfurt a.M. 1994.

Buarque, Cristovam: *O que é apartação. O apartheid social no Brasil*, São Paulo 1993.

Castro, Mary Garcia: *Dónde está María? Vidas de peruanas que fueron empleadas domésticas*, in: Chaney, Elsa M. / Castro, Mary Garcia (Hrsg.): *muchacha, cachifa, criada, empleada, empregadinha, sirvienta y...más nada. Trabajadores del hogar en América Latina y el Caribe*, Filadelfia 1993, S. 117-130.

Centro de Defesa dos Direitos Humanos „Bento Rubião": *Favelas e as organisações comunitárias*, Petrópolis 1993.

Chaney, Elsa M. / Castro, Mary Garcia: *Un nuevo campo de investigación y de acción*, in: Chaney, Elsa M. / Castro, Mary Garcia (Hrsg.): *muchacha, cachifa, criada, empleada, empregadinha, sirvienta y...más nada. Trabajadores del hogar en América Latina y el Caribe*, Filadelfia 1993, S. 13-24.

Chauí, Marilena: *Cultura Popular e autoritarismo*, in: Chauí, Marilena: *Conformismo e Resistência. Aspectos da Cultura Popular no Brasil*, São Paulo 1987, S. 47-85.

Chauí, Marilena: *Política Cultural, Cultura Política. Reflexões sobre uma experiência governamental na cidade de São Paulo – 1989-1992*, in: Brasil – Brazil, Revista de Literatura Brasileira – A Journal of Brazilian Literature, Nr. 13 / Jg. 8 / 1995, S. 10-24.

Cohen-Cruz, Jan / Schutzman, Mady (Hrsg.): *Playing Boal. Theatre, therapy, activism*, London / New York 1994.

Cohen-Cruz, Jan: *Boal at NYU. A Workshop and its Aftermath*, in: The Drama Review, Vol. 34, Nr. 3 (T127), Herbst 1990, S. 43-49.

Contemporary Theatre Review. An international journal: *Working Without Boal: Digressions and Developments in the Theatre of the Oppressed* (Themenschwerpunkt), Vol. 3, Part 1, 1995.

Costa, Sérgio: Dimensionen der Demokratisierung: Öffentlichkeit, Zivilgesellschaft und lokale Partizipation in Brasilien (Diss.), Berlin 1995.

Costa, Sérgio: *Movimentos sociais, democratização, e a construção de esferas públicas locais*, in: Revista Brasileira de Ciências Sociais, Vol. 12, Nr. 25, Oktober 1997, S. 121-134.

Crocitty, John J. / Levine, Robert M.: *The Brazil Reader. History, Culture, Politics*, London 1999.

Dagnino, Evelina: *Culture, Citizenship, and Democracy: Changing discourses and Practices of the Latin American Left*, in: Alvarez, Sonia E. / Dagnino, Evelina / Escobar, Arturo (Hrsg.): *Cultures of Politics. Politics of Cultures. Re-visioning Latin American Social Movements*, Boulder / Oxford 1998, S. 33-63.

Da Matta, Roberto: *Carnavais, Malandros e Heróis. Para uma Sociologia do Dilema Brasileiro*, Rio de Janeiro 1978.

Da Matta, Roberto: *Is Brazil Hopelessly Corrupt?*, in: Crocitty, John J. / Levine, Robert M. (Hrsg.): *The Brazil Reader. History, Culture, Politics*, London 1999, S. 295-297.

Denzin, Norman K.: *The Art and Politics of Interpretation*, in: Denzin, Norman K. / Lincoln, Yvonna S. (Hrsg.): *Handbook of Qualitative Research*, Thousand Oaks / London / Neu-Dehli 1994, S. 500-515.

epd-Entwicklungspolitik: Theater der Befreiung (Themenschwerpunkt), Nr. 23/24, Dezember 1990.

Farias, Zaíra Ary: *domesticidade: „cativeiro" feminino?*, Rio de Janeiro 1983.

Feldhendler, Daniel: Psychodrama und Theater der Unterdrückten, Frankfurt a.M. 1992.

Fetterman, David M.: *Ethnography. Step by Step*, Newbury Park / London / Neu-Dehli 1989.

Figueiredo, Ademir / Machado da Silva, Luiz Antonio: *Urbanização x Remoção: Uma polarização recente*, schriftliche Fassung eines Beitrags auf dem *V Encontro Annual da Associação Nacional de Pós-Graduação e Pesquisa em Ciências Sociais*, Friburgo 1981.

Fisher, Berenice: *Learning to Act: Women's Experience with „Theater of the Oppressed"*, in: *Off our backs. A women's news journal*, Oktober 1986.

Flick, Uwe: Qualitative Forschung. Theorie, Methoden, Anwendung in Psychologie und Sozialwissenschaften, Reinbek bei Hamburg 1995.

Flick, Uwe / von Kardorff, Ernst / Keupp, Heiner / von Rosenstiel, Lutz / Wolff, Stefan (Hrsg.): Handbuch Qualitative Sozialforschung. Grundlagen, Konzepte, Methoden und Anwendungen, Weinheim 1995.

Freire, Paulo: Pädagogik der Unterdrückten. Bildung als Praxis der Freiheit, Reinbek 1993.

Freire, Paulo: *Pedagogia da Esperança. Um reencontro com a Pedagogia do Oprimido*, São Paulo 1997.

Frey, Barbara: Theater der Unterdrückten in Europa, unveröffentlichte Magisterarbeit, Berlin 1989.

Geertz, Clifford: Dichte Beschreibung. Beiträge zum Verstehen kultureller Systeme, Frankfurt a.M.1983.

Girtler, Roland: Methoden der qualitativen Sozialforschung: Anleitung zur Feldarbeit, Wien 1984.

Guimarães, Antonio Sérgio Alfredo: *Racism and Anti-Racism in Brazil: A Postmodern Perspective*, in: Bowser, Benjamin (Hrsg.): *Racism and Anti-Racism in World Perspective*, Thousand Oaks / London / Neu-Dehli 1995, S. 208-226.

Harnecker, Marta: *O sonho era possível. A história do Partido dos Trabalhadores narrada por seus protagonistas*, Havanna / São Paulo 1994.

Heritage, Paul: *The Courage to Be Happy. Augusto Boal, Legislative Theatre, and the 7th International Festival of the Theatre of the Oppressed*, in: *The Drama Review*, Vol. 38, Nr. 3 (T 143), Herbst 1994, S. 25-34.

Herzog, Sybille: Augusto Boals Zentrum des Theaters der Unterdrückten in Paris. Theaterarbeit in der Erwachsenenbildung, Münster 1997.

Hirschauer, Stefan / Amann, Klaus (Hrsg.): Die Befremdung der eigenen Kultur. Zur ethnographischen Herausforderung soziologischer Empirie, Frankfurt a.M. 1997.

Hitzler, Roland / Honer, Anne: Qualitative Verfahren zur Lebensweltanalyse, in: Flick, Uwe / von Kardorff, Ernst / Keupp, Heiner / von Rosenstiel, Lutz / Wolff, Stefan (Hrsg.): Handbuch Qualitative Sozialforschung. Grundlagen, Konzepte, Methoden und Anwendungen, Weinheim 1995, S. 382-385.

Hofbauer, Andreas: Afro-Brasilien. Vom weißen Konzept zur schwarzen Realität. Historische, politische, anthropologische Gesichtspunkte, Wien 1995.

Hopf, Christel: Soziologie und qualitative Sozialforschung, in: Hopf, Christel / Weingarten, Elmar (Hrsg.): Qualitative Sozialforschung, Stuttgart 1979, S. 11-34.

Institut für Jugendarbeit des Bayrischen Jugendrings (Hrsg.): Theater macht Politik. Die Methoden des „Theaters der Unterdrückten" in der Bildungsarbeit, Gauting 1998.

Instituto Pereira Passos: *Anuário da Cidade do Rio de Janeiro 97/98*, Rio de Janeiro 1997/98.

Kamlongera, Christopher: *Theatre for Development in Africa with Case Studies from Malawi and Zambia*, Bonn (1987?).

Kamp, Christina: Höherer Anspruch – besseres (Ge-)Wissen? Forschungs- und Projektreisen von Nord nach Süd, in: Stock, Christian (Hrsg.): *Trouble in Paradise*. Tourismus in die Dritte Welt, Freiburg 1997, S. 193-204.

Korrespondenzen. Zeitschrift für Theaterpädagogik: Reflexionen – Perspektiven. 20 Jahre Theater der Unterdrückten in Deutschland (Themenschwerpunkt), Nr. 34, Oktober 1999.

Lamnek, Siegfried: Qualitative Sozialforschung. Band 2: Methoden und Techniken, Weinheim 1995.

Langsten, Ray: *Remoção: Um estudo de relocação de favelados no Rio de Janeiro*, Rio de Janeiro 1973.

Macauly, Fiona: *„Governing for Everyone"*: *the Workers' Party Administration in São Paulo, 1989-1992*, in: *Bulletin of Latin American Research*, Nr. 2, 1996, S. 211-229.

Macedo Soares, Ana Paula: *Teatro do Oprimido*, in: DICAS. *Idéias para a ação municipal*, Nr. 118, São Paulo 1998.

Magnani, José Guilherme C.: *Festa no Pedaço: Cultura Popular e Lazer na Cidade*, São Paulo 1984.

Magnani, José Guilherme C.: *Quando o Campo é a Cidade: Fazendo Antropologia na metrópole*, in: Magnani, José Guilherme C. / de Lucca Torres, Lilian (Hrsg.): *na metrópole. textos de antropologia urbana*, São Paulo 1996, S. 12-54.

Márquez, Rosa Luiza: *Augusto Boal: al resgate del lenguaje y la comunicación*, in: *Revista Interamericana*, Vol. XII, Nr. 2, 1982, S. 221-227.

Mda, Zakes: *When People Play People. Development Communication through Theatre*, London / New Jersey / Johannesburg 1993.

Neuroth, Sabine: Augusto Boals 'Theater der Unterdrückten' in der pädagogischen Praxis, Weinheim 1994.

Paoli, Maria Celia / da Silva Telles, Vera: *Social Rights: Conflicts and Negotiations in Contemporary Brazil*, in: Alvarez, Sonia E. / Dagnino, Evelina / Escobar, Arturo (Hrsg.): *Cultures of Politics. Politics of Cultures. Re-visioning Latin American Social Movements*, Boulder / Oxford 1998, S. 64-92.

Paterson, Douglas L.: *A Role to Play for the Theatre of the Oppressed*, in: *The Drama Review*, Vol. 38, Nr. 3 (T 143), Herbst 1994, S. 37-49.

Peixoto, Fernando: *Contra o Teatro Autoritário e Manipulador*, in: Boal, Augusto: *Stop: C'est Magique!*, Rio de Janeiro 1980, S. 15-18.

Pereira de Melo, Hildete: *Feministas y empleadas domésticas en Rio de Janeiro*, in: Chaney, Elsa M. / Castro, Mary Garcia (Hrsg.): *muchacha, cachifa, criada, empleada, empregadinha, sirvienta y...más nada. Trabajadores del hogar en América Latina y el Caribe*, Filadelfia 1993, S. 215-236.

Pereira de Melo, Hildete: *O serviço doméstico remunerado no Brasil: de criadas a trabalhadoras*, Rio de Janeiro 1998.

Perlman, Janice E.: *O mito da marginalidade. Favelas e política no Rio de Janeiro*, Rio de Janeiro 1977.

Pfeiffer, Peter: *Urbanização sim, remoção nunca!* Politische, sozio-ökonomische und urbanistische Aspekte der Favelas und ihre soziale Organisation in Rio de Janeiro: Entwicklung – Tendenzen – Perspektiven (Diss.), Berlin 1987.

Pinheiro, Paulo Sérgio: *The Legacy of Authoritarianism in Democratic Brazil*, in: Nagel, Stuart S. (Hrsg.): *Latin American Development and Public Policy*, New York 1994, S. 237-253.

Prefeitura da Cidade do Rio de Janeiro / iplanRIO: *Favelas Cariocas. Índice de Qualidade Urbana*, Rio de Janeiro (1998?).

Preteceille, Edmond / Valladares, Licia: *Favelas e Transformações na Região Metropolitana do Rio de Janeiro: favela ou favelas?*, schriftliche Fassung eines Beitrags auf dem *XXIII Encontro da ANPOCS*, Caxambu 1999.

Ribeiro, Darcy: *O Brasil como problema*, Rio de Janeiro 1995.

Ruping, Bernd (Hrsg.): Gebraucht das Theater. Die Vorschläge Augusto Boals. Erfahrungen, Varianten, Kritik, Münster / Hamburg 1993.

Sader, Eder: *Quando Novos Personagens Entraram em Cena*, São Paulo 1988.

Sader, Emir / Silverstein, Ken: „Keine Angst vor besseren Zeiten". Lula, die PT und Brasilien, Köln 1994.

Saffioti, Heleieth: *emprego doméstico e capitalismo*, Rio de Janeiro 1979.

Scharlowski, Boris: Forum der Unterdrückten. Notizen zum 7. Internationalen Festival des Theaters der Unterdrückten in Rio, in: analyse & kritik. Zeitung für linke Debatte und Praxis, Nr. 358, 1993.

Schelsky, Detlev / Zoller, Rüdiger (Hrsg.): Brasilien. Die Unordnung des Fortschritts, Frankfurt a.M. 1994.

Schutzman, Mady: *Activism, Therapy, or Nostalgia? Theatre of the Oppressed in NYC*, in: *The Drama Review*, Vol. 34, Nr. 3 (T127), Herbst 1990, S. 77-82.

Schwartz, M. S. / Schwartz, Ch. G.: *Problems in Participant Observation*, in: *American Journal of Sociology*, 1955, S. 343-353.

Silva, Jorge da: *Violência e Racismo no Rio de Janeiro*, Rio de Janeiro 1998.

Smith, Margo L.: *Dónde está María? Vidas de peruanas que fueron empleadas domésticas*, in: Chaney, Elsa M. / Castro, Mary Garcia (Hrsg.): *muchacha, cachifa,* *criada, empleada, empregadinha, sirvienta y...más nada. Trabajadores del hogar en América Latina y el Caribe*, Filadelfia 1993, S. 117-130.

Spry, Lib: *But Not in Canada?*, in: *Canadian Theatre Review*, Nr. 47, Sommer 1986, S. 50-55.

Thorau, Henry: Das Theater des Augusto Boal. Ein Porträt des südamerikanischen Theatermachers – Boals Arbeit in Europa, in: Theater heute, Nr. 12, Dezember 1978, S. 44-45.

Thorau, Henry: Augusto Boals Theater der Unterdrückten in Theorie und Praxis (Diss.), Rheinfelden 1982.

Thorau, Henry: Augusto Boal oder Die Probe auf die Zukunft, in: Boal, Augusto: Theater der Unterdrückten. Übungen und Spiele für Schauspieler und Nicht-Schauspieler, Frankfurt a.M. 1989, S. 9-16.

Thorau, Henry: „Durch Millionen von Mikrorevolutionen die Makrorevolutionen der Zukunft vorbereiten". Augusto Boals *Teatro do Oprimido* (Theater der Unterdrückten) und Jacob Levy Morenos Psychodrama, in: PsychoDrama, Juni 1991.

Twine, France Winddance: *Racism in a racial democracy: the maintenance of white supremacy in Brazil*, New Jersey 1998.

Usmiani, Renate: *To Rehearse the Revolution*, in: *Canadian Theatre Review*, Nr. 47, Sommer 1986, S. 38-40.

Valladares, Licia do Prado: *Passa-se uma casa. Análise do Programa de Remoção de Favelas do Rio de Janeiro*, Rio de Janeiro 1978.

Ventura, Zuenir: *Cidade Partida*, São Paulo 1994.

Wiegand, Helmut: Die Entwicklung des Theaters der Unterdrückten seit Beginn der achtziger Jahre (Diss.), Stuttgart 1999.

Wolf, Michaela: „Veränderung von unten": PT und Basisbewegungen – Agenten der gesellschaftlichen Transformation, in: Schelsky, Detlev / Zoller, Rüdiger (Hrsg.): Brasilien. Die Unordnung des Fortschritts, Frankfurt a.M. 1994, S. 339-357.

Zaluar, Alba / Alvito, Marcos (Hrsg.): *Um século de favela*, Rio de Janeiro 1998.

Zeitschrift für befreiende Pädagogik: Es braucht Mut, glücklich zu sein... Anwendungen des Theater der Unterdrückten (Themenschwerpunkt), Nr. 10, Juni 1996.

Interviews:

Altstadt, Ingeborg / Gipser, Dietlinde – Boal, Augusto: „Die Menschen hier sind zu blockiert". Das Theater der Unterdrückten in der BRD, Interview mit Augusto Boal (1979), in: Ruping, Bernd (Hrsg.): Gebraucht das Theater. Die Vorschläge Augusto Boals. Erfahrungen, Varianten, Kritik, Münster / Hamburg 1993, S. 326-327.

Cohen-Cruz, Jan – Boal, Augusto: *Theatricalizing Politics*, Interview mit Augusto Boal (1992), in: Cohen-Cruz, Jan / Schutzman, Mady (Hrsg.): *Playing Boal. Theatre, therapy, activism*, London / New York 1994, S. 227-235.

Cohen-Cruz, Jan / Schutzman, Mady – Boal, Augusto: *Theatre of the Oppressed Workshops with Women*, Interview mit Augusto Boal, in: *The Drama Review*, Vol. 34, Nr. 3 (T127), Herbst 1990, S. 66-76

Driskell, Charles B. – Boal, Augusto: *An Interview with Augusto Boal* (1974), in: *Latin American Theatre Review*, Herbst 1975, S. 71-78.

Enright, Robert – Boal, Augusto: *To Dynamize the Audience*, Interview mit Augusto Boal (1985), in: *Canadian Theatre Review*, Nr. 47, Summer 1986, S. 41-49.

Hülmeyer, Barbara / Balby, Vivi – Boal, Augusto: Wir fangen wieder von vorne an, nicht ganz, nennen wir es einen Wiederanfang, Interview mit Augusto Boal (1997), in: Institut für Jugendarbeit des Bayrischen Jugendrings (Hrsg.): Theater macht Politik. Die Methoden des „Theaters der Unterdrückten" in der Bildungsarbeit, Gauting 1998, S. 91-105.

Lima, Daniel – Pontual, Pedro: *Orçamento participativo agrada a quem respeita a população*, Interview mit Pedro Pontual, in: *Livre Mercado. Diário do Grande ABC*, September 1994, S. 54-59.

Quiles, Edgar – Boal, Augusto: *Teatro para las clases oprimidas. Entrevista a Augusto Boal*, in: *Conjunto*, Nr. 61/62, Juli-September 1984, S. 110-116.

[N.N.] – Boal, Augusto: Wir wollen den Bürgern sagen, daß sie immer im Besitz der Macht bleiben sollten, Presseinterview mit Augusto Boal (1997), in: Institut für Jugendarbeit des Bayrischen Jugendrings (Hrsg.): Theater macht Politik. Die Methoden des „Theaters der Unterdrückten" in der Bildungsarbeit, Gauting 1998, S. 85-90.

Rinke, Moritz – Boal, Augusto: Ich arbeite mit Unterdrückern, um sie zu bekämpfen. Die Zauberformel vom Legislativen Theater, Interview mit Augusto Boal, in: Der Tagesspiegel vom 14. Oktober 1993.

Ruf, Elizabeth – Bolt, Alan: *Teatro del Pueblo, por el Pueblo y para el Pueblo: An Interview with Alan Bolt*, in. *The Drama Review*, Vol. 31, Nr. 4 (T116), Winter 1987, S. 77-90.

Ruping, Bernd – Boal, Augusto: Von Polizisten im Kopf und den Hauptquartieren draußen. Das Theater der Unterdrückten zwischen soziologischer Forschung und politischer Aktion, Interview mit Augusto Boal (1989), in: Ruping, Bernd (Hrsg.): Gebraucht das Theater. Die Vorschläge Augusto Boals. Erfahrungen, Varianten, Kritik, Münster / Hamburg 1993, S. 328-337.

Ruping, Bernd / Weintz, Jürgen – Boal, Augusto: 25 Jahre Theater der Unterdrückten, Interview mit Augusto Boal (1997), in: Boal, Augusto: Der Regenbogen der Wünsche. Methoden aus Theater und Therapie, Seelze 1999.

Schechner, Richard / Taussig, Michael – Boal, Augusto: *Boal in Brazil, France, the USA*, Interview mit Augusto Boal (1989), in: Cohen-Cruz, Jan / Schutzman, Mady (Hrsg.): *Playing Boal. Theatre, therapy, activism*, London / New York 1994, S. 17-32.

SpectACTulum – Boal, Augusto: Interview mit Augusto Boal (1991), in: Herzog, Sybille: Augusto Boals Zentrum des Theaters der Unterdrückten in Paris. Theaterarbeit in der Erwachsenenbildung, Münster 1997, S. 140-144.

Thorau, Henry – Boal, Augusto: Interview mit Augusto Boal, in: Theater der Unterdrückten. Übungen und Spiele für Schauspieler und Nicht-Schauspieler, Frankfurt a.M. 1989, S. 157-168.

Tages- und Wochenpresse:

Freire, Aluizio: *Rio das Pedras reage à desocupação*, in: *Jornal do Brasil* vom 3. September 1999.

Monteiro, Karla: *Rio das Pedras. A vida na favela que mais cresce na cidade*, Titelgeschichte der *VejaRio* vom 9. August 1999.

Néspoli, Beth: *Augusto Boal conta suas memórias imaginadas*, in: *O Estado de São Paulo* vom 23. April 2000.

Pontual, Pedro / Zerbinato da Silva, Roseli: *Um ano de Teatro do Oprimido*, in: *Diário Popular* vom 29. April 1998.

Prange, Astrid: Schlammiges Schicksal, in: die tageszeitung vom 17. Februar 1996.

Rinke, Moritz: Herodes lebt in Brasilien. Das politische Theater und die Aktivitäten des Augusto Boal, in: Frankfurter Rundschau vom 25. August 1993.

Tavares, Tatiana: *Do palco para a mesa de debates. Seminário, no Hotel Glória, discute papel social exercido pelo teatro*, in: *Tribuna Bis* vom 8. Juni 1999.

Sonstige Materialien

Centro de Teatro do Oprimido (CTO-Rio): *Centro de Teatro do Oprimido* (CTO-Rio), Selbstdarstellung, Rio de Janeiro (ohne Datum)a.

Centro de Teatro do Oprimido (CTO-Rio): *Diffusion Program of the Theatre of the Oppressed*, Rio de Janeiro (ohne Datum)b.

Centro de Teatro do Oprimido (CTO-Rio): *Cada cidadão uma estrela*, Rio de Janeiro (ohne Datum)c.

Centro de Teatro do Oprimido (CTO-Rio): *Alfabetização Teatral*, Rio de Janeiro 1992.

Centro de Teatro do Oprimido (CTO-Rio): *Módulo 1*, Rio de Janeiro 1996.

Centro de Teatro do Oprimido (CTO-Rio): *Grupos populares de Teatro do Oprimido. Abril / Agosto de 1998*, Rio de Janeiro 1998.

Centro de Teatro do Oprimido (CTO-Rio): *Relatório narrativo / 98 – Ano 01. Período de 01/05/98 a 31/12/98*, Rio de Janeiro 1999a.

Centro de Teatro do Oprimido (CTO-Rio): *Teatro Legislativo. Relatório (Janeiro a Junho) – 1999*, Rio de Janeiro 1999b.

Centro de Teatro do Oprimido (CTO-Rio): *Produção de projetos de lei e propostas de ação política e/ou jurídica a partir da interação do público com espectáculos de Teatro-Fórum*, Informationsplakat auf dem *Festival de Teatro Legislativo* am 5. und 6. Oktober 1999, Rio de Janeiro 1999c.

Centro de Teatro do Oprimido **(CTO-Rio)**: *Propostas Legislativas*, Dokumentation, Rio de Janeiro 1999d.

Fábrica de Teatro Popular: *Fábrica de Teatro Popular*, Nr. 1, Rio de Janeiro 1987.

Mandato Político-Teatral Vereador Augusto Boal: *O poder da 3ª idade no Teatro Legislativo. Núcleo de Teatro do Oprimido da 3ª idade „Renascer"*, Rio de Janeiro (ohne Datum).

Mandato Político-Teatral Vereador Augusto Boal: *Boca no Trombone*, Zeitschrift des Mandats, Ausgaben 01-04, Rio de Janeiro 1995/96.

Marias do Brasil **(Maria Aparecida, Maria José Cardoso, Maria Conceição, Marlene Costa, Maria de Fátima, Vanderleia Ferreira, Maria José Góis, Leida Lima, Jane Oliveira, Vânia Santos, Maria Vilma; mit Olivar Bendelak und Claudete Felix)**[462]: *Quando o verde dos seus olhos se espalhar na plantação*, (aktuellste Version:) Rio de Janeiro 1999.

Panela de Opressão **(Ana Paula Alcântara, Jonata Maciel, Lígia Martins, Carla Morgana, Marilene Ribeiro, Rodrigo Rocha, Edson Rodrigues, Sérgio Soares, Paulo Souza, Elisângela Teixeira; mit Geo Britto und Bárbara Santos)**[463]: *Segura essa panela aí, senão vai explodir!*, (aktuellste Version:) Rio de Janeiro 1999.

Prefeitura de Santo André: *Orçamento Participativo. Você aparece, Santo André acontece*, Santo André 1998.

Prefeitura de Santo André / Núcleo de Participação Popular: *Jornal do Orçamento Participativo*, Santo André 1999.

Prefeitura de Santo André / Departamento de Habitação: *informativo habitação. notícias do Departamento de Habitação*, Santo André 1999.

Grupo de Teatro do Oprimido: *Grupo de Teatro do Oprimido,* Selbstdarstellung, Santo André (ohne Datum).

Grupo de Teatro do Oprimido: *Projeto de Teatro do Oprimido. Gestão Pública e Cidadania*, Bericht für die *Fundação Getúlio Vargas* und die *Fundação Ford*, Santo André 1999.

---

[462] Stand: Oktober 1999.
[463] Stand: Oktober 1999.

...sowie weitere Materialien unterschiedlichster Art aus dem Archiv des CTO-Rio, vor allem aus der Mandatszeit: *súmulas* von Forumtheater-Aufführungen und Proben der Theatergruppen, Stücktexte, Protokolle von Sitzungen der *Célula Metabolizadora*, Flugblätter des Mandats und der PT, *Newsletters* zur Information der internationalen UnterstützerInnen, Protokolle von Sitzungen der *Câmara Municipal*, Texte für die 1999 noch im Aufbau befindliche Homepage des CTO-Rio, Programmhefte (bzw. -blätter) der Festivals und Fotos von Aktionen und Aufführungen.

Gespräche

Zu den Sternsymbolen:

*   Name geändert
**   gemeinsam mit Doris Kempchen und Barbara Kastner
***   gemeinsam mit Barbara Kastner
**** gemeinsam mit Doris Kempchen

Anil I: Gespräch mit Regina Macedo* am 1. Oktober 1999 im Haus der *Associação de Moradores* der *comunidade* Canal do Anil in Jacarepaguá / Rio de Janeiro.

Anil II: Gespräch mit Luiza Gonçalves* am 8. Oktober 1999 im Gesundheitszentrum der *comunidade* Canal do Anil in Jacarepaguá / Rio de Janeiro.

Anil IIIa, Anil IIIb: Gespräch mit José Severino dos Santos* am 8. Oktober 1999 im Gesundheitszentrum der *comunidade* Canal do Anil in Jacarepaguá / Rio de Janeiro.

Anil IV: Gespräch mit Renata Martins* am 8. Oktober 1999 im Gesundheitszentrum der *comunidade* Canal do Anil in Jacarepaguá / Rio de Janeiro.

Artemanha: Gespräch mit Flávio Sanctum und Júlio Felipe am 14. Oktober 1999 in den Räumen des CTO-Rio im Zentrum / Rio de Janeiro.

Boal I: Gespräch mit Augusto Boal 18. August 1999 in seiner Wohnung in Ipanema / Rio de Janeiro.**

Boal IIa, Boal IIb: Gespräch mit Augusto Boal 6. Oktober 1999 in seiner Wohnung in Ipanema / Rio de Janeiro.**

Behnken: Gespräch mit Luiz Mário Behnken am 29. September 1999 in den Räumen des *Conselho Regional de Economia* im Zentrum / Rio de Janeiro.**

Bendelak: Gespräch mit Olivar Bendelak am 28. September 1999 in den Räumen des CTO-Rio im Zentrum / Rio de Janeiro.

Bento Rubião: Gespräch mit Alexandre Correia de Oliveira am 7. Oktober 1999 in den Räumen der Menschenrechtsorganisation *Bento Rubião* in Zentrum / Rio de Janeiro.

Britto: Gespräch mit Geo Britto am 14. Oktober 1999 in den Räumen des CTO-Rio im Zentrum / Rio de Janeiro.

Curingas I: Gespräch mit Bárbara Santos, Claudete Felix und Olivar Bendelak am 12. August in den Räumen des CTO-Rio im Zentrum / Rio de Janeiro.**

Curingas II: Gespräch mit Bárbara Santos, Claudete Felix, Helen Sarapeck und Geo Britto am 1. September 1999 in den Räumen des CTO-Rio im Zentrum / Rio de Janeiro.**

Curingas III: Gespräch mit Bárbara Santos, Claudete Felix, Geo Britto und Olivar Bendelak am 7. Oktober 1999 in den Räumen des CTO-Rio im Zentrum / Rio de Janeiro.**

Felix: Gespräch mit Claudete Felix am 13. Oktober 1999 in den Räumen des CTO-Rio im Zentrum / Rio de Janeiro.

Marias Ia, Marias Ib: Gespräch mit Maria Aparecida, Maria José Cardoso, Maria Vilma, Maria de Conceição und Maria de Fátima am 26. September 1999 in der *Fábrica de Teatro Popular* in Lapa / Rio de Janeiro.***

Marias II: Gespräche mit Maria Vilma, Maria de Fátima und Maria José Góis nach der Aufführung der *Marias do Brasil* auf dem *Praça da Cruz Vermelha* / Rio de Janeiro am 12. September 1999.***

Marias IIIa, Marias IIIb: Gespräch mit Marlene Costa, Vanderleia Ferreira, Maria José Góis, Maria Aparecida und Maria José Cardoso am 10. Oktober 1999 in der *Fábrica de Teatro Popular* in Lapa / Rio de Janeiro.***

Panela Ia, Panela Ib: Gespräche mit Jonata Maciel, Marilene Ribeiro, Rodrigo Rocha und Sérgio Soares sowie Ana Paula Alcântara, Paulo Souza und Monique Rodrigues am 29. September 1999 im *Instituto Pró-Mulher de Educação e Saúde* in Jacarepaguá / Rio de Janeiro.

Panela IIa, Panela IIb: Gespräch mit Carla Morgana, Edson Rodrigues und Paulo Souza am 13. Oktober 1999 im *Instituto Pró-Mulher de Educação e Saúde* in Jacarepaguá / Rio de Janeiro.

Ribeiro: Gespräch mit Eliana Ribeiro am 23. September 1999 in einem Café im Zentrum / Rio de Janeiro.

Santo André I: Gespräch mit Gilmar Santana am 16. September 1999 in seiner Wohnung in Santo André.

Santo André IIa, Santo André IIb: Gespräch mit Pedro Pontual und Osvaldo Cleber Checeti am 17. September 1999 in einem Restaurant in Santo André.****

Santos: Gespräch mit Bárbara Santos am 7. Oktober 1999 in den Räumen des CTO-Rio im Zentrum / Rio de Janeiro.

Sarapeck a, Sarapeck b: Gespräch mit Helen Sarapeck am 13. Oktober 1999 in den Räumen des CTO-Rio im Zentrum / Rio de Janeiro.

Sindicato **I**: Gespräch mit der Präsidentin Arinda Libâno de Jesus am 23. September 1999 im Haus des *Sindicato dos Empregados Domésticos do Rio de Janeiro* in Rio Comprido / Rio de Janeiro.***

Sindicato **II**: Gespräch mit der früheren Präsidentin und Mitbegründerin Odete Maria da Conceição am 23. September 1999 im Haus des *Sindicato dos Empregados Domésticos do Rio de Janeiro* in Rio Comprido / Rio de Janeiro.***

Turle: Gespräch mit Liko Turle am 14. Oktober 1999 in den Räumen des Theaterprojekts *Tá na Rua* im Zentrum / Rio de Janeiro.

Valk: Gepräch mit Roni Valk am 7. Oktober 1999 in einer Schule für Theater im Zentrum / Rio de Janeiro.

Vaz: Gespräch mit Luiz Vaz am 27. September 1999 an seinem Arbeitsplatz in Copacabana / Rio de Janeiro.**

Aufführungen

Congonhas: Aufführung der Gruppe AEPET (*Associação dos Engenheiros da Petrobrás*) am 14. August 1999 bei einem Zwischenstop des unter anderem von der Landlosenbewegung *Movimento Sem Terra* organisierten *Marcha Popular pelo Brasil* in Congonhas (Minas Gerais).

Cruz Vermelha: Aufführung der Gruppe *Panela de Opressão* am 12. September 1999 auf dem Praça da Cruz Vermelha im Zentrum / Rio de Janeiro.

CULT: Aufführung der Gruppe *Panela de Opressão* am 20. September 1999 auf der *Conferência Nacional de Cultura* – CULT (Thema: *Cultura e Juventude na Agenda Política da Virada do Milênio*) im *Museu da Arte Moderna do Rio de Janeiro* im Zentrum / Rio de Janeiro.

Espaço Cultural Dyla Sylvia de Sá: Aufführung der Gruppe *Panela de Opressão* am 27. August 1999 im *Espaço Cultural Dyla Sylvia de Sá* in Jacarepaguá / Rio de Janeiro.

Escola Dunshee de Abranches: Aufführung der Gruppe *Panela de Opressão* am 11. August 1999 in der *Escola Dunshee de Abranches* auf der Ilha do Governador / Rio de Janeiro.

FESTEL Ia, FESTEL Ib, FESTEL Ic, FESTEL Id: Aufführungen der Gruppen *Mudança de Atitude, Marias do Brasil, Participa-Ativa* und *Panela de Opressão* beim *Festival de Teatro Legislativo* am 5. Juni 1999 im *Teatro Glória* in Glória / Rio de Janeiro.

FESTEL IIa, FESTEL IIb, FESTEL IIc, FESTEL IId: Aufführungen der Gruppen *Maré Arte, Corpo em Cena* und *Artemanha* beim *Festival de Teatro Legislativo* am 6. Juni 1999 im *Teatro Glória* in Glória / Rio de Janeiro.

Mostra IIa, Mostra IIb: Aufführungen der Gruppen *Participa-Ativa, Corpo em Cena* und *Artemanha* auf der *II Mostra Carioca de Teatro Legislativo* am 25. Juli 1999 auf dem Aterro do Flamengo in Flamengo / Rio de Janeiro.

Mostra IIIa, Mostra IIIb, Mostra IIIc: Aufführungen der Gruppen *Mudança de Atitude, Maré Arte, Marias do Brasil* und *Panela de Opressão* auf der *III Mostra Carioca de Teatro Legislativo* am 22. August 1999 auf dem Aterro do Flamengo in Flamengo / Rio de Janeiro.

Ondas da Rua (Santo André) I, *Ondas da Rua* (Santo André) II: Aufführungen der Gruppe *Ondas da Rua* (*Grupo de Teatro do Oprimido – Santo André*) an öffentlichen Orten am 19. und 20. August 1999 in Santo André.

Presidente Prudente I: Aufführung des Ensembles des CTO-Rio am 6. August 1999 beim *Festival Nacional de Teatro de Presidente Prudente* vor ArbeiterInnen einer Omnibusfabrik in Presidente Prudente.

Presidente Prudente II: Aufführung des Ensembles des CTO-Rio am 7. August 1999 beim *Festival Nacional de Teatro de Presidente Prudente* auf dem Praça 9 de Julho in Presidente Prudente.

Niterói: Aufführung der Gruppe *Panela de Opressão* am 2. September 1999 bei der *Semana da Cidadania* des *Centro de Ensino Técnico e Profissionalizante* in Niterói bei Rio de Janeiro.

***Turma OK* a, *Turma OK* b**: Aufführung der Gruppe *Artemanha* am 18. September 1999 im Schwulenclub *Turma OK* in Lapa / Rio de Janeiro.

...und die Kassette:

Kassette-1, Kassette-2 , Kassette-3, Kassette-4: Vier Gespräche mit Personen aus dem Publikum bei der *III Mostra Carioca de Teatro Legislativo* am 22. August 1999 auf dem Aterro do Flamengo in Flamengo / Rio de Janeiro.

9. Anhang

Abb. 1

Abb. 2

4. A ESTRUTURA DO TEATRO LEGISLATIVO:

Nosso "Gabinete" está assim estruturado:

PT

| C.T.O. | MANDATO VEREADOR | Comissão de Direitos Humanos |

Coordenação Geral

Gab. Interno
Todo o trabalho interno, advocacia, parlamento, jornalismo, secretaria.

- - - - - - - - - - - - - - -

CÂMARA NA PRAÇA
MALA DIRETA
INTERATIVA

Gab. Externo
CORINGAS, dramaturgia, imagem, som, laboratório

- - - - - - - - - - - - - - -

ELENCO PERMANEN-
TE: ESPETÁCULOS
DO MANDATO

Abb. 3

NÚCLEOS E ELOS

CONSTITUIÇÃO: a) Comunitários; b) Temáticos; c) Ambos
ATIVIDADES: a) Oficinas; b) Espetáculos para a própria comunidade;
c) Diálogos Inter-comunitários; d) Festivais; e) Festas-Festivais.

Súmulas

CÉLULA METABOLIZADORA

1. PROJETOS DE LEI; 2. AÇÕES LEGAIS;
3. INTERVENÇÕES DIRETAS

CÂMARA MUNICIPAL DO RIO DE JANEIRO

198	Nº	Despacho

PROJETO DE LEI 1023/95

Dispõe sobre o atendimento geriátrico nos Hospitais da Rede Pública Municipal, na forma que menciona, e dá outras providências.

Autor: Vereador AUGUSTO BOAL

A Câmara Municipal do Rio de Janeiro

Decreta:

Art. 1º - Fica a Rede Pública de Saúde do Município obrigada a manter os seus hospitais atendimento clínico e ambulatorial geriátrico, nos termos do artigo 12 da Lei Orgânica do Município do Rio de Janeiro.

Art. 2º - O atendimento previsto no artigo anterior será executado de segunda à sexta-feira, no horário de oito às dezessete horas, para regime ambultorial e ampliando a oferta de leitos para as internações.

Parágrafo Único - A Secretaria Municipal de Saúde adequará os contratos de trabalho dos profissionais de saúde especializados em geriatria, no sentido de viabilizar o atendimento previsto nesta lei.

Art. 3º - Esta Lei entrará em vigor na data de sua publicação, revogadas as disposições em contrário.

Rio de Janeiro, 16 de Maio de 1995.

Vereador AUGUSTO BOAL

Abb. 4

180

AOS VEREADORES

Nós, do CLUBE DA TERCEIRA IDADE - Paraíso - do Centro Psiquiátrico Pedro II, solicitamos aos senhores vereadores atenção especial para oProjeto de Lei nº 1023/95 de autoria do Vereador Augusto Boal, que "Dispõe sobre o atendimento geriátrico nos Hospitais da Rede Pública e Municipal, na forma que menciona e dá outras providências", que foi objeto de VETO TOTAL pelo Sr. Prefeito César Maia.

Esse veto alega: falta de verba e recursos humanos. Nós dizemos, porém, que há leitos desativados nos hospitais e basta ativá-los. A contratação de mão-de-obra para a saúde é uma das mais baratas. Atualmente, há cursos qualificando nível médio e superior em Geriatria e Gerontologia. Portanto, não vemos nenhuma dificuldade que não seja solucionada a médio e a longo prazo.

Outrossim, queremos evitar a **eutanásia passiva**, anunciada amplamente pela TV. Exemplificando: o Jornal Nacional (canal 4) - dia 25/10/95 - mostrou o Hospital São Lucas, em Vitória - ES, cujo médico deixou um idoso sem atendimento e escolheu um paciente jovem para o C.T.I. Na 5ª feira - dia 26/10/95 - o mesmo telejornal noticiou a morte do paciente idoso sem o atendimento adequado.

Vamos deixar que os nossos idosos continuem morrendo sem ao menos terem uma chance do atendimento médico?

Nos ajudem!

Nós, os idosos do Clube da Terceira Idade, ainda andamos, ainda dançamos, ainda respiramos e tentamos ser felizes. E quando adoecermos? Aonde seremos atendidos? Em que leito vamos poder morrer em paz?

Tomara haja um leito! Oxalá haja uma chance para tentarmos sobreviver à **eutanásia passiva**.

Agradecemos seu voto pela rejeição do veto total ao PL
1023/95.

CLUBE DA TERCEIRA IDADE PARAÍSO.

Abb. 5

7 Laws promulgated during the mandate

1 Law 2384/95
All municipal hospitals must have doctors specializing in geriatric diseases and problems; *this was the first law we approved – before this no municipal hospital had specialists in old age.*

2 Law 2384b/95
All municipal hospitals must have at least a certain number of beds equipped for geriatric attendance; *before this, old people would be taken to hospital by ambulance, with no possibility of being able to stay overnight.*

3 Law 1174/95
All municipal hospitals must provide facilities for elderly patients to be accompanied by relatives or friends; *we know that if a relative or friend keeps the old person company this helps rehabilitation – some vereadors only approved this law because of the potential economic savings.*

4 Amendments to the Constitution of the City: 33, 35, 36, 37, 38 and 42/95
All treatments for mental illness which produce irreversible consequences are prohibited; *these include 'imprisonment' in high-security cells, electric shock treatments, any kind of physical or psychological aggression, etc. (in reality, these were six separate laws addressing the same issue, with slight variations).*

5 Law 35/95
All public telephone kiosks must have a raised concrete platform below them so that blind people can detect them with their canes; *the 'orelhões' (big ears) – telephone kiosks mounted on inclined pillars*

– *have been the cause of serious injury to many blind people; the platforms will be shaped like the shadow cast by the kiosk.*

6 Law 848/96
All suspended rubbish bins (designed to keep their contents out of reach of cats and dogs) must also have raised platforms, for the reasons detailed above; *elevated rubbish bins are used particularly in wealthy quarters of the city.*

7 Law 2449/96
The name of 'Free Timor' is given to a Rio state school; *at the time almost no one in Rio had heard about the Indonesian genocide in East Timor.*

8 Law 2528/96
7 December is declared Day of Solidarity with the people of East Timor; *this is only a symbolic act, but helps remind people of the issue.*

9 Law 1309/96
The City is obliged to supply plastic bin bags to street traders to clean their pitch after a market; *this is intended to put an end to the nuisance of rotting debris, the subject of constant complaint by residents. The poor traders claimed that such a provision would solve the problem.*

10 Law 2493/96
The Casa das Palmeiras (the House of Palms – a mental health facility) is declared to be of 'public utility'; *this implies legal privileges such as certain tax exemptions and things of that nature.*

11 Law 1119/96
All motels must charge the same price for all couples, regardless of their sexual orientation; *there are hotels specializing in short stays of up to four hours for love liaisons, so that clients don't have to pay the rate for a whole day's stay. Some motels used to charge 50 per cent higher for gay couples and 100 per cent more for lesbian couples: a prejudice (against homosexuals) inside another (against women).*

12 Law 1485/96
All state schools must have crèche facilities for the children of their teachers, workers and students (parents may choose to use the school they work in or the closest one to their home); *this should be common sense and yet even today, after the law has been passed, it is still not enacted by all schools, in spite of the fact that it is so easy to implement – all state schools have plenty of space and personnel.*

13 THE MOST IMPORTANT LAW: Amendment to the Constitution of the City 43/95 to allow the promulgation of Law 1245/95 – 'the law that protects the witnesses of crimes'
This creates an obligation for the City to protect witnesses in accordance with Law 1245/95, which supplies the means for that protection; *among other items, the City must provide accommodation away from the danger area, a new job, a new provisional and fictitious identity during the danger period; it must make agreements with other cities to transfer the witness/es under threat; it must conceal the witness's real address, etc. This law, the first of its kind in Brazil, was subsequently used by Chambers of other cities and is being considered for the national law dealing with the issue of witness protection.*

Besides those laws that were presented by the mandate itself, I also put my name to many more collective bills of law (along with other vereadors of the same and other parties) and around thirty more bills which were never voted on, before the mandate came to an end, or were not approved.

Abb. 6

⭐ Atuação do Mandato Político-Teatral Vereador Augusto Boal ⭐

MUNICÍPIO DO RIO DE JANEIRO

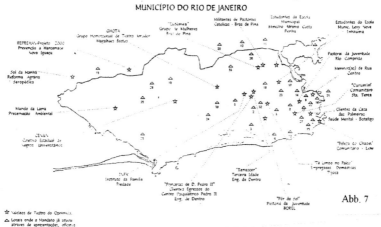

Abb. 7

☆ Núcleos de Teatro do Oprimido.

△ Locais onde o Mandato já atuou através de apresentações, oficinas e/ou formação de grupos.

PROJETO TEATRO LEGISLATIVO - RIO DE JANEIRO - 1999
(janeiro a junho)

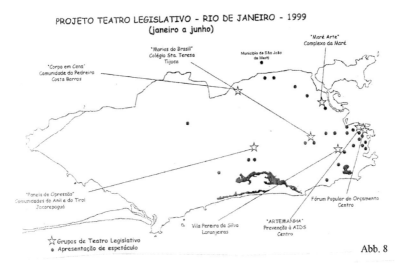

☆ Grupos de Teatro Legislativo
● Apresentação de espetáculo

Abb. 8

Brasil: Pessoal Ocupado no Serviço Doméstico Remunerado e o Número de
Domicílios de Prestação do Serviço segundo o Sexo — 1995

(Em %)

Número de Domicílios	Homem	Mulher
Um	86,37	81,73
Mais de um	13,63	18,27
Total	100,00	100,00

Fonte: IBGE/PNAD, 1995.

Abb. 9

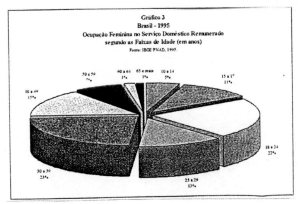

Gráfico 3
Brasil - 1995
Ocupação Feminina no Serviço Doméstico Remunerado
segundo as Faixas de Idade (em anos)
Fonte: IBGE PNAD, 1995.

Abb. 10

Brasil e Macrorregiões: Pessoal Ocupado no Serviço Doméstico Remunerado
segundo o Sexo e a Escolaridade — 1995

(Em %)

Escolaridade	Homem						Mulher					
	Norte	Nordeste	Sudeste	Sul	Centro-Oeste	Brasil	Norte	Nordeste	Sudeste	Sul	Centro-Oeste	Brasil
Sem Escolaridade	24,07	32,06	25,59	28,13	26,49	27,70	14,28	23,57	13,61	11,58	12,90	15,54
1° Grau Incompleto	65,10	58,34	60,49	61,47	65,58	60,54	70,34	69,47	73,85	73,67	74,37	72,71
1° Grau Completo	6,49	6,52	6,92	3,63	2,04	6,04	9,24	3,91	6,99	8,55	7,02	6,63
2° Grau Incompleto	1,44	2,43	1,81	1,96	2,87	2,06	4,90	1,98	3,05	3,22	3,58	2,95
2° Grau Completo	2,89	0,66	4,00	3,39	1,66	2,79	1,15	1,02	2,02	2,37	1,99	1,81
Superior	0,00	0,00	0,72	1,43	1,37	0,63	0,00	0,00	0,13	0,06	0,08	0,08
Não-identificada	0,00	0,00	0,48	0,00	0,00	0,24	0,08	0,05	0,36	0,56	0,05	0,28
Total	100,0	100,0	100,0	100,0	100,0	100,0	100,0	100,0	100,0	100,0	100,0	100,0

Fonte: IBGE PNAD, 1995.

Abb. 11

184

Brasil e Macrorregiões: Pessoal Ocupado no Serviço Doméstico Remunerado segundo o Sexo e a Posição na Ocupação — 1995

(Em %)

Região	Homem		Mulher		Total	
	Empregada c/ carteira	Empregada s/ carteira	Empregada c/ carteira	Empregada s/ carteira	Empregada c/ carteira	Empregada s/ carteira
Norte	25.92	74.08	6.56	93.44	7.54	92.46
Nordeste	23.41	76.59	8.57	91.43	9.75	90.25
Sudeste	49.63	50.37	22.98	77.02	24.78	75.22
Sul	33.81	66.19	22.97	77.03	23.52	76.48
Centro-Oeste	35.79	64.21	10.41	89.59	11.99	88.01
Brasil	38.70	61.30	17.96	82.04	19.35	80.65

Fonte: IBGE/PNAD. 1995.

Abb. 12

Brasil e Macrorregiões: Pessoal Ocupado no Serviço Doméstico Remunerado segundo as Faixas de Renda

(Em %)

Faixas de renda (em s.m.)	1985						1995					
	Norte	Nordeste	Sudeste	Sul	Centro-Oeste	Brasil	Norte	Nordeste	Sudeste	Sul	Centro-Oeste	Brasil
Sem Remuneração	4.21	2.12	1.01	0.70	1.59	1.29	1.81	2.19	0.89	0.72	0.85	1.21
Até ½	51.11	78.25	44.72	45.55	52.16	51.68	18.44	31.85	12.24	16.87	20.23	18.46
Mais 1/2 a 1	37.71	16.03	38.15	41.46	37.61	34.60	60.59	55.19	39.97	43.14	50.48	45.74
Mais de 1 a 2	6.41	3.19	14.33	11.17	8.15	11.14	16.69	8.99	31.48	28.02	22.93	24.36
Mais de 2 a 4	0.56	0.39	1.51	1.09	0.49	1.14	2.31	1.55	12.53	10.04	4.97	8.53
Mais de 4	0.00	0.02	0.29	0.02	0.00	0.17	0.16	0.22	2.88	1.21	0.56	1.70
Total	100.0	100.0	100.0	100.0	100.0	100.0	100.0	100.0	100.0	100.0	100.0	100.0

Fonte: IBGE/PNAD. 1985 e 1995.

Abb. 13

Brasil e Macrorregiões: Pessoal Ocupado no Serviço Doméstico Remunerado segundo a Jornada de Trabalho

(Em %)

Horas Trabalhadas	1985						1995					
	Norte	Nordeste	Sudeste	Sul	Centro-Oeste	Brasil	Norte	Nordeste	Sudeste	Sul	Centro-Oeste	Brasil
Menos de 20	1.54	3.11	4.64	4.47	3.53	4.17	4.23	7.74	9.60	15.26	10.63	9.89
20 menos de 30	4.49	4.54	7.00	8.88	6.28	6.73	6.61	6.11	10.69	13.58	9.19	9.77
30 menos de 40	10.98	6.98	10.84	13.80	11.77	10.68	11.83	6.77	13.14	13.05	12.97	11.56
40 horas	11.59	6.77	11.61	12.28	12.05	10.87	6.93	6.85	19.32	15.70	9.76	14.54
Mais de 40 a 44	4.23	2.11	2.99	3.98	4.86	3.17	7.48	3.89	6.52	8.26	7.55	6.29
Mais de 44 a 48	16.74	11.74	21.63	17.30	20.81	18.99	21.56	17.14	19.47	13.01	22.28	18.08
Mais de 48	50.44	64.75	41.28	39.29	40.70	45.39	41.36	51.50	21.26	22.15	27.62	29.85
Total	100.0	100.0	100.0	100.0	100.0	100.0	100.0	100.0	100.0	100.0	100.0	100.0

Fonte: IBGE/PNAD. 1985 e 1995.

Abb. 14

185

Abb. 15

Abb. 16

Abb. 17

186

Abb. 18

Abb. 19

Abb. 20

Abb. 21

Abb. 22

188

Abb. 23

Abb. 24

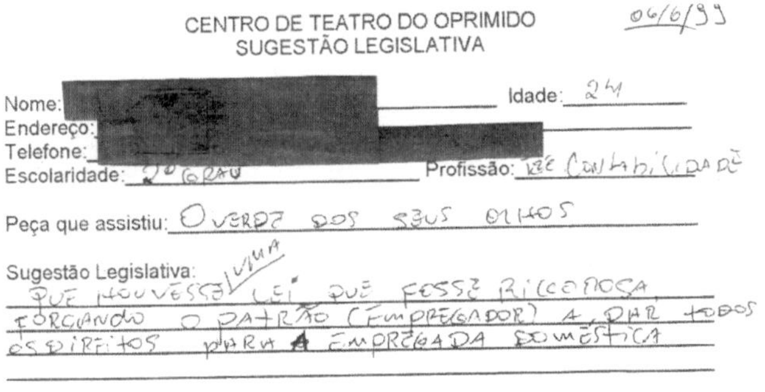

CENTRO DE TEATRO DO OPRIMIDO 04/6/99
SUGESTÃO LEGISLATIVA

Nome: ▮▮▮▮▮▮▮▮▮▮▮▮▮▮▮▮ Idade: 24
Endereço: ▮▮▮▮▮▮▮▮▮▮▮▮▮▮▮
Telefone: ▮▮▮▮▮▮▮▮▮▮▮
Escolaridade: 2º GRAU   Profissão: Téc Contabilidade

Peça que assistiu: O VERDE DOS SEUS OLHOS

Abb. 25

Sugestão Legislativa:
QUE HOUVESSE UMA LEI QUE FOSSE RIGOROSA
FORÇANDO O PATRÃO (EMPREGADOR) A DAR TODOS
OS DIREITOS PARA A EMPREGADA DOMÉSTICA

189

Conjunto Habitacional, die wohnungspolitische Alternative der Regierung zur Favela

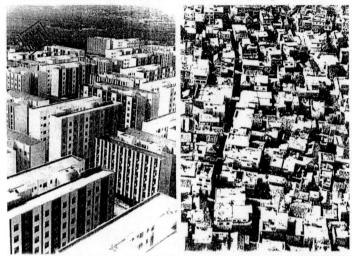

Abb. 26

NÚMERO DE DOMICÍLIOS SEGUNDO A CONDIÇÃO DA OCUPAÇÃO

Condição da ocupação	Não favela	Em favela	Total
Próprio – constr. e terreno	1 473 470	86 074	1 559 544
Próprio - só construção	149 678	137 824	287 502
Alugado	613 216	26 181	639 397
Cedido por empregador	47 242	384	47 626
Cedido por particular	132 303	5 789	138 092
Outra condição	16 938	1 797	18 735

Abb. 27

Abb. 28

Abb. 29   Abb. 30

Abb. 31

Abb. 32

Abb. 33

192

Abb. 34

Abb. 35

Abb. 36

Abb. 37

Abb. 38

Abb. 39

Abb. 40

Nome: _____
Origem: _____
Proposta de Lei: _É terminantemente proibido despejar uma comunidade, sem dar a ela antes nova moradia em terreno próximo ao local com todas as benfeitorias realizadas anteriormente_

Abb. 41

195

Nachweise:

- Abb. 1 und Abb. 2: aus dem Archiv des CTO-Rio.
- Abb. 3: aus Boal 1996b, S. 65.
- Abb. 4 und Abb. 5: aus dem Archiv des CTO-Rio.
- Abb. 6: aus Boal 1998b, S. 102ff.
- Abb. 7 und Abb. 8: aus dem Archiv des CTO-Rio.
- Abb. 9: aus Pereira de Melo 1993, S. 12.
- Abb. 10: aus Pereira de Melo 1993, S. 13.
- Abb. 11: aus Pereira de Melo 1993, S. 14.
- Abb. 12: aus Pereira de Melo 1993, S. 16.
- Abb. 13: aus Pereira de Melo 1993, S. 20.
- Abb. 14: aus Pereira de Melo 1993, S. 23.
- Abb. 15 – Abb. 24: Fotos von Barbara Kastner, Doris Kempchen und Till Baumann.
- Abb. 25: aus dem Archiv des CTO-Rio.
- Abb. 26: aus Pfeiffer 1987, S. 274.
- Abb. 27: aus Preteceille / Valladares 1999, S. 17.
- Abb. 28 – Abb. 40: Fotos von Barbara Kastner, Doris Kempchen und Till Baumann.
- Abb. 41: aus dem Archiv des CTO-Rio.

Der Autor freut sich über Feedback und Anregungen der LeserInnen. Er ist –
auch für Workshopanfragen – zu erreichen unter ptbaumann@hotmail.com

Freie Radios
als Ort der aktiven Jugend-Medien-Arbeit

Harald Hahn

Harald Hahn

Freie Radios als Ort der aktiven Jugend-Medien-Arbeit

ISBN 3-89821-158-4
130 S., Paperback
EURO 19,90

Erhältlich in jeder Buchhandlung oder direkt bei

ibidem

Mit diesem Buch soll ein Einblick in die aktive Jugend-Medien-Arbeit der Freien Radios gegeben werden. Es bietet eine fundierte Grundlage für weiterführende sozialwissenschaftliche Forschungen über Freie Radios sowie für eine auf Selbstbestimmung ausgerichtete aktive Medienarbeit.

Dem Thema wird sich durch die Betrachtung der Entstehungsgeschichte der Freien Radios angenähert. Dies soll zu einem besseren Verständnis dieser Rundfunkstationen führen. Da die Geschichte des Rundfunks auch immer eine Geschichte der Partizipation am Rundfunkwesen ist, skizziert der Autor ausführlich den Kampf der Arbeiter-Radiobewegung für eigene Frequenzen. Einen Kampf, den die Piratensender der neuen sozialen Bewegungen wieder aufnahmen.

Die neuen sozialen Bewegungen entwickelten ein Politikverständnis, in dem Gleichheit, Partizipationsmöglichkeit und Authentizität das Fundament für eine andere Politikform bilden. Diese Ansprüche galten und gelten immer noch für eine alternative Medienproduktion. Inwieweit in den freien, nichtkommerziellen lokalen Radiostationen und ihren Jugendradiogruppen diese Indikatoren verwirklicht werden, ist eine Frage, die in diesem Buch erörtert wird.

Des weiteren werden die Örtlichkeiten der Freien Radios untersucht, weil sie ein wichtiger Bestandteil einer aktiven Jugend-Medien-Arbeit in Freien Radios sind und häufig übersehen wird, wie wichtig der Raum und die Örtlichkeit für pädagogische und politische Prozesse sind. Eine weitere Fragestellung ist, wie die aktive Jugend-Medien-Arbeit in den Freien Radios konkret aussieht und ob sie zur Medienkompetenz beiträgt.

Photo: Martin Speckmann, 1999

Der Autor:

Harald Hahn, Jahrgang 1966, ist freier Radio- und Theatermacher und in neuen sozialen Bewegungen aktiv. Er studierte Pädagogik mit dem Schwerpunkt Medien/Kulturarbeit an der Universität Bielefeld, an der er Lehrbeauftragter für Kulturarbeit ist. Er ist in der Jugend-und Erwachsenenbildung tätig und gibt Theaterworkshops zu den Methoden des "Theater der Unterdrückten" nach Augusto Boal. Außerdem steht er als Kabarettist in dem Programm "Der Zeitungsverkäufer" auf der Bühne und ist Spielleiter der Straßentheatergruppe Piquete in Berlin.

Bestellungen und Anfragen richten Sie bitte an den

ibidem-Verlag, Melchiorstr. 15, 70439 Stuttgart, Tel.: 07 11 / 9807954, Fax: 07 11 / 8001889

Doris Kempchen

Wirklichkeiten erkennen • enttarnen • verändern

Dialog und Identitätsbildung im Theater der Unterdrückten

ISBN 3-89821-126-6
160 S., Paperback
EURO 25,00

Erhältlich in jeder Buchhandlung oder direkt bei

ibidem

Augusto Boals Theater der Unterdrückten will Menschen dazu befähigen, in Situationen der Unterdrückung das eigene Opferverhalten zu erkennen und sich aus dieser zugeschriebenen Rolle zu befreien. Grundlegend dabei ist der Dialog zwischen Spielenden und Zuschauenden, in dem verschiedene Perspektiven und Handlungsstrategien für ein Problem szenisch dargestellt und diskutiert werden.

Die Autorin hat die Arbeit des Zentrum des Theaters der Unterdrückten in Brasilien begleitet. In diesem Buch setzt sie sich mit der Praxis des seit 1993 in Rio de Janeiro angewandten Legislativen Theaters auseinander. Im Mittelpunkt steht dabei die Frage, wie der emanzipatorische Anspruch des Theaters umgesetzt wird. An welche Bedingungen muss sich die Theaterarbeit orientieren, damit ein gelungener Dialog zwischen Spielenden und Zuschauenden möglich wird?

Die Autorin: Doris Kempchen, geb. 1974, studierte Sonderpädagogik an der Universität Hannover und lernte bei Prof. Dr. Dietlinde Gipser die Methoden des Theaters der Unterdrückten kennen. Im Rahmen des Süd-nordprojektes des ASA Programms der Carl Duisberg Gesellschaft e.V. und der Paulo-Freire-Gesellschaft e.V. begleitete sie während eines Studienaufenthaltes im Zentrum des Theaters der Unterdrückten in Rio de Janeiro die Praxis des Legislativen Theaters. Im folgenden Jahr führte die Autorin mit drei brasilianischen Mitarbeiterinnen des Theaterzentrums Workshops und Vorträge zum Theater der Unterdrückten in Deutschland durch. Seitdem leitet sie Seminare und Workshops in der Jugend- und Erwachsenenbildung. Dabei war sie u.a. in Addis Abeba, Äthiopien und in der Theaterarbeit mit Behinderten tätig.

Bestellungen und Anfragen richten Sie bitte an den

ibidem-Verlag, Melchiorstr. 15, 70439 Stuttgart, Tel.: 0711 / 9807954, Fax: 0711 / 8001889

ibidem@ibidem-verlag.de

Sven Engel

Vom Elend der Postmoderne
in der Dritten Welt

Eine Kritik des Post-Development-Ansatzes

ISBN 3-89821-128-2
170 S., Paperback
EURO 25,00

Erhältlich in jeder Buchhandlung oder direkt bei *ibidem*

Postmoderne – Entwicklung – Dritte Welt. In diesem begrifflichen Dreieck bewegt sich das Buch von Sven Engel.

Der Autor führt in die Geschichte der Entwicklungstheorie ein, diskutiert die Machtanalytik von Michel Foucault und verfolgt eine kritische Darstellung des Post-Development-Ansatzes, der sich auf postmoderne und poststrukturalistische Theorien bezieht.

Aus Sicht dieses neuen Ansatzes dient der Entwicklungsdiskurs der vergangenen Jahrzehnte als Instrument der Herrschaft über die sogenannte Dritte Welt: Zuschreibungen wie "Entwicklung" und "Wachstum" konstituieren diese Dritte Welt erst und normieren, verwalten und unterdrücken sie. Die Mechanismen von Objektivierung, Professionalisierung und Institutionalisierung in der aktuellen Entwicklungsdebatte spielen dabei die zentrale Rolle der Unterdrückung. "Entwicklung" stellt somit ein diskursiv konstruiertes System der Kontrolle dar, in dem die betroffenen Menschen in den "Entwicklungsländern" gefangen sind.

Widerstand kann in den Vorstellungen von Post-Development nur an den Grenzen dieses Systems gelingen, in der Vielfalt kleiner Alternativen, die an indigene Tradition anknüpfen und für kommunale Besonderheiten und Genderfragenoffen sind.

Sven Engel gelingt es, diesen auf den Theorien von Foucault und Lyotard beruhenden Ansatz kritisch darzustellen und in das Umfeld von Postkolonialismus, feministischer Entwicklungskritik und kulturwissenschaftlichen Perspektiven einzuordnen. Er zeigt aber auch auf, wie die Widersprüche des postmodernen Denkens, seine normative Kriterienlosigkeit und die mangelhafte Berücksichtigung materieller Grundlagen auf den Post-Development-Ansatz rückwirken. Das Elend der Postmoderne in der Dritten Welt besteht somit in den politisch fragwürdigen Konsequenzen von einer postmodernen Entwicklungskritik.

Der Autor: Sven Engel, geboren 1973 in Basel, studierte Politische Wissenschaft an der Freien Universität Berlin. Seit seiner Zivildienstzeit in einem Obdachlosenprojekt in Chicago interessiert er sich für Fragen von Armut, Weltwirtschaft und sozialer Ungerechtigkeit. Den Anstoß zur vorliegenden Arbeit gab seine Mitarbeit bei SWADHINA, eine entwicklungspolitische Grassroots-Initiative in Kalkutta. Wissenschaftlich arbeitet er zu politischen und ökonomischen Theorien, zur Kritik von Entwicklungspolitik und befasst sich mit den Problemen kapitalistischer Weltwirtschaft und internationaler Beziehungen.

Bestellungen und Anfragen richten Sie bitte an den

ibidem-Verlag, Melchiorstr. 15, 70439 Stuttgart, Tel.: 0711 / 9807954, Fax: 0711 / 8001889

ibidem@ibidem-verlag.de

Die Entwicklung des Theaters der Unterdrückten
seit Beginn der achtziger Jahre

Autor: Helmut Wiegand

242 S., Paperback, EURO 15,80

ISBN 3-932602-33-1

Erhältlich in jeder Buchhandlung oder direkt bei
ibidem

Paulo Freire ("Pädagogik der Unterdrückten") bezeichnete einmal die Theaterarbeit Augusto Boals als die glücklichste Umsetzung seines pädagogischen Konzepts. Das Theater der Unterdrückten, das ursprünglich aus Lateinamerika stammt, existiert seit den siebziger Jahren. Gegen Ende dieses Jahrzehnts stellte Boal im Exil die Ideen und Techniken des Theaters der Unterdrückten in Portugal, Frankreich, Italien und Deutschland vor. In diesem Buch beschreibt und analysiert Helmut Wiegand die Entwicklung dieses facettenreichen Theateransatzes seit Beginn der achtziger Jahre. Er nimmt dabei kritisch und fundiert Bezug auf die Diffusion und Rezeption der Theatermethode in Deutschland. Der Autor erwähnt an zahlreichen Stellen seine eigenen Erfahrungen mit dem Theater der Unterdrückten, das er in Seminaren, Projekten und in der Fremdsprachenpädagogik seit 1989 anwendet.

Das Werk ist nicht nur als theoretische Auseinandersetzung gedacht, sondern soll auch Praktiker (Lehrer/innen, Erzieher/innen, Sozialarbeiter/innen etc.) dazu ermutigen, Theatertechniken (z.B. "Bildertheater"-Formen, vgl. Kapitel 8) einzusetzen.

Dem Autor war es wichtig, Rezipienten der Theatermethode zu Wort kommen zu lassen. So wurde z.B. eine größere Forumtheaterveranstaltung mit ca. 180 Schüler/innen, die 1993 in Mittelhessen stattfand, von ihm mittels eines Fragebogens ausgewertet.

Zwei gesonderte Kapitel zeichnen die Arbeit des Zentrums des Theaters der Unterdrückten in Paris sowie das Legislative Theater in Rio de Janeiro nach. Eine Schwerpunktsetzung der Arbeit ist die reflexive Auseinandersetzung mit dem Forumtheater über lerntheoretische Betrachtungen, aber auch die Konvergenzen und Divergenzen des emanzipatorischen Theateransatzes mit dem Psychodrama finden eingehend Beachtung. Wie das Theater der Unterdrückten in einigen Aspekten Parallelen zum Theater der mittelalterlichen Wanderbühnen aufweist, darüber handelt ein weiteres Kapitel über die Förderung des spontanen Lachens in Seminaren und Veranstaltungen des Theaters der Unterdrückten.